손주에게 물려줄
아버지 고사성어

손주에게 물려줄 아버지 고사성어

초판발행일 | 2025년 4월 15일
2쇄 발행일 | 2025년 4월 30일

지은이 | 조성권
펴낸곳 | 도서출판 황금알
펴낸이 | 金永馥

주간 | 김영탁
편집실장 | 조경숙
인쇄제작 | 칼라박스
주소 | 03088 서울시 종로구 이화장2길 29-3, 104호(동숭동)
전화 | 02) 2275-9171
팩스 | 02) 2275-9172
이메일 | tibet21@hanmail.net
홈페이지 | http://goldegg21.com
출판등록 | 2003년 03월 26일 (제300-2003-230호)

값은 뒤표지에 있습니다.

ISBN 979-11-6815-107-9-03190

아버지가 전해준 지혜, 손주에게 이어지는 삶의 가르침

손주에게 물려줄 아버지 고사성어

조성권 지음

황금알

아버지는 말을 마칠 때면 언제나 말과 상응하는 고사성어를 인용했다. 나는 지루한 아버지 꾸중을 듣다가 고사성어가 나오면 끝날 때가 되었다는 신호로 받아들였다. 고사성어가 그래서 반가웠다. 옛 얘기를 곁들여서 내가 한 행동을 야단친 일이 정당하다는 걸 입증이라도 하듯이 아버지는 반드시 고사성어로 마무리했다. 아마 오래 기억에 남기려고 그렇게 했을지도 모른다고도 짐작한다. 왜냐하면, 아버지 고사성어 97개는 온전히 내 기억에 남아 있는 걸 골랐기 때문이다.

여러 차례 인용한 고사성어는 더 기억에 남았다. 반복효과 때문이다. 아버지는 말씀 중에 고사성어나 어려운 글자가 나오면 반드시 종이에 적어서 일러줬다. 그 또한 내겐 기억에 오래 남는 효과로 작용했다. 한번 지적할 때 여러 개 고사성어를 말씀하기도 했지만, 그중 기억에 남는 건 다른 날에 한 번 더 일러준 고사성어였다. 고사성어 효과는 컸다. 야단맞았던 일을 다시 하게 될 때 그 고사성어를 떠올리며 내가 주저했기 때문이다.

아버지는 어리다고 사정을 봐주지 않았다. 못 알아듣는다는 걸 알면서도 어려운 용어를 그대로 썼다. 그렇게 고집한 이유는 '공부하라'는 뜻이었을 것이다. 다른 이들과 나눈 대화를 엿들을 때 고사성어를 인용하는 걸 보지 못했기 때문이다. 제대로 알아들은 건 한참 나이가 들어서였다. 들어야 말을 하니 기억은 들을 수 있을 때 시작된다. 아버지는 아마 내가 말을 시작했을 때부터 고사성어를 말씀에 덧붙였을 것이다. 뇌출혈로 말을 못 하는 아버지는 숨을 거두기 얼마 전까지 필담(筆談)할 때도 고사성어를 썼다.

고사성어와 사자성어는 모두 한자어로 된 표현이지만, 그 사용과 의미에는 차이가 있다. 언젠가 아버지는 "사자성어(四字成語)는 네 글자로 이루어진 성어다. 고사성어(故事成語)는 구체적인 역사적 배경을 가진 성어다"라고 구분하며, "고사성어도 사자성어의 일종이지만, 네 자로만 되지 않은 성어도 많다"라고 했다. 고사성어가 3천 개는 넘는다고 일러주면서 "인류가 시작되며 인간사가 생기고부터 고사가 성어로 후대에 물렸을 것이니 그 수를 헤아리기 어려우나 적어도 그 정도는 넘을 것이다"라고 했다.

이어 "인물의 일화에서 유래한 표현이기 때문에, 그 속에 담긴 교훈이나 지혜가 오늘날에도 큰 가치를 지닌다. 더욱이 수천 년 내려오며 입에 올려진 성어일수록 시대를 뛰어넘어 살아갈 지혜를 주지 않았겠냐"며 "수많은 선조의 검증을 거친 최고의 교과서"라고 중요성을 설명했다. 아버지는 "두서너 글자, 네다섯 글자로 압축된 고사성어의 간명함을 특히 좋아한다. 우리에게 깊이 있는 통찰과 실생활에서 바로 쓸 지혜를 주기 때문에 성어를 통해 판단의 기준을 찾는다. 한자는 모호성이 특징이다. 되뇌어볼수록 다른 뜻을 찾을 수도 있다"라고 했다.

살아가며 부딪는 일이 있을 때마다 고사성어가 먼저 떠올랐다. 문명은 발달했지만, 인간이 사는 도리는 변하지 않는다. 아버지가 돌아가신 뒤부터 마음에 걸리는 일이 생길 때마다 "아버지가 계셨으면 필시 꾸중하셨을 것이다. 이럴 땐 어떻게 하셨을까? 어떤 고사성어로 마무리를 지으셨을까?"하고 생각하는 버릇이 생겼다. 아버지의 고사성어가 지금도 내게 살아있는 이유다.

아버지는 글을 할아버지에게 배웠다. 할아버지는 천자문, 소학 등 서당에서 가르치는 방식으로 하지 않고 그날그날 벌어지는 일을 주제로 삼아 한자를 가르쳤다. 눈이 오면 눈과 관련된 한문을, 비가 내리면 비와 관련된 한문을 가르치는 식이다. 내 할아버지는 고조부가 가르쳤다. 82세에 손자를 얻은 고조부는 내 할아버지를 서당에 보내지 않고 14살이 될 때까지 혹독하게 직접 글을 가르쳤다. 세대를 뛰어넘는 격대교육(隔代敎育)을 한 거다. 내 아버지가 자식에게 고사성어로 훈육을 하는 방식은 적어도 3대를 거친 셈이다.

나는 따랐다. 아버지 말씀을 거역할 만한 실력이 못 되어서다. 쓰신 고사성어가 내가 나이 들면서 때로 아는 게 나왔지만, 해석이 다를 때도 많았다. 비록 아버지가 즐겨 쓴 고사성어였는데 글을 쓰다 보니 내가 더 즐겨 쓰는 것도 적지 않다. 그때는 처음 들었을 테지만, 언젠가부터는 내게 스며들어 내가 쓰는 고사성어인지 아버지가 즐겨 쓴 성어인지 불분명해졌다. 그때 들을 때는 지겨웠지만, 지나고 보니 내 고사성어가 됐다. 그걸 일러준 점에서 아버지는 성공했다.

97개 고사성어가 전하려는 메시지는, 요약하면 '자기 주도적 삶'이다. 아버지는 "너 스스로 하는 일만이 온전한 네 인생이다"라고 늘 강조했다. 아버지는 6·25 동란 휴전하던 해에 입대해 참전한 '저격능선 전투'에서 전상을 입었다. 오른쪽 다리를 잃은 아버지는 좌절하지 않고 철저하게 살아남는 법을 재활훈련을 통해 체득한 뒤 자식 교육에 그대로 적용했다. 내 언행을 질책했기 때문에 고사성어는 주로 인간의 도리와 인성에 관한 것이다. 아버지가 당신의 자식들이 '병신의 자식'이라는 말을 듣지 않게 하려고 무진 애를 쓴 결과다. 아버지는 장남이 제대로 해나가면 동생들도 뒤따를 것이라는 확신에서 가혹하리만치 나를 야단쳤다. 아버지의 고사성어는 그래서 저렇게 내가 많이 기억하는 결과를 낳았다.

아버지가 돌아가신 지 20년이 지나고, 손주들이 태어날 때 문득 고사성어가 떠올랐다. '손주에게 물려줄 아버지 고사성어'라는 제목으로 연재 기회를 열어준 '한경닷컴'이 한없이 고맙다. 더욱이 이번에 책으로 낼 때 원고를 흔쾌히 내주며 응원해줘 더할 나위 없이 고맙다. '도서출판 황금알 김영탁 대표'는 늦게 만났어도 오래 알고 지낸 사이처럼 편하게 책으로 묶어주었다. 그 밖에도 참 고마운 분들이 많다. 그중 이 책이 나오도록 일깨워준 아버지에게 바친다. 일종의 추모다.

차 례

3. 어제보다 나아지지 않은 날은 삶이 아니다

4. 집중력이 차이를 만든다

5. 사람은 사귀는 것이 아니라 얻는 것이다

6. 정답만 고집 말고 해답을 찾아라

7. 일의 성패는 사소함이 가른다

8. 인생은 요령이다

1

장점으로 단점을 보완하지 마라

나무 잡은 손을 놓아라

현애살수(懸崖撒手)

여섯 살 때다. 남동생까지 낳은 뒤 분가한 아버지는 산을 개간(開墾)해 밭을 일궜다. 해 뜰 때부터 해 질 녘까지 몇 날을 땀 흘려 일하신 부모님은 우리 다섯 식구가 충분히 먹을 수 있는 큰 밭을 마련했다. 분가한 뒤 태어난 돌 지난 여동생을 업고 점심으로 감자를 삶아 밭에 갔던 기억이 새롭다. 동생과 돌멩이를 골라 밖에 내다 버리며 개간 일을 도운 기억도 또렷하다.

일이 거의 끝날 무렵, 무슨 일 때문인지 기억이 온전하지 않지만, 아버지가 화가 몹시 났다. 아버지가 뒤에서 내 다리를 양손으로 잡고 들어 올려 큰 나뭇가지를 잡으라고 한 기억은 생생하다. 내려다보니 떨어지면 죽을 것처럼 높았다. 아버지는 나무에 매달린 나를 두고 말리는 어머니를 끌다시피 산을 내려가 버렸다. 땅과 부모님을 번갈아 쳐다보며 큰 소리로 울었다. 사방이 어두워졌을 때는 무서워 더 큰 소리로 울었다. 울음이 더는 소용 없다는 것을 알게 된 나는 나뭇가지 잡은 팔을 힘껏 당겨 다리를 나무에 걸쳤다. 그렇게 팔다리를 움직여 몸을 밀어 나무를 내려왔다. 집에 돌아온 나를 본 어머니는 울기만 했고 아버지는 아무 말씀도 하지 않았다. 곤한 잠을 자다 잠결에 누군가 내

팔다리를 만진 기억은 희미하지만, 그때 맡은 아버지 담배 입냄새는 지금도 기억난다.

아버지는 '절벽을 잡은 손을 놓는다'라는 뜻의 '현애살수(懸崖撒手)' 고사성어를 자주 썼다. 그때마다 어릴 적 나뭇가지에 매달리게 했던 기억이 되살아났지만, 아버지는 거기에 대해서는 한마디도 하지 않았다. 아버지는 당신의 자식이 외울 수 있을 만큼 여러 번 설명했다. "불경에 나오는 말이다. 손 떼면 죽을 수 있는 절체절명의 순간을 포기하기란 쉽지 않다. 생을 포기하라는 말이 아니라 사소한 것에 매달리지 말라는 뜻이다. 절벽에서 미끄러지다 간신히 움켜쥔 나뭇가지에 연연하면 모든 것을 잃을지도 모른다는 집착에서 헤어나지 못한다."

이 성어는 여러 곳에 나온다. 가장 잘 알려진 것은 중국 송(宋)나라 선사 야부도천(冶父道川)의 금강경(金剛經) 해설을 시로 표현한 '게송(偈頌)'이다. "나뭇가지 붙잡는 것은 기이한 일이 아니라 벼랑에서 손을 놓아야 비로소 대장부로다(得樹攀枝未足奇 懸崖撒手丈夫兒)." 결단력이 부족함을 일깨우려고 알려준 스승의 가르침을 실천한 백범(白凡) 김구(金九)의 좌우명으로도 유명하다.

아버지는 "살면서 닥치는 위기는 수없이 많다"고 전제하며 "걱정이나 근심만 하면 길이 보이지 않는다. 궁리해라. 그래야 살길이 보인다. 무언가 잡고 있으면 의지하게 마련이다. 집착하기만 하고 더 위로 오르려고만 하다가는 가진 것마저 잃는다"고 강조했다. 이어 '망설이는 호랑이는 벌보다 못하다.' 사기(史記)를 쓴 사마천(司馬遷)이 한 말이다. 주저하지 마라"고 당부했다.

그날 나뭇가지 잡은 팔을 당겨 다리를 나무에 걸칠 걸 생각한 것은 지금 되돌이켜 봐도 신통하다. 팔 힘이 다 빠진 상태에서 다리를 걸칠 의지는 '할 수 있다'라는 믿음에서 나온다. 무릇 자신감은 간절함과 끈기에서 비롯된다. 자신감에서 결단의 용기와 상황을 돌파할 힘이 나온다. 그런 생각하는 힘을 키워주는 큰 인성이 신중성이다. 행동하기 전에 마지막으로 한 번 더 숙고하는 경향인 신중함은 매사를 성공으로 이끄는 성실성의 원천이다. 손주에게도 무엇보다 먼저 가르쳐주고 싶은 인성이다. 현애살수는 신중성을 되뇌게 해줘 내 삶을 이끈 고사성어다.

너를 위해 살아라

위기지학(爲己之學)

　이제껏 아버지만큼 삼국지(三國志)를 탐독한 이를 보지 못했다. 아버지는 일본 소설가 요시카와 에이지(吉川英治)가 쓴 삼국지 번역본을 읽었다. 가끔 보면 밑줄을 긋기도 하고 책장 여백에 메모를 깨알같이 했다. 결혼해서 한집에 살 때다. 출근 인사를 드리자 갑자기 삼국지 일본어판을 구해오라고 했다. 동경에 있는 친구에게 부탁해 며칠 걸려 구해드렸다. 그러고 얼마쯤 지나서는 나관중(羅貫中)의 삼국연의(三國演義) 중국어본을 대만에 사는 지인을 통해 구해드렸다. 그때 아버지는 책 심부름시키는 게 마음에 걸렸는지 "'삼국지를 읽지 않고는 인생을 논하지 말라'는 말도 있지 않으냐"고 했다. 월탄(月灘) 박종화(朴鐘和)의 월탄삼국지(月灘三國志)를 구해드리자 비로소 만족해했다.

　아버지 방을 청소하다 깜짝 놀랐다. 책 네 권을 펴놓고 노트에 삼국지를 만년필로 새로 쓰고 있었다. 이미 다른 노트에는 등장인물별로 발언록을 따로 만들어 놓았다. 적잖이 놀랐다. 책에 다 적지 못한 번역 오류 등을 바로잡은 노트도 있었다. 적어도 몇 달은 족히 걸렸을 작업량이었다. 더 심하게 놀란 건 달력 뒷면을 이어 붙여 삼국지에 나오는 모든 전투상황도를 그린 지도를 보고서였다.

외출했다 돌아온 아버지에게 "대단하십니다"라고 하자 밤을 밝히며 한 말씀이다. "번역서로는 월탄의 글이 좋다. 요시카와는 독자를 너무 많이 가르치려 한다. 그래서 내가 삼국지를 새로 쓰고 있다. 나관중이 저지른 실수도 여럿 있다. 특히 역사는 당시 인물이 겪은 바를 독자가 따라 해보는 방식의 추체험적(追體驗的) 기술을 해야 하는데 소설적 가미가 너무 심하다"라고 평했다. 아버지는 "삼국지 현장을 일간 좀 다녀왔으면 좋겠다"라고 했으나 몇 년 지나 뇌출혈로 쓰러지는 바람에 뜻을 이루지는 못했다.

아버지는 "삼국지 주인공은 조조(曹操)다"라고 단정했다. "등장인물 중에서 태어나서부터 죽을 때까지가 모두 기술된 유일한 인물이다. 발언량도 최고 많고 걸물 중에서는 가장 인간적이고 실수도 많이 했다. 그래서 정이 간다"라고 했다. 아버지는 "'사람들은 어제 조조를 잘못 보았다, 오늘도 잘못 본다. 어쩌면 내일도 잘못 볼 것이다. 그러나 나는 두렵지 않다. 나는 나니까'라는 조조의 말이 참 좋다"면서 "그는 임종 직전 이 말을 하고 물을 가져오게 하고 마시지 못하고 손으로 튕긴다. 마치 자신의 인생을 의미하듯이. 닮고 싶은 멋있는 삶이다"라고 했다.

그날도 어김없이 인용한 고사성어가 '위기지학(爲己之學)'이다. '자신을 위한 학문을 하는 것'이라는 말이다. 공자(孔子)가 논어(論語)의 헌문(憲問) 편을 통해 "옛날에는 자기 자신을 위해 학문을 했는데, 오늘날에는 남에게 보여 주기 위한 학문을 한다(古之學者爲己, 今之學者

爲人)"라고 질타하며, 학문하는 이유를 크게 위기지학과 '위인지학(爲
人之學)'으로 구분했다. 아버지는 "위기지학은 학문을 통해 자신을 성
찰하고 인격을 수양하여 자신의 도덕적 완성을 추구하는 것을 목적으
로 한다. 즉, 공부 그 자체가 목적이다. 위인지학은 자신을 과시하고
다른 사람에게 인정받기 위해 학문을 하는 것이어서 공부가 수단으로
사용되는 것이다. 이 학문의 목적은 입신양명과 부귀영화를 얻으려는
데 있다"라고 구분했다.

말을 마칠 즈음에 아버지는 "너를 위해 살아라. 너를 발견하고 온
전한 네 삶을 살아라. 직장에서 일하니 직장에서 필요로 하는 사람이
되어야 하는 것은 당연하지만, 언제까지나 직장에 있을 수는 없다. 조
조처럼 죽을 때 저런 말을 할 수 있을 때까지 자신의 공부를 집요하게
해라"라고 했다. 아버지는 조조가 한 말인 "산은 영원히 그 높음에 만
족하지 않고, 물은 영원히 그 깊음에 만족하지 못한다(山永不滿足於其
高, 水永不滿足於其深)"를 소개하며 공부 방법으로 집요성(執拗性)을 제
시했다. 그런 성정이 몸에 배도록 노력할 것을 요구했다. 그 또한 손주
들에게도 물려줘야 할 품성이다.

네가 좋아하는 일을 하고 살아라
종오소호(從吾所好)

　　고등학교 입학식을 마치고 집에 돌아오자 아버지가 하신 말씀이다. "이제 고등학교에 들어갔으니 거기까지 키워준다. 고등학교는 사람이 살아가는 데 필요한 모든 것을 가르치는 전인교육(全人敎育)을 목표로 한다. 그다음부터는 네 힘으로 네가 좋아하는 일을 하고 살아라." '공부 열심히 하라'는 뜻으로만 가볍게 해석했던 저 말을 아버지는 지켰다. 나는 졸업하고 나서야 깨닫고 따랐다. 아버지는 한 푼도 도와주지 않았지만, 내가 한 일이 마음에 들지 않으면 반드시 지적했다.

　　한참 자란 뒤 할아버지 제사를 지내고 서울로 올라오던 때 아버지가 처음으로 당신의 아버지를 회고했다. "네 할아버지가 내게 준 유일한 가르침이다"라면서 종오소호(從吾所好)란 고사성어를 가르쳐줬다. 종오소호는 공자가 한 말이다. 논어(論語) 술이(述而)편에 나온다. 원문은 "부유해지려 해서 부유해질 수 있다면, 비록 채찍 잡는 일일지라도 내 기꺼이 하겠다. 그러나 부유해질 수 없다면, 내가 좋아하는 일을 하겠다(富而可求也 雖執鞭之士 吾亦爲之 如不可求 從吾所好)." 채찍 잡는 일은 천한 직업인 마부를 말한다. 아버지는 "사람은 모두 부유하길 바란다. 공자 또한 그랬다. 부유해지는 일이 어디 마음대로 되느냐? 더욱이 떳떳하게 부유해지는 일이란 어렵다. 공자가 좋아하는 일을 하겠다고 한 것도 그 때문이다"라고 했다.

　아버지는 당신의 아버지를 '간서치(看書癡)'로 평가했다. 낯선 단어였다. 뒤에 찾아보니 간서치는 책만 읽어서 세상 물정에 어두운 사람을 낮잡아 이르는 말이다. 마흔둘에 자식을 얻은 내 증조부를 제치고 82세에 손자를 본 고조부가 나서서 곁에 끼고 사서삼경을 비롯해 한학을 모두 직접 가르쳤다고 한다. 97세에 돌아가실 때 내 할아버지는 열네 살이었다. 아버지는 "귀한 손이라 더욱 엄하게 가르쳐 모르는 글이 없었다고 들었다"라고 술회했다. 학문에만 열중하게 했던 고조부는 다른 일을 하지 못하게 꾸짖어 결국 내 할아버지는 아무 일도 못 했다고 했다. 그런 할아버지도 스무 살에 얻은 내 아버지를 직접 가르쳤다고 한다. 아버지는 "냇가 느티나무 밑 모래판에다 글자를 써서 가르치셨다. 천자문, 소학, 사서삼경 순으로 가르친 게 아니라 당신이 좋아하는 글자를 가르쳤다. 겨울이면 화로 안 재에다 글씨를 썼다 지우며 가르쳤다. 내가 살아가며 배울 한문을 그때 모두 배웠다"라고 회고했다.

　아버지는 "머리는 비상하고 또 하고 싶은 게 참으로 많았을 네 할아버지는 어른들의 기대와 간섭을 견디지 못해 남들이 정신병이라 부르는 심화병을 얻어 십수 년을 고생하다 돌아가셨다"며 안타까워했다. 당신의 아버지를 회고하며 우는 아버지의 모습을 그날 처음 봤다. 할아버지는 그런 때문에 내 아버지에게 '종오소호'를 여러 번 말씀하셨다고 했다. 아버지는 "군에서 전상을 입고 집에 돌아왔을 때 병석의 할아버지가 크게 슬퍼하신 게 많이 기억난다. 하고 싶은 일 참 많았는데 언제나 장애인이라는 딱지가 하나 남은 다리마저 붙잡아 뜻을 펴지 못했다"라며 한탄했다. 아버지는 "성한 다리로 펄펄 뛰어다니며 네 인생을 살아보라"며 고등학교 입학 선물로 종오소호를 선물했다.

이 글을 쓰다 아버지가 묻힌 대전현충원을 찾았다. 담배에 불을 붙여 올리고 대답하지 못하는 아버지를 대신해 내가 1인 2역 하며 대화를 나눴다. "아버지가 일찍 놓아주신 덕분에 성에는 안 차시겠지만, 이만큼이라도 컸습니다. 하고 싶은 일 많아 여러 곳을 기웃거렸지만, 성한 다리로도 힘에 부치는 걸림돌이 많았습니다. 돌아보니 그래도 한 가지는 했습니다. 자식들에게 종오소호는 물려줬습니다." 독립심은 부모의 자식 놓아주기가 먼저다. 욕심 생겨 손주들에게도 물려주고 싶은 독립심은 발걸음 뗄 때 가르치기 시작하면 이미 늦다. 예쁜 자식을 놓아주기는 참으로 어렵고 귀여운 손주는 더더욱 어렵기 때문이다.

똑바로 걸어라

선행무철적(善行無轍迹)

평생 걸을 때마다 떠오르는 아버지의 지적이다. 초등학교 고학년일 때다. 윗동네 사는 어른께 아버지가 편지 심부름을 시켰다. 전화가 없던 시절이라 요즘 말로 손편지가 소통꾼이었다. 걸음이 불편한 아버지는 내게 편지 심부름을 많이 시켰다. 편지를 써서 들려주며 아버지는 "답을 받아와야 한다"라거나 "전해드리기만 하면 된다"는 말씀을 꼭 했다. 그날은 답을 받아오는 거였다. 그 어른이 답장을 쓰시는 동안 내준 떡을 먹느라 오래 걸렸다. 답장을 받아 들고 집이 보이는 언덕으로 뛰어올 때 아버지를 만났다. 돌아올 시간을 넘기자 아버지는 해가 넘어가는 눈 덮인 언덕길을 올라와 기다렸다. 받아 든 편지를 다 읽은 아버지는 한참을 서 있다 느닷없이 언덕길을 지팡이로 가리켰다.

둘이 서서 내려다본 눈 덮인 언덕길엔 두 사람의 발자국이 찍혀있었다. 백여 미터 언덕에 찍힌 큰 발자국은 오른쪽에 아버지 지팡이 자국과 함께 일직선으로 곧바로 언덕을 올라왔다. 왼쪽의 작은 발자국은 내 발자국이었다. 발자국이 어느 하나도 모양새 좋게 찍히질 않았다. 삐뚤삐뚤하다가 미끄러지기도 한 발자국은 내가 어떻게 언덕길을 걸어 올랐는지를 선명하게 보여줬다.

"똑바로 걸어라"라고 운을 뗀 아버지는 "아무렇게나 걸어서는 안 된다. 네가 한 일은 저 발자국처럼 고스란히 남는다. 앞 발자국만 찍힌 건 성급함을, 뒤 발자국만 찍힌 건 오만함을 말해준다. 어떻게 걸어 왔는지 뿐 아니라 앞으로 어떻게 걸어갈 건지를 알 수 있다. 남들도 네 걸음을 다 본다"고 했다. 이어 "먼 데서 봐도 네 걸음인 걸 알 수 있게 걸어라. 앞을 똑바로 보고 보폭을 일정하게 해 속도를 똑같이 해야 하는 건 물론이다. 특히 걷는 너를 옆에서 누가 밀치더라도 넘어지지 않고 걸을 수 있게 다리에 힘을 줘서 또박또박 바로 걸어야 한다. 두 번 다시 걷지 못할 것처럼 힘차게 걸어가라"라고 했다.

해가 이미 넘어간 언덕길을 내려다보며 아버지는 그날도 여지없이 고사성어를 말씀했다. 군에서 다리를 다친 아버지는 걸음걸이를 다시 배웠다고 했다. 저 성어는 몇 달 동안 의족에 의지해 절뚝거리는 파행(跛行)을 고치려고 힘들게 연습할 때 치료사가 알려줬다고 했다. "아무도 너를 거들어주지 않는다. 제대로 걸은 걸음은 자국을 남기지 않는다. 땅에도 의지하지 말라"는 말씀이라고 아버지는 기억했다.

그렇게만 기억한 말을 훗날 찾아보니 그날의 고사성어가 '선행무철적(善行無轍迹)'이다. 노자(老子)의 도덕경(道德經) 27장에 나오는 말이다. 저 말은 해석이 여러 가지다. 그중 뒤 문장과 호응 관계를 따져보면 "착한 행실은 자국이 없다"라는 뜻이다. 선행은 사람의 눈에 잘 띄지 않는다는 해석이 좋다. 원뜻을 아셨는지는 알 수 없지만, 아버지는 '어디에도 의지하지 말고 걸어라'라고 해석하며 '독립심(獨立心)'을

24

여러 차례 강조했다.

그 후에도 내 걸음걸이를 지켜보던 아버지는 "그 누구에게도 의지하지 마라. 오직 자신을 등불로 삼아 의지하라"라며 몇 번이나 바른 걸음 자세를 요구했다. 나중에 비로소 알게 된 저 말은 석가모니 말씀이다. "인간이 직립(直立)한 뒤부터 의지하기 시작했다"라고 한 아버지는 내가 다쳐서 집에 업혀 왔을 때는 '그 자리로 되돌아가서 성한 네 다리로 온전하게 걸어오라'라고도 했다. 걸음걸이뿐 아니라 아버지는 내가 고등학교를 졸업한 뒤부터는 돈을 준 일이 없다. 때로 어머니가 주시긴 했지만, 아버지는 용돈을 얻게 된 경위를 꼬치꼬치 캐물었고 일일이 정당성 여부를 가늠해 걸음걸이 때처럼 야단과 지적을 반드시 했다.

손주들이 걸음마를 떼기 시작하자 퍼뜩 떠오른 고사성어다. 사람은 결국 혼자 걷는다. 어디에도 의지하지 않고 올바르게 걷는 걸음은 일찍부터 깨우쳐줘야 한다.

마음에 없는 인사치레는 하지 마라
식언(食言)

서울 명동 한복판에서 아버지가 느닷없이 물었다. 은행에 다닐 때다. 점심을 먹고 아버지가 담배 피우는 동안 길에서 지나치는 직장 동료들에게 내가 두어 번 한 말이었다. "별일 없지? 언제 밥 한 번 같이 하자구"라는 말을 지켜보던 아버지가 지적했다. 점심시간에 만나는 직장 동료들인데 딱히 할 얘기는 없어 인사치레로 하는 거라고 강변했다. 아버지는 바로 "정신 나간 놈 같으니라고"라며 역정을 냈다.

가까운 다방으로 자리를 옮겨서도 여전히 큰소리로 '익은 밥 먹고 선소리한다'라면서 야단쳤다. 아버지는 실없는 말을 하는 나를 크게 나무랐다. 지킬 마음도 없이 약속하는 자식의 언행이 마음에 들지 않아서였다. 상대편도 어차피 약속으로 제 말을 받아들이지는 않는 동료 간의 통상인사법이라고 재차 말씀드렸지만, 아버지는 막무가내였다. "그중에는 네 말을 곧이들은 사람도 있을 수 있고, 지킬 생각도 없는 약속을 하는 가벼운 언행은 상대에 대한 존중이 아니다. 앞으로 그들이 네가 하는 말을 그 정도로만 여길 거라는 게 더 큰 문제다"라고 질책했다.

아버지는 "지금껏 자라며 아버지와 어머니 둘 중에 누가 너를 더 많이 때렸는지 아느냐? 어머니가 너를 더 많이 때렸다. 그러나 너는 내가 때린 것만 기억날 것이다. 동물은 먹이를 주는 이에겐 적의(敵意)를 품지 않기 때문이다"라고 했다. 그래서 시간을 내 식사비즈니스를 하는 건데 그 중요한 일을 가벼이 여기는 것을 아버지는 못마땅해 했다. 그때 일러준 고사성어가 '식언(食言)'이다. 이미 알고 있었지만, 고사에서 비롯된 건 그날 처음 알았다.

식언은 '춘추좌씨전(春秋左氏傳)'에 나온다. 노(魯)나라 애공(哀公)이 월(越)나라에서 돌아올 때 조정 중신 계강자(季康子)와 맹무백(孟武伯)은 왕을 맞으러 멀리까지 달려가 축하연을 열었다. 자신이 없는 동안 둘이 자신을 여러 번 비방하고 헐뜯었다는 걸 알고 있었고 애공이 그 일을 알고 있다는 사실을 둘이 또한 알고 있었다. 술자리가 유쾌할 수 없었다. 평소 식언을 일삼아 탐탁지 않게 여기던 맹무백이 곽중(郭重)에게 살이 많이 졌다고 하자 애공이 그를 대신해 "그야 말을 많이

먹었으니 살이 찔 수밖에 없지 않겠소(是食言多矣 能無肥乎)?"하고 둘이 자신을 비방한 일을 꼬집은 말에서 나왔다.

글을 쓰려고 찾아보니 식언은 '말을 번복하거나 약속을 지키지 않고 거짓말을 일삼는다'는 뜻이다. 좌씨전보다 앞서 공자(孔子)가 쓴 서경(書經)의 탕서(湯書)에 나온다. 은(殷)나라 탕왕(湯王)이 하(夏)나라 걸왕(桀王)의 폭정을 보다 못해 군사를 일으켜 정벌하기로 했다. 그는 백성을 모아 놓고 "그대들은 나 한 사람을 도와 하늘의 벌을 이루도록 하라. 공을 세운 자에게는 큰 상을 내릴 것이니라. 나는 거짓말을 하지 않는다(朕不食言)"라고 했다. 자신이 한 말을 번복하지 않고 약속을 지킨다는 뜻으로 한 말에서 식언은 유래했다.

아버지는 "자신이 한 말이나 약속에 대해 책임지지 않고 거짓말이나 흰소리를 늘어놓는 것은 사람의 도리가 아니다"라고 했다. 특히 아버지는 "자기를 드러내려는 현시성(顯示性) 허언(虛言)은 병이다. 실제로 겪지도 않은 것을 사실로 단정하는 회상착오(回想錯誤)를 가져올 수도 있으므로 다시는 쓰지 말라"고 다짐을 두고서야 말을 끝냈다.

돌이켜보니 그 후 그렇게 한 번도 말하지 않았다. 반드시 약속을 잡았고, 지켰다. 그날 아버지가 말씀하지 않았지만 그렇게 말하는 것이 언뜻 보면 멋있어 보일지 몰라도 상대는 이미 알아차리고 있다. 진정성(眞情性)이 떨어지는 말은 화려하나 힘이 없다. 손주에게도 서둘러 익혀줘야 할 인성이다.

생각하고, 생각하고 또 생각하라

유생어무(有生於無)

자라면서 아버지에게 가장 많이 들은 야단이 '생각이 없다'다. 조금 약한 핀잔은 '생각이 짧다'나 '생각이 미치지 못했다'다. 가장 심한 욕은 '생각 없는 놈 같으니라고'였다. 꾸짖을 때는 언제나 "사람은 딱 생각한 만큼만 행동한다. 생각 좀 하고 살아라"라고 마무리 지었다. 헤아릴 수도 없이 듣고 자라 토씨까지 외운다. 말귀를 알아듣기 전부터도 아버지는 그렇게 말씀했을 것이나 "그렇게 생각해서 행동하는 거다"라는 최고의 칭찬을 듣고부터 '생각'이 비로소 내 귀에 들어왔다.

원주에 사시는 친척 집에 아버지 편지 심부름을 하였다. 초등학교 5학년 때다. 아버지가 일러준 대로 기차를 두 번 갈아타고 잘 찾아가 전달했다. 문제는 오는 길에 생겼다. 원주에서 타고 온 기차를 제천역에서 갈아탈 때 시간이 남아 역 승차장에서 파는 가락국수를 사 먹느라 기차를 놓쳤다. 마지막 기차를 눈앞에서 떠나보내고 한참을 울었다. 역에 불이 들어올 때 집 쪽으로 가는 홈에 낯익은 화물열차가 정차해 있는 걸 보고 몰래 올라탔다. 내가 내릴 역을 통과한 화물열차는 터널 입구 언덕에서는 힘에 부쳐 걷듯 달렸다. 전에 아이들이 타고 내리는 걸 봤던 대로 열차에서 뛰어내렸다.

넘어지긴 했지만, 무릎에 상처가 났을 뿐 크게 다치지는 않았다. 집에 돌아오자 어머니는 아버지에게 눈을 흘기며 나를 반겼다. 꿇어 앉아 그날 있었던 일을 말씀드리자 아버지가 "잘 생각해서 잘했다"라고 칭찬했다. 아버지는 "넘어졌을 땐 바로 일어나지 말고 왜 넘어졌는지를 반성하고, 어떻게 일어날지를 먼저 생각해라"라며 "누구나 넘어진다. 아무도 도와주지 않는다. 도움 안 되는 걱정하지만 말고 방법을 찾아라"라고 했다.

그날 말씀하신 고사성어가 '유생어무(有生於無)'다. 유생어무는 노자(老子) 도덕경(道德經) 40장의 "천하 만물은 유에서 태어나고, 유는 무에서 태어난다(天下萬物生於有 有生於無)"라는 구절에서 유래했다. 유는 무에서 생겨나고, 무는 유를 생기게 한다는 뜻이다. 아버지는 "천하 만물 자체가 유다. 그 유는 무 때문에 있는 것이다"라고 다르게 해석했다. 아버지가 가장 좋아하는 고사성어라고 했다. 그날은 뭔 말인지 몰랐으나 내가 가장 많이 들었던 성어여서 언제쯤부터는 내게도 가장 좋아하는 고사성어가 돼 좌우명처럼 여긴다.

아버지는 "무에서 유를 찾는 방법이 생각이다. 생각 없이는 유를 찾을 수 없다. 무는 전혀 없는 것이 아니라 묻혀 있는 것이다"라며 "네가 세상에 왔었다는 일을 한 가지라도 하려면 생각하고, 생각하고 또 생각하라"라고 했다. 이어서 아버지는 "모방 없이 창조 없다. 누군가는 이미 생각한 거다. 모방을 부끄러워 마라. 골똘하게 몰입하면 다른 이가 '미처 생각지 못했던' 창조를 해낼 수 있다"라고 강조했다.

한자로 쓴 '생각(生覺)'은 중국 사전에는 나오지 않는다. 오래전부터 써온 순우리말이기 때문이다. 생각은 본래 한자어가 아닌 낱말에 그 음만 비슷하게 나는 한자로 적는 취음자(取音字)다. 아버지는 "순우리말을 굳이 한자로 쓰면서 '깨달을 각(覺)'자를 쓴 거는 '창조는 내가 미처 보지 못했을 뿐 이미 있던 것이라는 점'을 강조한 데 지나지 않는다. 각(覺)자는 '볼 견(見)'과 '배울 학(學)'의 생략형 '학(學)'이 합쳐진 형성 자다. 끊임없이 보고 배워야 한다"면서 생각의 깊이와 크기를 깊고 넓게 가질 것을 주문했다.

아버지는 "사람은 한 시간에 2천 가지 넘는 생각을 할 수 있다. 하루가 24시간이니 4만 8천 가지를 생각할 수 있다. 그래서 만들어진 말이 '오만가지'란 말이다. 하루만 집중해서 오만가지를 생각해 보면 아무도 생각지 못한 일을 얼마든지 해낼 수 있다. 그러나 즉답을 원하거나 게을러 사람들은 그렇게까지 하지 않기 때문에 창조하지 못한다"고 했다.

아버지는 "남과 똑같이 해서는 남 앞에 설 수 없다. 다른 사람들이 멈추었을 때 더 가봐라"라고 늘 재촉하며 몇 번이고 다시 생각하게 했다. 그런 창의성은 오랜 기간 학습을 통해 얻는 습성이어야 한다는 점을 누차 강조했다. 몸에 익혀서 얻어야 하니 가르치기는 이를수록 좋고 자식은 물론 손주들에게도 꼭 일러주고 싶은 성품이다.

장점으로 단점을 보완하지 마라

절장보단(絕長補短)

　나는 왼발 엄지발톱이 없다. 초등학교 저학년 때 아버지 재떨이를 들고 동생과 장난치다 떨어뜨려 다쳐서이다. 대포 탄피 밑동을 잘라 만든 재떨이는 무거웠다. 검붉은 피가 솟구쳐 나오더니 발톱이 빠진 자리에 새 발톱이 나오지 않았다. 인젠 익숙해졌는데도 발톱 없는 왼발을 볼 때마다 그날이 떠오른다. 상흔(傷痕)이란 게 그렇다. 잊히질 않는다. 양말 벗고 있을 땐 언제나 왼발 위에 오른발을 올려 감추는 건 그때부터 가진 버릇이다. 해수욕장에서는 왼발 위에 모래를 얹어 감추기도 했다. 날이 추우면 왼발 엄지가 유독 시리다. 아버지는 전란 중에 오른쪽 다리를 잃었고 왼쪽 발가락도 새끼발가락을 빼곤 모두 잃었다. 그 새끼발가락 발톱이 파고들어 아플 때면 상처를 입던 그날의 기억이 되살아나 아버지는 더욱 못 견디며 고통스러워했다.

　손발톱을 깎던 아버지가 내 손발톱을 깎아줬다. 발톱 없는 왼발 엄지를 한참이나 만져줬다. 그때 뭐라고 알아듣기 어려운 말씀을 했다. 몇 년 지나 우리집을 지을 때 똑똑히 알게 됐다. 사연은 잘 기억나지 않지만, 아버지는 지시한 대로 하지 않자 공사감독인 대목장과 심하게 언쟁을 벌였다. 앉아있던 아버지가 지팡이를 거꾸로 들어 지팡이 손잡이로 대목장 목을 잡아당겨 고꾸라뜨렸다. 그러고는 넘어진 이의 발목을 양손으로 잡아 몸을 뒤집어 무릎을 꿇렸다. 놀랄 틈도 주지 않을 만큼 순식간에 벌어진 일이었다. 그 대목장 지휘 아래 집이 완성되었으니 그날 일은 잘 마무리 지어진 듯했다. 그는 멍든 발목을 만지며 손아귀 힘이 무섭다고 엄살을 떨었다.

궁금증은 그날 밤에 아버지가 풀어줬다. "사람 발톱은 피부에서 돋아나는 부속기관이다. 뼈에서 돋아나는 동물 발톱에 비하면 형편없다. 그러나 발톱은 발가락을 보호하는 방탄복이다. 그 상흔은 오래 간다"라며 "다른 사람은 가졌는데 너는 없으니 단점인 건 분명하다"라고 했다. 나중에야 알았지만, 그때 쓴 고사성어가 '절장보단(絕長補短)'이다. 긴 것을 잘라 짧은 것에 보탠다는 말이다. 장점으로 단점을 보완한다는 뜻이다. 맹자(孟子) 등문공상편(滕文公上篇)에 나온다.

아버지는 "재활훈련 중에 다리가 없어 부실한 하체를 보강하는 방법으로 상체를 단련했다"고 했다. 서서 상대하지 않고 앉아서 서 있는 상대를 쓰러뜨리는 호신술은 훗날에도 꾸준히 연마했다고 했다. 어머니는 그날을 기억하며 "지팡이 속에 예리한 칼을 숨겼으나, 너희들 태어나고부터는 무기를 버리고 나무를 손수 조각하듯 며칠이나 깎아 지팡이를 만드셨다"라고 기억했다. 아버지는 "신체는 조화와 균형을 이룬다. 한쪽이 부실하면 그걸 극복하기 위해 특정한 기능에 치중한 특화된 운동과 방법으로 다른 쪽을 강하게 만들 수 있다. 신체는 조화와 균형을 맞추기 위해 한쪽이 부실하면 다른 쪽이 강해져 기능을 대신한다"라고 설명했다.

그러면서 절장보단과 다른 말씀을 했다. "장점을 세상 누구보다 더 뛰어나게 강점으로 만들어라. 그러면 단점이나 약점은 묻힌다. 상대가 넘볼 수 없을 만큼 강하면 상대는 너의 약점을 눈치채지 못한다"며 "맹자가 말씀하셨지만, 약점을 강점만큼 끌어올리는 건 불가능하고 무의미하다. 살아가며 포기한 약점이나 단점은 그걸 강점이나 장점으로 가진 이를 곁에 두면 된다"라고 아버지는 거듭 강조했다.

살아가며 수학 포기자처럼 약점을 더는 감추지 않고 돌아보지 않았다. 내가 가진 강점을 찾아 남들이 넘볼 수 없을 만큼 만드는데 진력했다. 지금까지는 그게 옳았다. 그런 마음은 상대의 강점과 약점을 꿰뚫어 보는 분별력을 키워줬다. 손주에게도 물려줘야 할 인성이다. 세심한 관찰과 노력이 뒤따라야 함은 물론이다.

지식의 바퀴는 클수록 좋다

다다익선(多多益善)

아버지 자전거로 타는 법을 배웠다. 초등학교 4학년 때다. 아버지가 나갔다 오면 자전거 바큇살까지 윤이 나게 닦는 게 내 일이었다. 틈틈이 타봤지만 쉽질 않았다. 아버지 몰래 자전거 수리도 여러 번 했다. 한참 만에야 용기 내 타고 나갔다. 어머니가 놀라 아버지에게 말씀드렸다. 키가 작아 엉덩이를 이리저리 씰룩거려야 페달에 발이 닿았다. 뒤뚱거리며 시장길을 걷는 것보다 못하게 자전거를 몰았다. 지팡이를 짚지 않은 아버지가 손뼉 치며 좋다고 하던 모습이 등 뒤에서 느껴졌다. 점포 앞에 놓인 채소들을 깔고 뭉개며 백여 미터쯤 가다 작은 도랑에 바퀴가 빠지는 바람에 자전거와 함께 옆으로 넘어졌다. 자전거 배워 처음 타던 날 풍경이다.

자전거 핸들을 양옆에서 나눠 잡고 걸어오는 길에 아버지는 큰 소리로 동네 사람들에게 자랑했다. 아버지에게 자전거는 제2의 다리였다. 6·25 동란에 참전해 오른쪽 다리를 잃은 아버지는 재활훈련으로 어렵게 자전거 타는 법을 다시 배웠다고 했다. 성한 왼쪽 다리 쪽으로 자전거를 기울여 힘없는 의족인 오른발을 페달에 묶고 반 바퀴쯤 밀면서 왼발로 페달을 힘차게 밟아 균형을 잡아야 했기 때문이다. 재활훈련 지도사가 "인생은 자전거를 타는 것과 같다. 당신의 균형을 유지하려면 계속 움직여야 한다"며 힘겹게 가르쳤다고 한다. 아버지는 큰 힘이 되는 말이었다고 되뇌었다. 지금 찾아보니 저 말은 알베르트 아인슈타인이 1930년 2월 5일 아들 에두아르드에게 보낸 편지에서 밝힌 인생 조언이다.

동네 분들 모시고 잔치를 벌인 그날 밤, 손님들이 가시고 나서 일러준 고사성어가 '다다익선(多多益善)'이다. 마침 아는 글자여서 지금도 기억이 생생하다. '많으면 많을수록 더 좋다'는 뜻이다. 훗날 알게 됐지만, 사기(史記) 회음후열전(淮陰侯列傳)에 나오는 말이다. 한나라 고조 유방(劉邦)이 한신(韓信)과 함께 여러 장군의 능력에 관해서 이야기를 나누던 끝에 "과인과 같은 사람은 얼마나 많은 군대의 장수가 될 수 있겠는가?"라고 물었다. 한신이 "폐하는 한 10만쯤 거느릴 수 있는 장수에 불과합니다"라고 하자 "그렇다면 그대는 어떠한가?"라고 되물었다. 이에 한신이 대답한 말에서 유래했다. "예, 신은 많으면 많을수록 더욱 좋습니다(多多益善)." 고조가 다시 "많으면 많을수록 좋다고? 그렇다면 그대는 어찌하여 10만의 장수 감에 불과한 과인의 포로가 되었는고?"라고 비웃자 한신은 "하오나 폐하, 그것은 별개의 문제입니다. 폐하는 병사의 장수가 아니라 장수의 장수이십니다. 이것이 신이 폐하의 포로가 된 이유입니다. 또 폐하는 이른바 하늘이 준 것이옵고 사람의 일은 아니옵니다."

아버지는 가끔 한신의 통찰력을 칭찬하며 저 고사성어를 몇 번 더 말씀했다. 고조는 천하를 통일한 후 왕실의 안정을 위해 개국 공신들을 차례로 숙청했다. 초왕(楚王) 한신(韓信)은 천하 통일의 일등 공신으로 항우 군의 토벌에 결정적으로 공헌했지만, 통일이 완성된 한 왕실로서는 위험한 존재가 아닐 수 없었다. 결국 여후(呂后)에 의해 처형되었다.

아버지는 "자전거는 인간의 힘으로 움직이는 탈것 중에 가장 위대한 발명품"이라며 "언제 어느 때고 바퀴가 빠져 넘어지는 도랑을 만나는 게 인생"이라는 설명을 덧붙였다. "빠지지 않을 방법은 바퀴를 도랑보다 더 크게 만들면 된다"면서 다다익선 고사성어를 길게 인용해 "위험을 알아채는 지식의 바퀴는 크면 클수록 좋다"고 강조했다. 아버지는 "지식은 배운 정보의 축적이다. 지혜는 지식을 적용하는 방법이다"라고 그 차이를 설명했다. 이어서 아버지는 "지혜 없는 지식은 가능하지만, 지식이 없는 지혜는 불가능하다"라며 기회 있을 때마다 먼저 지식의 바퀴를 키울 것을 주문했다.

지식은 탐구심이 있어야 얻는다. 목표를 향한 강한 투지를 가지고 노력하는 마음이 탐구심이다. 손주가 자전거를 배우기 이전에 먼저 가르쳐야 할 소중한 성품이다.

한번 맘먹은 일 함부로 바꾸지 마라

일이관지(一以貫之)

    중학교 다니던 시절, 한자 '참 진(眞)'자를 쓸 때였다. 네모 칸에 맞춰 '눈 목(目)'자를 마칠 즈음 위에 붙은 '비수 비(匕)'를 '칼 도(刀)'로 잘못 쓴 걸 알았다. 글자에 얼른 빗금을 쳤다. 그래도 맘에 안 들어 동그라미를 계속 둘러쳐서 글자가 보이지 않게 시커멓게 칠했다. 지켜보던 아버지가 냅다 호통치며 그때 하신 말씀이다. "한번 맘먹은 일은 함부로 바꾸지 마라!"

    아버지는 말씀이 길었다. 다리에 쥐가 나도록 꿇어앉혀 놓고 길게 말씀하셨다. 그날도 그랬다. 아버지가 덧붙인 말씀을 알아들은 대로 정리하면 이렇다. "쓰던 글자가 잘못됐다는 것을 알면 바로 고치거나 지울 일은 아니다. 시작한 글자는 틀린 대로 마무리해라. 틀린 글자는 정정 표시를 하고 제대로 된 글자를 다시 써라. 그래야 어디서부터 뭐가 잘못된 건지 온전하게 알 수 있다. 저렇게 새까맣게 뭘 시도한 건지도 모르게 칠해놓으면 반성과 성장의 기회를 잃는다. 더욱이 너를 지켜보거나 따르는 이들은 우두망찰하게 된다. 가던 길을 갑자기 멈춰서서 없던 일처럼 해버리면 너를 따르는 이들은 뭐가 되느냐. 모름지기 언행은 한결같아야 한다."

아버지는 고작 중학생인 내게 낯선 용어인 일관성(一貫性)을 말씀하셨다. 그날 이후에도 잔소리처럼 말씀하셔서 외우게 됐다. 일관성은 일이관지(一以貫之)에서 왔다. 하나의 이치로써 모든 것을 꿰뚫는다는 뜻이다. 논어(論語) 위령공편(衛靈公篇)에 나온다. 공자(孔子)가 제자 자공(子貢)에게 한 말에서 비롯했다. "사(賜)야, 너는 내가 많이 배워서 그것을 모두 기억하는 줄로 아느냐? 아니다. 나는 하나로 꿸 뿐이다(子一以貫之)." 공자의 사상과 행동이 인(仁) 하나의 원리로 통일되어 있다는 뜻이다. 논어 이인편(里人編)에서 공자가 증자(曾子)에 한 말에도 나온다. "삼(參)아, 나의 도는 하나로써 꿰었느니라(吾道一以貫之)." 증자의 설명이다. "선생님의 도는 충과 서일 뿐이다(夫子之道 忠恕而已矣)." 충성과 용서가 곧 인을 달성하는 길이라는 뜻이다.

그 후부터 손댄 일은 성사(成事)에 뜻을 두었다. 시작하면 반드시 끝을 맺었다. 그리고 매사에는 열정을 가지고 정성을 다했다. 그렇게 평생 지켜온 습성이 일관성이다. 오래 생각하되 쉬이 바꾸지 않는다. 믿음은 함부로 바뀌지 않는 데서 나온다. 내가 수시로 바뀌면 주변에서 다가오지 않는다. 자식과 손주들에게 물려주고 싶은 첫째 인성이다.

2

너의 선택을 존중해라

그렇게 할 거면 그만둬라

득의양양(得意揚揚)

금융실명제는 모든 금융거래를 실명으로 하도록 의무화한 제도다. 1993년 8월 12일에 시행되었다. 탈세, 조세포탈, 자금세탁, 불법금융거래 등을 방지할 목적으로 도입되었다. 도입은 정부가 했지만, 시행은 거래가 일어나는 금융기관 몫이었다. 은행의 대외소통 창구를 담당한 나는 일어난 모든 거래상황을 집계하고 보고했다. 시행 첫날부터 야근이 일상인 날이 이어졌다. 취합된 보고가 매스컴에 보도되면서 금융실명제는 내가 모두 한 것 같았다. 야근을 마치고 술에 취해 귀가하는 것도 일상이었다. 며칠 지나 집 앞에서 손주들을 보고 돌아가는 부모님을 만났다. 길거리서 우쭐한 기분에 금융실명제에 대해 몇 마디 하자 아버지가 따라오라고 호령했다.

집에서 멀지 않은 본가에 불려 간 내게 아버지는 "네가 뭘 했다는 거냐?"고 물었다. 생각지도 않았던 질문 세 가지에 답을 기다리지 않고 "건방 떨지 마라"며 꿇어앉으라고 했다. 술김에 들었지만, 기억이 생생한 첫마디가 고사성어 '득의양양(得意揚揚)'이다. '뜻을 얻어 날아오를 듯하다'라는 말이다. 원하던 바를 이루어 매우 만족한 모습을 뜻한다. 사기(史記) 관안열전(管晏列傳)에 나온다. 중국 춘추시대 제(齊)

나라의 재상으로 3대의 군주를 섬기며 존망 받는 안영(晏嬰)이 수레를 타고 출타했다. 그 수레 모는 마부의 아내가 문틈으로 남편이 일하는 모습을 엿보았다. 마부는 머리 위에 펼친 큰 우산 아래서 채찍질하며 네 필 말을 몰았다. 의기양양하게 매우 흡족한 모습이었다(意氣揚揚 甚 自得也).

마부가 일을 마치고 집에 오자 아내가 이혼을 요구했다. "안자(晏 子)께서는 키가 6척이 채 안 되는데도 재상이 되어 제후들에게 명성을 날립니다. 바깥에서의 모습 또한 뜻과 생각이 깊고 현명해 보이면서 늘 자신을 낮추시더이다. 그런데 당신은 키가 8척이나 되면서 남의 마부로 있고 그런데도 스스로는 자신만만해 만족하고 있으니, 그래서 제가 지금 이혼을 하자는 것입니다." 마부는 자신을 낮추고 겸손하게 행동했다. 그가 변한 까닭을 묻자, 마부는 사실대로 고했다. 곧장 반성

할 줄 알고 바르게 변한 모습을 본 안영은 그를 천거해 대부(大夫)로 삼았다.

두 번째 질문이 "입사한 지 얼마나 됐냐?"였다. 10년 됐다는 대답을 들은 아버지는 바로 "그렇게 할 거면 그만두어라"라며 "너는 목적 없는 삶을 살고 있다"라고 진단했다. 아버지는 "금융실명제를 만든 건 네가 아니다. 너는 떡잎일 뿐이다. 떡잎이 지우는 그늘이 얼마나 크겠느냐. 네 언행은 네가 만든 큰 음덕을 베푸는 것처럼 한다"고 평가했다. 이어 "네 직장은 튜브다. 모선에 끈을 매단 튜브다. 빌린 그 튜브를 타고 있으니 바다에 빠져 죽지만 않을 뿐이다. 착각하지 마라. 튜브 타고 이룬 그 일은 조직이 한 일이지 네 삶이 아니다. 그 튜브마저도 기껏해야 30년밖엔 더는 빌릴 수가 없다"라며 심하게 나무랐다.

아버지는 "줄잡아 30%의 사람들은 목표 없이 산다"라며 "목표를 가지고 사는 사람들은, 목표 없는 사람들보다 더 행복하고 만족도가 높고 더 건강하고 오래 살며 삶의 질도 높다. 목표가 없으면 방향성이 없고, 삶의 의미를 찾기 어려워 지루하고 무의미해한다"라고 했다.

이어 한 세 번째 질문이 "튜브 임차기한이 끝나면 어떻게 할 거냐"였다. 아버지는 "정처 없이 걷다가 갈 데가 정해지면 발걸음이 빨라지듯 목표는 삶의 분명한 방향과 동기를 부여한다"고 설명하며, 삶을 대하는 진지한 태도를 갖추라고 했다. "네가 앞으로 살아야 할 시대는 지금과는 다른 100세 시대다. 30년씩 나누면 3개 기다. 사람들은 직장에 다니는 2기를 살기 위해 1기에 몸과 지식을 준비한다. 지금은 평균수

명이 짧아 필요 없지만 3기를 살아야 하는 너는 2기에 그 준비를 해야
한다. 튜브 임차기한이 끝난 뒤 다가올 3기 30~40년을 위한 준비다"
라며 1기보다 더 강도 높은 준비를 해야 한다고 강조했다. 아버지는
"준비 없이 주어진 3기에 소파에 누워 TV 채널만 돌리며 10년을 더 산
걸 삶이라 할 수 있겠느냐"고 반문하며 목표를 세울 것을 재촉했다.

　"사람마다 다르긴 하지만, 성공한 인생이란 자신이 원하는 것을
이루는 거다"라고 정의한 아버지는 "원하는 것을 이루자면 목표를 명
확히 해야 한다. 도전이 성공으로 가는 가장 빠른 길이다. 성공은 노력
과 인내를 요구한다. 아무런 준비 없이 맞는 미래는 비극이다. 마냥 득
의양양하고 있을 때가 아니다"라며 그날 밤의 긴 나무람을 끝냈다. 내
가치를 알고 자랑스럽게 여기는 게 자부심이다. 자칫하면 경계해야 할
자만심으로 흐른다. 서둘러 손주에게도 깨우쳐 줘야 할 소중한 인성
이다.

너의 강점을 찾아라

가계야치(家鷄野雉)

학교에서 집에 오자마자 아버지 방에 불쑥 들어가 읍내 학교로 전학시켜달라고 했다. 초등학교 6학년 때다. 방 안의 손님들이 더 놀라는 표정이었다. 아버지는 말씀이 없었다. 뒤따라 들어온 어머니가 끌듯이 데리고 나왔다. 며칠 지나서야 아버지가 불러 전학 가려는 이유를 물었다. 선생님이 수업 중에 "읍내 학교 애들은 이 정도 문제는 다 푼다. 너희들 실력으로는 읍내 중학교 못 간다"라고 했다고 말씀드렸다.

그날 아버지는 즉답하지 않은 채 석수장이 얘기를 들려줬다. 바로 얼마 전에 교과서에 나와 배운 얘기여서 기억이 지금도 생생하다. 아버지가 그 동화를 알고 있는 게 도리어 신기했다. 동화는 이랬다. 석수장이가 뙤약볕 아래서 정과 망치로 바위를 쪼고 있을 때 저 멀리 화려한 마차 행렬이 지나고 있었다. 임금님 행차였다. 한없이 부러웠던 그는 혼잣말로 "나도 임금이 되어보았으면…"하고 중얼거렸다. 그때 어디선가 "이제부터 너는 임금이 되어라"라는 큰소리와 함께 석수장이는 임금이 되어 황금빛 깃발이 펄럭이는 대열의 한가운데에서 마차를 타고 갔다.

무더운 여름날이라 땀이 흘러내렸다. 하늘을 보니 이글거리는 태양이 불타고 있었다. 임금보다 태양이 더 나을 것 같아 "나도 태양이 되었으면…"하고 중얼대자 또 하늘에서 소리가 들리더니 금방 작열하는 태양이 되었다. 두루 세상을 구경하고 빛을 비추니 무엇 하나 부러울 것이 없었다. 얼마쯤 지나 난데없는 구름이 몰려와 시야를 가려버렸다. 고개를 돌려봐도 보이지 않자 "나도 구름이 되었으면…"하고 말하자 순식간에 이번엔 구름으로 변했다. 거침없이 나다니고 구경하며 비를 마구 뿌려댔다. 심술이 나면 잔칫집에도 초상집에도 비를 퍼부어댔다. 산을 하나 없애려고 며칠을 두고 밤새도록 비를 쏟아부었다.

그러나 바위산은 꿈적도 하지 않았다. 바위가 부러웠다. "바위가 되었으면…"하고 말하자 바위가 된 그는 걱정 없이 쉬고 있을 때 석수장이가 정과 망치를 들고 다가와 얼굴을 쪼기 시작했다. 얼굴이 깨져 나가자 석수장이가 더 좋아 보였다. "나도 석수장이가 되었으면…"하고 빌었다. 이내 그는 석수장이가 되어 옛날 그 자리에 앉아있었다. 초등학교 교과서에 실린 글이지만, 지금 되뇌어도 의미 깊은 얘기다. 아버지는 "동경은 맹목만 낳는다"라고 했다.

아버지는 그날 전학 얘기는 꺼내지 않고 "너는 재주 많은 아이다. 너도 선생님도 그걸 모른다. 미처 발견하지 못한 너의 강점을 찾아라"라고 했다. 이어 "네 9대 할아버지는 한양을 떠나 충주로 왔다. 다시 제천으로 그리고 지금 우리가 사는 이 동네까지 450여 년을 더 나은 땅을 찾아 이주했다. 이 땅은 너에게 이르기까지 15대 할아버지들이 모두 치열하게 고민해 찾은 자리다. 네가 다니는 그 학교 나와도 읍내 중학교 진학하고 서울로도 유학하러 갔다"라고 했다.

아버지는 '가계야치(家鷄野雉)'라는 고사성어를 인용했으나 그때는 귀에 들어오지 않았다. '집에 있는 닭보다 들에 있는 꿩을 좋아한다'라는 말이다. 가까이 있는 것은 대수롭지 않게 여기고 멀리 있는 드문 것을 귀하게 여긴다는 뜻이다. 중국 동진(東晉)의 정치가 유익(庾翼)은 왕희지(王羲之)와 명성을 같이 할 만한 명필가다. 집안사람들조차 왕희지 필법을 배우기에 여념이 없자 그가 한 말에서 이 성어는 유래했다. "아이들이 집안의 닭은 하찮게 여기고, 들판의 꿩만 사랑하여 모두 왕희지의 서법만 배우고 있으니 이는 나를 그보다 못하다고 여기는 것이다." 출전은 태평어람(太平御覽) 진중흥서(晉中興書)다.

그 뒤 선생님은 읍내 학생들과 비교하는 말을 더는 하지 않았다. 몇 달 지나지 않아 치른 중학교 입학시험에 합격해 진학했다. 중학교를 마치고 서울에 있는 고등학교에 진학하자 아버지가 다시 저 고사성어를 인용했다. "네가 읍내 학교로 전학시켜달라고 했을 때 설득하기가 가장 어려웠다"라고 술회하며 "속담처럼 마당에서는 인물 안 난다. 네 말에 확신을 얻어 서울 진학과 우리집 이주를 결심했다"고 했다.

　　아버지는 "누구나 남들보다 뛰어난 재주를 가지고 있다. 다만 숨어있는 자신의 강점을 발견하지 못할 뿐이다. 너 자신을 믿으라"고 강조했다. 긍정적인 삶을 사는 데 중요한 역할을 하는 게 자신감이다. 자신감이 높으면 목표를 향해 적극적으로 나아갈 수 있고, 어려움을 극복하는 데 도움이 된다. 자신의 장점을 알아보고 인정하는 것이 자신감을 키우는 첫걸음이다. 자신의 강점을 자랑스럽게 여기는 것도 중요한 성품이다. 손주에게도 당연히 물려줘야 할 소중한 인성이다.

너의 선택을 존중해라

수처작주(隨處作主)

고등학교 입시 합격자 발표 날 아버지가 가르쳐 준 고사성어가 '수처작주(隨處作主)'다. "머무는 곳마다 주인이 되어라. 그러면 서 있는 곳이 모두 참되리라(隨處作主 立處皆眞)"라는 말에서 왔다. 선(禪) 불교의 정신을 세운 임제 의현(義玄) 스님의 임제록(臨濟錄)에 나온다.

합격자 발표문은 가파른 언덕길을 한참 올라와 돌담 위에 붙어 있었다. 합격증 받으러 본관으로 가는 길. 진눈깨비가 내리는 운동장엔 군데군데 물웅덩이가 생겼다. 아버지는 지팡이로 물 고인 웅덩이마다 물길을 터줬다. 등록을 마치고 나왔을 땐 비가 그쳤어도 운동장엔 물웅덩이가 여럿 보였다. 아버지가 물길을 터준 웅덩이만 말라 있었다.

"너의 선택을 존중해라." 그때 한 말씀이다. 학교 선정에 애먹어서 그런지 합격은 했지만, 마음 한쪽에 남아 있던 아쉬움을 아버지는 그렇게 씻어주었다. 이어서 한 말씀이 저 말이다. "어느 곳에 있건 있는 곳마다 주인이 돼라. 내 집 마당에 물웅덩이가 있으면 그냥 지나치겠느냐? 내가 다니는 학교가 최고라고 생각하면 최고가 된다." 아들을 혼자 서울에 유학 보내는 아버지는 낯설고 어색해하는 내게 학교를 '내

집'으로 여기게 끌어들였다.

입학하고 한참을 지난 어느 비 오는 날 운동장에 널린 물웅덩이에 물길을 열어주고 난 뒤에야 아버지의 말뜻을 온전하게 이해했다. 다른 이들은 관심 밖이겠지만 내가 손댄 뒤부터 학교 운동장은 내 집 마당처럼 내 관심의 영역으로 자리하게 됐다. 내가 이 학교 주인이니 학교 안의 흙 한 줌 풀 한 포기마저도 다시 보였다.

해보지 않은 일을 할 땐 선뜻 나서기 어렵다. 자신감이 없어서다. 자신감은 자신을 믿는 감각이다. 감각이기에 둔해지면 잃어버리게 된다. 자신감은 자아존중감(자존감)에서 나온다. 자존감은 자신이 사랑받을 만한 가치가 있는 소중한 존재이고 어떤 일이라도 해낼 만한 유능한 사람이라고 스스로 믿는 큰마음이다. 자존감이 높으면 자신의 능력을 믿고 높게 평가해 도전적인 상황에서 잘 해낼 수 있는 자신감도 높다. 자존감이 높은 이는 당연히 다른 이의 인격이나 사상, 행동 등을 높이 사 사교적이다. 자존감은 자신이 한 행동결과로 맛본 성취감이나 다른 이의 칭찬으로 커간다.

그러나 말처럼 쉽진 않다. 쉽지 않은 일을 아버지는 홀로 남은 자식의 자존감을 키워주기 위해 구체적인 실천방안으로 수처작주를 가르쳐 낯선 학교를 사랑하는 법을 일깨워주었다. 사람이 건강한 사회인으로 성장하는 데 무엇보다 먼저 갖춰야 하는 인성이야말로 자존감이다. 가르칠 방법이 쉽지 않지만, 반드시 손주에게도 물려줘야 할 성품이다.

높이 오르려면 낮은 곳에서 출발해야 한다
등고자비(登高自卑)

중학교 1학년 때 국어를 담당하던 여선생님이 작문 숙제를 내
줬다. 자유 주제였다. 자기가 쓰고 싶은 글을 형식에 상관없이 써오라
고 했다. 잘 쓰고 싶었다. 몇 날을 끙끙댔다. 숙제를 내야 하는 전 날밤
엔 늦게까지 책상에 앉아있었다. 평상시와 다른 행동을 눈치챈 아버지
가 사정을 듣자 대뜸 "잘 쓰려고 그러는구나"라고 했다. 이어 "자유 주
제가 어렵다. 그래서 엄두가 안 나는 거다"라고 했다. '엄두'란 말을 그
날 처음 배웠다.

엄두는 한자어 '염두(念頭)'에서 온 말이다. 염두에서 엄두로 변
하는 현상을 변음이라고 한다. 한 몸에서 나온 엄두와 염두는 부정적
인 의미와 긍정적인 의미로 각기 변했다. 염두는 마음의 속이나 '생각
의 맨 처음'이라는 말이다. 우리말처럼 된 엄두는 흔히 부정적인 말과
어울려 쓴다. '감히 무슨 일을 하려는 마음'이라는 뜻이다. '엄두가 안
난다'라는 말은 어떤 일을 시도하기가 두렵거나 어려운 경우에 쓴다.

아버지는 글 쓰는 엄두가 나지 않는 이유를 두 가지로 설명했다.
"첫 번째는 두려움 때문이다. 실패하거나, 실망하거나, 상처받을 수

있다는 생각에서 비롯된다. 두 번째는 부족함이다. 네가 능력이 부족하다고 느끼면 도전하기 어렵다. 성공할 확신이 서지 않기 때문이다." 네가 글을 써본 일이 없을 테고, 쓴 글이 없으니 실패한 적이 없어 글쓰기가 두려운 것은 아니라고 아버지는 지적했다. "네가 잘 쓰려는 마음이 엄두가 나지 않게 하는 원인이다"라고 진단했다.

"엄두가 나지 않는 이유를 이해하면, 극복하기 쉽다"라고 전제한 아버지는 "두려움은 정면으로 맞서 극복해야 한다. 네가 앓고 있는 부족함은 능력을 계발하고, 자신감을 키워가는 노력으로만 극복할 수 있다"라고 방안을 제시했지만, 그때는 귀에 들어오지 않았다. 그날 아버지는 "아마추어 사진사는 내가 찍을 저 피사체가 걸작이 될까 망설이다 기회를 놓치고 만다. 프로는 찍어야 할 상황이면 셔터를 먼저 눌러 기회를 절대 놓치지 않는다. 사진을 펼쳐놓고 나중에 걸작을 고른다"며 생각을 멈추고 먼저 시작하기를 권했다.

아버지는 "뭘 쓸지 목표를 정해라. 큰 목표는 두려움을 더 크게 느끼게 만들 수 있다. 작은 목표부터 시작해 점차 목표를 키워가는 게 좋다. 목표가 정해졌으면 '나는…'으로 시작해라"라고 구체적으로 일러주며 "엄두가 나지 않으면 작은 일을 염두에 둬라"라고 했다. 이튿날 숙제를 검사하던 선생님이 "잘 썼다"라고 칭찬하며 내 작품을 낭독하라고 했다. 아버지가 가르쳐 준 대로 '내가'로 시작한 작문은 초등학교와 중학교가 서로 다른 점을 느낀 대로 쓴 글이었다. 처음 입은 교복이며, 한자로 된 명찰, 훨씬 큰 학교, 과목마다 다른 선생님이 가르치는 일 등을 겪은 대로 썼다. 익숙해지지 않아 매우 힘들었지만, 초등학교 때 익숙했던 교정에서 밟던 눈, 느티나무 등이 거기에도 똑같이 있어 친구가 돼줘 낯설지 않았다는 글이었다.

집에 돌아와 선생님이 "훌륭한 글"이라는 칭찬을 했다는 얘기를 궁금해하는 아버지에게 바로 자랑했다. 그때 아버지가 "모든 일에는 순서가 있다"라며 가르쳐 준 성어가 '등고자비(登高自卑)'다. 중학교 들어가 처음 배운 고사성어다. 높은 곳에 오르려면 낮은 곳에서부터 출발해야 한다는 뜻이다. 중용(中庸) 제15장에 나온다. "군자의 도(道)는 비유하자면, 먼 곳을 감에는 반드시 가까운 곳에서 출발함과 같고, 높은 곳에 오름에는 반드시 낮은 곳에서 출발함과 같다"라는 말이다. 모든 일은 순서에 맞게 기본부터 이루어 나가야 한다는 뜻이다. 그날 아버지는 "남의 삼 층 정자를 보고 샘이 난 사람이 목수를 불러 일 층과 이 층은 짓지 말고 아름다운 삼 층만 지으라고 했다는 일화가 불경에 나온다"라며 "공부는 물론 모든 일이 다 마찬가지다. 허황한 결과만을 공상하면 그 어느 것도 이룰 수 없다. 모름지기 낮은 데서 출발해야 한다"고 몇 번이나 강조했다.

무슨 일을 하기 위해 엄두를 내려면 자신이 가진 능력을 믿는 게 그 무엇보다 중요하다. 얼마일지도 모르는 자신의 능력을 믿으면, 두려움을 극복하고 시도해 볼 힘을 얻을 수 있다. 꾸준하게 애써 나를 믿는 자신감은 온전하게 자신이 노력해야 얻을 수 있는 인성이다. 손주들에게도 반드시 물려줘야 할 성품이다.

막히면 원점으로 돌아가라

불천물연(不泉勿捐)

    초등학교 4학년 때다. 집을 새로 짓고 우물을 파서 수도 펌프를 설치한 아버지는 큰집에도 우물을 파겠다고 했다. 반대하는 큰아버지와 며칠 승강이를 벌였으나 강하게 설득한 아버지가 이겨 펌프를 놓기로 했다. 인부들을 동원해 큰집 뒤꼍 구석진 곳에 땅을 파 내려갔다. 동네에 처음 펌프를 놓는 거라 사람들은 매일 구경 오고, 수군댔다. 며칠을 팠으나 물이 나오지 않아서였다. 큰아버지와 심하게 다툰 아버지는 인부들을 철수시키고 공사를 중단했다. 큰집에 머물다 집에 돌아온 아버지는 며칠간 꼼짝도 하지 않았다.

    새벽에 아버지가 깨워 따라나서라고 했다. 해뜨기 전 어둑한 길을 자전거 탄 아버지 뒤를 따라 뛰고 걸어 큰댁이 내려다보이는 마을 뒷산에 올랐다. 산 중턱쯤 올라가 바위에 걸터앉은 아버지는 지팡이로 이곳저곳을 가리키며 혼잣말을 했다. 담배 한 갑을 다 피우고서야 자리에서 일어섰다. 자전거를 타고 산길을 내달리는 아버지를 따라잡기 어려웠다. 큰집에 도착했을 때 아버지는 대문을 나서는 큰아버지 등에 대고 "형님, 그렇게 합니다"라고 했다. 아버지는 뒤늦게 온 나를 우물 파는 일꾼들을 불러오라고 심부름 보냈다.

　공사를 재개하기 전 아버지는 인부들에게 "물은 틀림없이 나온다"라고 장담하며 "밤나무가 서 있는 쪽으로 조금만 더 깊게 파라"고 땅속 물길을 들여다본 듯 자신 있게 주문했다. 공사를 다시 한다는 소문은 빨리도 퍼져서 뒤뜰엔 구경꾼들이 몰려들어 다들 한마디씩 했다. 둘씩 교대로 밑으로 내려가 흙을 파 올리는 공사는 더뎠다. 사람들의 웅성거리는 소리를 아버지가 "좀 더 힘내라"라는 큰소리로 막았다. 물은 반나절이 채 지나지 않아 터졌다. 아래서 "사람 살리라"라는 외마디 소리가 들리며 인부 둘이 물에 흠씬 젖은 채 끌려 올라오자, 아버지가 껴안으며 탄성을 내질렀다. 사람 키를 훌쩍 넘게 우물에 물이 고였다. 기대 이상으로 수량이 풍부했다.

　초등학교 6학년 때 아버지가 새로 집을 또 지었다. 그때 우물을 팔 때는 깊이 파지 않는데도 물이 쉽게 나왔다. 물이 솟아오른 그날 밤에 아버지가 큰댁에 펌프 놓던 일을 떠올리며 해준 말씀이 "막히면 원점으로 돌아가라"였다. 땅을 깊이 팠는데도 물이 안 나오자 크게 당황했었다고 회상한 아버지는 특히 동네 사람들의 비웃음이 예상 못 한 걸림돌이었다고 했다. 며칠 고심 끝에 "널 데리고 새벽에 뒷산에 올라가 원점에서 계획을 면밀하게 재검토했다"라고 했다. "수맥의 흐름을 읽어 우물을 팔 위치를 점찍고, 파 내려간 깊이를 다시 계산해 허점을 짚어봤다"라면서 "계획했던 데서 소홀히 한 점이 없어 '물이 나온다'라는 확신을 얻어 공사 재개 의지를 다졌다"라고 했다.

아버지는 "왔던 길을 되돌아가기란 쉽지 않다. 중단한 일을 다시 하는 일 또한 처음 할 때보다 더 어렵다"라고 했다. 이어 "무언가를 이루려는 마음이 '의지(意志)'다. 의지는 확신에서 나온다"라며 해자(解字)해가며 설명했다. '소리 음(音)' 자와 '마음 심(心)' 자가 결합한 '뜻 의(意)' 자는 소리가 울려 퍼지는 모습을 표현한 것이다. 생각은 머리가 아닌 마음에서 우러나오는 소리라는 의미다. '뜻 지(志)' 자는 본디 '갈 지(之)'와 '마음 심(心)'이 결합해 '가고자 하는 마음'이라는 뜻이다. 자기 뜻을 실천한다는 의지를 표현한 말이라고 새겼다. 아버지는 " 내가 마음먹기에 달린 거다. 일의 성패는 결국 자기와의 싸움이다"라고 결론지었다.

아버지는 어릴 적에 내 할아버지에게 배웠다며 고사성어 '불천물연(不泉勿捐)'을 일러줬다. 원문은 '아홉 길을 팠는데도 샘이 솟지 않는다고 그만두지 말라(堀至九仞 不泉勿捐)'이다. 고려 시대 학자 이곡(李穀, 1298~1351)이 쓴 글에서 유래했다. 그는 원나라 제과(制科)에 급제한 고려인이다. 가전체(假傳体) 소설 『죽부인』을 썼다. 찬성사 이자성(李自成)의 아들이고 이색(李穡)의 아버지다. 영암사에서 우물을 포기하지 않고 백 척을 파서 샘물이 솟아올랐다는 소식을 들은 이곡이 감동해 우물을 마시는 사람들에게 권면(勸勉)하고자 우물 벽에다 쓴 명(銘), '영암사신정명(靈巖寺新井銘)'에 나온다. 찾아보니 영암사는 지금 북경 인근 북차영(北車營)의 적곡산(積谷山)에 있는 절이다. 아버지는 "온갖 비난을 무릅쓰고 2년이나 파 내려가서야 물이 솟았다고 한다. 1인(仞)이 7~8자, 약 2.1~2.4m다. 9인(仞)이면 약 18.9~21.6m, 즉 20m 정도의 길이다. 땅파기를 몇 번이고 포기하고 싶었을 길이다"라고 자세히 설명했다. 늘 곁에 두는 부채에 저 성어를 써두고 아버지는 기회 있을 때마다 인용했다.

아버지는 "계획한 일을 추진하다 보면 시행착오도 겪으면서 힘들고 지치는 상황이 있기 마련이다. 특히 주위의 시선과 저항이 큰 훼방꾼이다. 그때 실망이 쌓이고 자신감은 줄어만 간다"라고 했다. 이어 "계획이 잘못되어 실패하는 것보다 밀고 나가는 의지가 떨어져 실패한다. 포기하지 않고 끝까지 밀고 나가는 것이 중요하다"라고 강조했다. 아버지는 "이제껏 내가 깨우친 방식이다. 주저앉지 않고 난관을 뚫고 나갈 유일한 방법은 원점으로 돌아가는 일이다. 시간이 익으면 허점이 보인다"라며 마음 깊이 새기기를 당부했다. 쉽게 얻을 일 처리 방식은 아니지만, 손주들에게 꼭 물려주고 싶은 인성이다.

세상에 완벽한 사람은 없다
완벽(完璧)

아버지가 나를 불러서 들려준 옛이야기다. 남편감을 인사시키면 아버지가 반대해 혼기를 놓친 딸이 "집에만 계시니 갑갑하시죠. 바깥바람 좀 쐬고 오세요. 이 도시락을 꼭 산 좋고 물 좋은 데 있는 정자를 찾아서 드시고 오세요"라고 했다. 딸이 싸준 도시락을 들고 산 좋고 물 좋은 데 있는 정자를 종일토록 찾아 헤맸지만, 끝내 찾지 못하고 돌아왔다. 딸에게 도시락을 도로 건네주며 "산 좋고 물이 좋은 데는 정자가 없고, 정자도 있고 물이 있는 데는 산이 없고, 산 좋고 정자도 있는 데는 물이 없더라. 네가 말한 세 가지를 모두 갖춘 데는 찾지 못했다"라고 했다. 딸은 "그런 많지도 않은 세 가지 조건을 맞춘 경승지는 흔치 않습니다. 아버지가 말씀하시는 세 가지 조건을 모두 갖춘 사람도 찾기 힘듭니다"라고 얘기했단다.

남동생과 여동생 둘을 먼저 혼인시킨 아버지는 장남인 나를 불러 역정부터 냈다. "내가 그토록 싫어한 게 역혼(逆婚)이다. 그게 불효다. 네가 뭐가 못 나 혼인할 사람을 데려오지 못하느냐? 네가 여러 조건을 따지기 때문이다. 세상에 완벽한 사람은 없다."

그날도 아버지가 어김없이 인용한 고사성어가 '완벽(完璧)'이다. '벽(璧)'은 동그랗게 갈고 닦은 옥(玉)이다. 이 말은 춘추전국시대에 초(楚)나라 변화(卞和)가 발견해 초문왕(楚文王)에게 바쳤다는 세상에 둘도 없는 아름다운 보옥(寶玉)인 '화씨의 벽(和氏之璧)' 때문에 생겼다. 이 '화벽(和璧)'이 조(趙)나라에 흘러 들어갔다. 이를 탐낸 진(秦)나라 왕이 15개 성과 바꾸자고 꾀었다. 힘이 약한 조나라 왕이 대장군 인상여(藺相如)에게 묻자 그가 한 말이다. "진나라가 구슬값을 주며 화씨벽을 원하는데 왕께서 거절하면 우리 잘못이고, 구슬을 주었는데도 약속한 성을 주지 않으면 진나라가 잘못한 겁니다. 신이 화씨벽을 가지고 진나라에 들어가겠습니다. 구슬값을 주면 다행이지만, 그렇지 않을 때는 화씨 벽을 온전하게 보전해서(完璧) 돌아오겠습니다"라고 했다.

　　하지만 진나라 왕은 보석만 받고 성을 주지 않았다. 인상여는 보석에 흠이 있다며 달라고 해 일단 받아 든 다음 "천하의 보물이라 저희 왕도 이 구슬을 보낼 때 닷새간 목욕재계했습니다. 진나라 왕도 닷새간 목욕재계하고 받으시길 바랍니다. 구슬을 강제로 뺏으려 하시면 저 기둥에 제 머리와 구슬이 함께 박살 나는 것을 보게 될 것입니다"라고 왕을 위협했다. 진나라 왕이 목욕할 때 수행원에게 옥을 들려 탈출시켰다. 그렇게 보석을 하나도 손상하지 않고 원래 그대로 완벽을 도로 가져왔다. 이 사실을 뒤늦게 안 진나라 왕은 대장부라고 칭찬하며 그를 돌려보냈다. '사기(史記)' '인상여열전(藺相如列傳)'에 나온다. 내 아버지는 목숨을 건 인상여의 기개와 용기를 몇 번이나 칭찬했다.

　　다시 결혼 이야기로 돌아온 아버지는 "조건은 하나면 된다. 산,

물, 정자 중에 변하지 않을 산 하나만 있으면 된다. 물길은 바꿀 수 있고 정자는 지으면 된다. 산처럼 언제나 흔들리지 않는 진심을 가진 사람이면 된다"고 며느릿감 조건을 제시했다. 이어서 아버지는 "내 사람 되면 모든 게 다 이쁘게 보인다"며 결심을 재촉했다. 더는 지체하지 않고 다음 날 은행의 내 옆자리 직원을 부모님께 인사시켜 승낙을 얻었다. 이듬해, 서른여섯에 결혼했다.

신혼여행에서 돌아오자 아버지는 "인상여의 용기는 자애심(自愛心)에서 나왔다. 자애심은 자기를 사랑하는 마음이다. '내 사람'이 예쁜 이유는 내가 목숨을 걸고라도 지켜내고 싶은 고귀한 가치가 있기 때문이다"라고 했다. 이어 "인상여가 목숨 걸고 화벽과 조나라의 자존심을 지켜냈듯 네가 발견했을 네 아내의 진심을 감싸주어라. 낯설고 풍속 다른 우리 집에서 모든 게 서툴 네 아내의 허물을 덮어주고 편들어주고 두둔해 주어라. 산처럼 흔들리지 않는 한결같은 진심을 발견하고 지켜주는 게 용기고, 너 자신을 사랑하는 길이다. 완벽은 그렇게 만들어지는 거다"라고 내 눈을 틔워줬다. 35년째 지켜나가는 자애심 또한 손주에게 먼저 물려줄 소중한 성정이다.

유혹을 이기는 힘은 목표에서 나온다
다기망양(多岐亡羊)

　　종로 담배 가게 골목에서 아버지를 만났다. 담배를 배워 그날 처음 사던 날이다. 나오다 골목으로 들어오는 아버지와 마주쳤다. 서로 놀랐다. 고등학교 3학년 여름 방학 때다. 뭐라고 말씀드렸는지 기억은 안 나지만, 나는 도망치듯 자리를 떴다. 집에서 만난 아버지는 말씀이 없었다. 며칠 뒤 책상 위에 신문 기사 스크랩이 놓여 있었다. 아버지가 가져다 놓은 거였다. 말씀하실 게 있으면 그렇게 신문 스크랩을 책상에 종종 올려놓았다.

　　스크랩은 히말라야산맥에 사는 '할단새'라는 전설의 새 얘기였다. 날개에서 불을 뿜는 이 사나운 할단새도 대설 무렵만은 눈보라에 갇혀 꼼짝 못 한다. 혹독한 추위가 몰리는 밤에 할단새는 떨면서 늘 '날이 새면 꼭 집을 지으리라'라고 굳게 마음먹지만, 따뜻한 낮에는 빈둥빈둥 놀기만 한다. 그렇게 낮에는 즐기다가 밤이 되면 추위에 떨며 후회한다는 얘기다. 스크랩을 들고 들어가자 아버지는 "할단새 전설은 인간에게 다의적(多義的) 교훈을 준다. 그 기사는 할단새의 망각을 얘기하지만 틀렸다"고 했다. 이어서 "새는 모르겠지만, 사람의 망각은 72시간이 지나서 시작된다. 다음 날 아침이면 집을 지어야 한다는 결심은 아직 살아있어 실행하면 된다. 저 전설이 인간에게 주는 메시지는 해야 할 본분이 있는데도 즐기는 데 정신이 팔리는 유혹을 경계한 데 있다"라고 지적했다.

할단새 전설과 관련지어 인용한 고사성어가 '다기망양(多岐亡羊)'이다. 여러 갈래로 갈린 길에서 양을 잃는다는 말이다. 학문에는 길이 많아 진리를 찾기 어렵다는 뜻이다. 열자(列子) 설부편(說符篇)에 나온다. 중국 전국시대 사상가 양자(楊子)의 이웃집 양 한 마리가 도망쳤다. 주인이 마을 사람들을 이끌고 양을 쫓아가려 할 때, 양자가 "단한 마리 양을 잃었는데 왜 많은 사람이 뒤쫓아가느냐"고 물었다. 양 주인이 "도망간 쪽에는 갈림길이 많기 때문이오"라고 대답했다.

얼마 뒤 빈손으로 돌아온 주인에게 양자가 못 찾은 이유를 묻자 "갈림길을 가면 또 갈림길이 있어서, 양이 어디로 갔는지 모르게 되어 버렸소"라고 했다. 훗날 제자가 그 일에 대한 질문에 양자는 "단 한 마리의 양이라 할지라도, 갈림길에서 또 갈림길로 헤매어 들어가서 찾다가는 결국 양을 잃어버리는 것이다. 하물며 학문의 길은 어떻겠느냐? 목표를 잃고 무수한 학설들에 빠져 헤맨다면 아무리 노력한들 그 또한 무의미한 것 아니겠냐"고 대답했다.

아버지는 "학문하는 이가 곁가지를 붙들고 시간을 허비하는 걸 풍자한 거다"라고 평가하며 "샛길로 빠지지 않고 가고자 했던 길로 가는 유일한 방법은 처음 뜻했던 결심을 지속하는 것이다. 능력은 누구나 같다. 결과가 차이 나는 이유는 자신이 세운 목표에 끝까지 집중하느냐는 실천력에 있다"라고 했다. 이어 "가진 100의 힘을 모두 쏟아 넣은 사람이 이긴다. 옆길로 가 50이나 30만 힘을 쓰면 성공률은 떨어지기 마련이다"라며 유혹에 빠지지 않아야 한다고 강조했다. 아버지는 "유혹을 이겨내는 것은 전적으로 의지력의 문제다. 유혹을 참기 힘든 순간이 생기는 이유는 잠깐의 만족과 장기 목표 사이가 충돌하기 때문이다. 주저하거나 망설이지 않고 결심한 대로 바로 추진하는 실천력은 자신감에서 생긴다"라고 했다.

아버지는 실행력과 실천력을 구분했다. 실행력은 계획을 세우고 실행하는 능력이고, 실천력은 계획을 실행하는 과정에서 어려움을 극복하고 목표를 달성하는 능력이다. "실행력을 높이는 방법은 명확한 목표 설정이다. 목표로 정해지지 않은 기대는 소망일 뿐이다"라

고 했다. 아버지는 "실천력은 집중력에서 나온다. 인간이 집중할 수 있
는 능력은 성인 평균 20분이다. 그 이후에는 집중력이 떨어지기 시작
한다. 목표에 따른 계획이 좀 더 구체적이어야 하는 이유다"라며 예측
가능하며 관련된 시급한 것으로 촘촘하게 세우기를 주문했다.

　　아버지는 "목표가 구체적일수록 너를 곁길로 빠지지 않게 붙잡아
줄 거다. 네 목표가 줄 만족감이 유혹이 주는 만족감보다 클 때 자기
확신이 커지고 유혹을 이겨내게 해줄 거다"라고 했다. 자기 확신은 자
신의 능력과 가치에 대한 신념이다. 주저하거나 망설이지 않고 결심한
대로 바로 추진하는 힘이다. 말은 간단하지만 가르치기는 쉽지 않다.
그러나 어릴 적부터 꾸준하게 연습시켜 손주에게 꼭 물려줄 중요한 성
품이다.

익숙함은 오직 연습에서 나온다

여조삭비(如鳥數飛)

아버지가 생을 마감했다. 음력으로 2003년 9월 23일. 올해가 22주기다. 거래처와 점심에 폭탄주를 많이 마셔 잠깐 졸고 나서야 부음을 들었다. 더 사실 줄 알았는데 갑작스러웠다. 본가로 가는 차 안에서 전화로 장례식장 등 장의 절차 논의를 끝냈다. 아버지는 당신의 방에 언제나처럼 그대로 누워계셨다. 눈을 뜬 채 미간을 약간 찌푸린 모습이 당장 일어나 지난주에 오지 않은 것을 질책할 것 같은 모습이었다. 못 할 짓이 사람 기다리는 걸 텐데 찾아뵙질 못한 게 후회됐다. 뒤이어 도착한 남동생에게 어머니가 눈을 감겨드리라고 했다. 아버지는 그렇게 눈을 감았다.

중풍으로 오른쪽을 쓰지 못하는 아버지는 5년째 누워 지냈다. 말씀을 못 해서 언제나 한자로 필담(筆談)을 나눴다. 머리맡의 잡기장에는 나와 지난주에 나눈 뒷장에 한 글자만 쓴 장이 더 펼쳐져 있었다. 아버지가 세상에 남긴 마지막 글자다. 남기고 싶은 마지막 필담은 그렇게 유언이 됐다. 누워서 종이를 보지 못하고 떨리는 왼손으로 쓴 글씨는 글자라기보다 차라리 그림이었다. 획이 제대로 연결되지 않았지만 나는 바로 읽었다. '익힐 습(習)'자였다. 성격 급한 아버지를 닮은 속필(速筆)이자 달필(達筆)을 나는 언제나 글자를 마무리하기 전에 알아맞혔다. 한참이나 그리듯 썼을 그림 같은 글자가 뭘 뜻하는지는 그래서 대번에 알아봤다. 워낙 여러 번 말씀하셨던 글자였기 때문이다.

틈날 때마다 아버지가 가장 많이 인용한 고사성어가 '여조삭비(如鳥數飛)'다. 그래서 가장 많이 들은 성어다. '셀 수(數)' 자는 여기서는 '자주 삭'으로 읽는다. '새가 자주 하는 날갯짓과 같다'라는 말이다. 쉬지 않고 배우고 익힘을 비유한다. 아버지는 "배운 사람이 부족함을 안다. 그러니 배운 사람이 더 배운다. 세상은 아는 만큼만 보인다. 알기 위해서, 보이지 않는 것을 보기 위해 끊임없이 공부해야 한다"라며 평생 배우고 익히기를 강조했다. "공자에게 익힘은 배움의 실천이다"라고 가르친 아버지는 "새가 하늘을 날기 위해서는 수없이 날갯짓해야 하는 것처럼 배움도 쉬지 않고 연습하고 익혀야 한다는 뜻이다. '학습(學習)'은 공자가 처음 쓴 말이다. 논어(論語) 학이편 첫머리에 나온다. '배우고 때때로 그것을 익히면 또한 기쁘지 아니한가(學而時習之 不亦說乎)'. 주자(朱子)는 논어 해설서에서 '익힐 습'을 '연습은, 새가 자주 나는 것이니 배우기를 그치지 않음은 마치 새 새끼가 자주 나는 것과 같이하는 것(習 鳥數飛也 學之不已 如鳥數飛)'이라고 풀이했다. 저 성어는 저기서 유래했다"고 일러줬다.

아버지는 "학(學)은 습(習)과 함께하는 것이다. 주자는 배울 '학' 자를 '본받는다(效)'라는 뜻으로 풀이했다. 습(習)은 '깃털 우(羽)'자에 '흰 백(白)'을 더한 자다. 갑골문으로는 '날 일(日)'자다. 날마다 새가 날 갯짓을 익히는 것을 뜻한다. 배움과 익힘은 반복된 노력이 필요하다는 의미다"라고 설명했다. 아버지는 "배움은 남의 것이다. 본래 날 수 있는 새도 날마다 익혀야 비로소 날 수 있는 것처럼 '습'을 해야 비로소 네 것이 된다. 배움이 온전한 내 것이 되는 방법은 오직 연습뿐이다. 몸으로 익혀 눈을 감고도 그대로 할 수 있도록 꾸준하게 연습해야 한다. 익숙해야 제대로 된 일을 한다. 익숙함은 오직 연습에서 나온다"라며 학습하기를 주문했다. 특히 "인간은 모방을 통해 세상 살아가는 법을 배운다. 어려서는 부모의 행동을 본받고, 자라면서는 선배나 선생님을 비롯해 앞선 이들을 모델로 삼아 자신을 성숙시켜 나가야 한다"며 끊임없는 학습을 당부했다.

학습의 흥미와 의욕은 지식에 대한 열정과 탐구심에서 온다. 공부는 단기간에 완성되는 것이 아니라, 지속적인 노력이 필요한 과정이라 끈기가 더 중요하다. 그러나 무엇보다 공부의 주도권을 잡고 학습에 집중해야 하기에 절대 필요한 인성이 자발성이다. 자기 스스로 하려는 마음인 자발성은 타고난 성향과 환경적 요인의 상호 작용으로 형성된다. 타고난 성향이 호기심, 도전 정신, 자기 신뢰 등이고, 환경적 요인이 부모의 양육 방식, 학교 교육, 사회 문화 등이다.

말귀를 알아들으면 무엇보다 먼저 깨우쳐야 할 소중한 품성이다. 내가 나서서 먼저 보여 주지 않으면 깨우치기 어려운 성품이다. 손주가 노력한 결과에 대해 칭찬하고, 노력을 인정해 주는 일이 자발적으로 행동할 가능성을 높인다.

책상이 없으면 혼수가 아니다

망양지탄(望洋之歎)

동생 둘이 먼저 결혼한 뒤 서른여섯에 늦장가를 가게 됐다. 혼인 날이 잡히고 아내가 "부모님을 모시고 살겠습니다"라고 할 때까지는 일사천리로 진행됐다. 집안에 온통 기쁨만 가득했다. 일주일 전에 혼수품을 실은 차량이 들어오자 온 집안이 들썩였다. 그때 아버지가 혼수품 가구들을 둘러본 뒤 짐을 내리지 말라며 한 말이다. "책상이 없으면 혼수품이 아니다." 아버지를 따라 방으로 들어가자, 저 말을 두어 번 더 소리쳤다. 전혀 뜻밖의 일이었다. 나이 들어가며 야단맞는 횟수는 줄었지만, 강도는 더 세졌다. 매장에 전화해 바로 준비해 가지고 오라고 해 수습했다.

책상과 의자를 갖춘 혼수품을 들여오고 나서 아버지가 말씀 중에 인용한 고사성어가 '망양지탄(望洋之歎)'이다. '넓은 바다를 바라보고 감탄한다'는 말이다. 다른 사람의 위대함을 보고 자신의 미흡함을 부끄러워한다는 뜻으로 쓴다. 장자(莊子) 외편 추수(秋水)에 나오는 말이다. 옛날 황허(黃河)에 하백(河伯)이라는 신이 살았다. 그는 언제나 자기가 사는 강을 보면서 그 넓고 풍부함에 감탄했다. 가을 홍수가 져 모든 개울물이 황허로 흘러든 가을날 강의 폭이 믿기지 않을 정도로 불었다.

흐름이 너무나 커서 양쪽 기슭이나 언덕의 소와 말을 분간할 수 없을 정도였다. 하백은 천하의 아름다움이 모두 자기에게 있다며 가슴이 벅차올랐다. 그는 강의 끝을 보려고 동쪽으로 따라 내려갔다.

한참을 흘러내려 간 뒤 마침내 북해(北海)에 이르자 그곳의 신인 약(若)이 반가이 맞았다. 하백이 약의 안내로 주위를 돌아보니, 천하가 모두 물로 그득 차 그 끝이 보이지 않았다. 하백이 그 너른 바다를 보고 감탄하며(望洋而歎) 한 말이다. "속담에 이르기를 백 가지 도를 듣고서는 자기만 한 자가 없는 줄 안다(聞道百 以爲莫己若)고 했는데, 이는 나를 두고 하는 말이었습니다. 아, 만일 내가 이곳을 보지 못하였다면 위태로울 뻔했습니다. 오래도록 내가 도를 아는 척 행세하며 웃음거리가 되었을 테니까 말입니다."

북해의 하신(河神) 약이 웃으며 대답했다. "우물 안 개구리에게 바다에 대해 말해도 소용없음은 그가 사는 곳에 얽매어있기 때문이고, 여름벌레에게 얼음에 대해 말해도 소용없음은 그가 시절에 묶여 있기 때문이오. 지금 그대는 벼랑 가에서 나와 큰 바다를 보고, 비로소 그대의 어리석음을 깨달았으니, 이제야말로 큰 이치를 말할 수 있게 된 것이 아니겠소?" 여기서 망양지탄은 가없는 진리의 길을 보고 스스로 자기가 이루었다고 생각했던 것을 부끄럽게 여긴다는 의미로 사용되었다. 오늘날에는 뜻을 넓게 해석하여 자기의 힘이 미치지 못함을 탄식한다는 의미로도 쓴다.

아버지가 고사성어를 말씀 중에 인용하는 일은 흔했다. 그러나 이날은 유독 길고 자세하게 고사를 설명했다. 아버지는 "인생은 대나무 마디처럼 여러 마디가 생긴다. 그때마다 옷깃을 여미고 각오를 새로이 다지는 계기로 삼는다. 결혼은 그중 큰 마디다"라며 "결혼으로 모든 게 끝나는 게 아니다. 새로운 시작이다. 둘이 한 사회를 이루어 또 다른 여러 사회에 기여보비(寄與補裨) 해야 하는 중대한 변곡점이어야 한다"라고 결혼의 의미를 새겼다.

아버지는 "결혼은 새장과 같은 것이다. 밖에 있는 새들은 쓸데없이 그 속으로 들어가려 하고, 속에 있는 새들은 쓸데없이 밖으로 나가려고 애쓴다"라고 결혼을 정의했다. 나중에 알아보니 미셸 드 몽테뉴가 한 말이다. 아버지는 "책상은 새장을 들락거리는 유일한 탈출구다. 얽매이지 마라. 어느 때고라도 책상에 앉아 더 너른 세계로 나가라"라고 주문했다. 다른 혼수품은 세월이 지나자 퇴락해 버렸지만, 책상은 아직도 쓴다. 현실에 안주하려는 마음을 경계하는 아버지의 당부는 아직은 어린 손주들에게도 일찍이 일러줘야 할 성품이다.

3

어제보다 나아지지 않은 날은 삶이 아니다

거짓이 거짓을 부른다

만천과해(瞞天過海)

"나는 평생 거짓말을 하지 않았다. 다리를 다쳐 뛰어 도망칠 수 없어서다. 거짓말은 곤란한 그 상황을 벗어나려는 기만의 술책일 뿐이다." 자주 하신 아버지의 저 말씀을 처음 들은 건 초등학교 3학년 때다. 외출에서 돌아온 부모님이 남동생과 내가 호박엿 먹는 걸 보고 무슨 돈으로 샀느냐고 했다. 내가 얼른 "지난번 오신 손님이 주신 용돈으로 샀다"라고 했다. 아버지 책상 위에 있는 돈으로 산 걸 둘러댄 거짓말은 이내 들통났다. 엿장수가 찾아와 "이 집 아들 둘이 큰돈을 가져왔길래 엿을 먼저 줬다"라며 어머니에게 거스름돈을 내밀고 나서다.

무심결에 한 거짓말의 벌은 혹독했다. 아버지는 바로 옷을 벗으라고 했다. 팬티까지 다 벗기고 내쫓았다. 벌거숭이인 채로 둘은 초겨울의 논 한가운데 서서 길 가는 사람들의 눈길을 피하려고 애를 썼다. 소문이 그새 퍼져 구경꾼들이 몰려왔다. 해 질 녘에 어머니가 아버지 눈을 피해 울고 있는 둘을 싸안고 건넌방으로 들어왔다. 화난 아버지는 살림의 반은 두들겨 부쉈다. 방에 들어왔어도 오들오들 떨며 독한 한기를 느꼈다.

이튿날부터 연이틀에 걸쳐 아버지는 거짓말하지 말 것을 다짐받았다. 거짓말에 대한 가르침은 훗날에도 계속됐다. 아버지는 "사람은 하루에 한두 번 정도 거짓말한다. 하루에 한 말의 2%는 거짓말이다"라는 자료를 보여줬다. 거짓말하는 이유는 여러 가지지만, 대부분은 "자기 잘못을 숨기기 위해서다"라고 분석한 아버지는 "거짓말은 해법이 아니라 감출 뿐이다. 감추는 행위가 가장 나쁘다. 진실을 가리기 때문이다. 거짓을 진실이라고 다른 사람에게 확신시켜 진실을 은폐하는 속임수다"라며 거짓을 말해서는 안 되는 첫 번째 이유로 꼽았다.

"속임수는 위험하고 비겁하다"라며 인용한 고사성어가 '하늘과 땅을 속이고 바다를 건너라'는 뜻인 '만천과해(瞞天過海)'다. '손자병법'에 나온다. 손자는 "전쟁은 속임수의 길이다. 적을 속여서 승리하라"고 했다. 그러나 "속임수를 쓰면 적을 쉽게 이길 수 있다"라고 한 손자마저 "속임수는 매우 위험한 전략이기도 하다"라며 쓸 때는 신중해야 한다고 했다.

아버지는 "탄로 나지 않는 거짓말은 없다"라고 단정했다. "거짓말은 죄악이다. 모두를 피폐하게 한다. 다른 사람의 신뢰를 저버린다"고 죄악시하며 두 번째로 거짓을 말해서는 안 되는 이유로 들었다. 해마다 늘어가는 소송 건수 기사 스크랩을 건네주며 아버지는 "원고와 피고 둘 중 하나는 분명히 거짓말을 해서 생긴 사회적 병폐다"라며 개탄했다.

"거짓이 거짓을 부른다. 거짓말이 습관 되면 진실을 알 수 있는 능력을 잃는다"라고 걱정하며 세 번째 이유를 설명했다. 거짓에 익숙해져 진실을 분별할 능력이 사라지는 게 두렵다고까지 했다. 진실을 말하는 습성은 정확하게 사고하는 습성에서 나온다. 아버지는 "내가 거짓말을 준비하면 상대가 거짓말을 하는 줄 알지 못한다"며 진실을 말하기 위해서는 거짓을 대할 때마다 그것이 가려져 있을지라도 밝혀낼 수 있어야 한다고 당부했다. 이어 "거짓말에 쏟는 힘의 반만 들여도 이루지 못할 일이 없다. 경쟁에서 저편은 진실로 무장하고 덤빌 때 나는 반밖에 전력을 쓰지 못하면 반드시 패한다"라며 거짓말해서는 안 된다고 다시 강조했다.

아버지는 "거짓말은 또 자신을 속이는 행위다. 삶을 대하는 태도가 아니다. 나를 속이며 얻는 소득이 솔직하게 대처해 얻는 것보다 못하다면 하지 않아야 한다"고 네 번째 이유를 들어 거짓말을 경계했다. "값싼 거짓말이 참혹한 대가를 부른다. 거짓말은 소멸하지 않고 커가며 앞으로 나가려는 너를 붙잡는다. 거짓말이 너의 진취성을 좀먹는다"라고 했다. 지금도 외우는 그때 말씀한 영국 속담이다. '하루만 행복하려면 이발을 해라. 일주일 동안 행복해지고 싶거든 결혼을 해라. 한 달 동안 행복하려면 말을 사고, 한 해를 행복하게 지내려면 새집을 지어라. 그러나 평생을 행복하게 지내려면 정직하여라.'

진실을 말하고, 약속을 지키고, 책임을 다하는 인성이 정직성이다. 항상 진실을 말하고, 내 잘못을 인정하고, 남을 속이지 않으면 신뢰를 얻고 존경받는다. 정직성을 기르기는 쉽지 않지만, 정직하기 위해 노력하면 그리 어려운 일만은 아니다.

부끄러워해야 사람이다

무괴아심(無愧我心)

신혼 초 부모님과 함께 살던 본가에 복면강도 둘이 침입했다. 산에 붙은 베란다를 타고 넘어 들어온 강도가 흉기로 어머니와 만삭의 아내를 위협했다. 강도들은 결혼 패물을 비롯해 어머니가 끼고 있는 반지마저 **빼앗아** 현관으로 순식간에 **빠져나갔다.** 어머니는 첫애를 잉태한 며느리의 배를 쓸어 만지며 다친 데가 없는 게 다행으로 여기자며 다독이셨다. 한참 만에야 간신히 걸음을 뗀 어머니가 아래층에 계신 아버지께 강도가 든 사실을 알렸다.

아내가 퇴근 후에야 강도가 든 얘기를 했다. 부모님이 직장까지 전화해 놀라게 하지 말라고 해 알리지 않았다고 했다. 아버지를 뵙자 하신 첫 마디가 '부끄럽다'였다. 아래층에 있으면서 기척조차 못 느낀 자신의 무력함을 지나치리만큼 크게 자책했다. 경영하던 회사가 부도난 내력, 그래서 내 결혼 때 당시 유행하던 롤렉스 예물시계를 사주지 못한 데 이르기까지 그동안의 회한을 함께 털어놓았다. 몇 번이나 만류했으나 저녁도 거르며 '부끄럽다'라는 말만 반복했다. "동물은 부끄러워하지 않는다. 부끄러워해야 사람이다. 부끄러워하는 건 양심이 살아있다는 증거다. 더 나은 길을 가게 하는 힘의 원천이기도 하다"는 말도 덧붙였다.

다음날 출근 인사를 드릴 때 아버지 책상 위 노트에 적힌 글귀를 우연히 봤다. '무괴아심(無愧我心).' 수첩에 적어와 찾아본 고사성어다. 중국 명(明)나라 정치가이자 시인인 유기(劉基)가 한 말이다. 원문은 "어떻게 다른 사람들의 뜻을 다 헤아릴 수 있겠는가. 다만 내 마음에 부끄러움이 없기를 구할 뿐이다(豈能盡如人意 但求無愧我心)"라는 말이다. '다른 사람의 허물을 탓하기 전에 내 스스로 엄격하고 절제된 모습을 보여야 한다'라는 뜻이다. 아버지가 회한의 밤을 보내며 쓰셨을 고사성어는 그 후 내가 살아가며 남을 탓하기 전에 나를 먼저 돌아보고 살펴보는 말이 됐다. 서둘러 손주에게도 깨우쳐줘야 할 인성이다. 부끄러움은 내 기준에 비추어 자신의 잘못과 부족함을 살피는 마음이다. 잘못을 고치고 부족함을 메워 성장하려는 노력은 부끄러움에서 나온다. 창피함이나 수치심엔 그런 발전의 힘이 없다.

아버지는 이후에도 여러 차례 '그날'을 떠올리며 부끄럽다고 했다. 당신의 며느리와 눈을 마주치기조차 어려워했다. 배 속의 아이가 잘못될까 속을 끓여 당뇨병마저 얻은 아버지는 아내가 무사히 출산하자 내 머리를 두들기며 연신 '부끄럽다'와 '고맙다'를 번갈아 말씀했다. 아버지의 손자 사랑은 그래서 더 지극했다. 그러면서 사업이 잘되면 강도당한 패물은 물론 결혼할 때 해주지 못한 롤렉스 시계도 사주겠다고 약속했다.

십수 년 지나 베트남 출장길에 호찌민 빈탄 시장을 관광하며 시계 골목을 돌아봤다. 불현듯 아버지가 부끄럽다는 말씀이 생각나 금장 롤렉스 시계 남녀 한 쌍을 한국 돈 7만 원에 샀다. 귀국한 이튿날 들른 시계수리점 주인이 배터리를 갈아 넣어주며 '최신형이네요. 비쌀 텐데요'라고 했다. 아버지께 시계를 드렸다. '베트남 짝퉁 시장에서 싸길래 한 개 더 사 왔습니다. 완전 가짜니까 맘 편하게 차고 다니세요. 그리고 이젠 롤렉스 시계 미련은 버리세요'라고 완곡하게 말씀드렸다.

이듬해 아버지가 돌아가신 뒤 어머니가 그 시계를 돌려주셨다. 어머니는 아버지가 "아비가 가짜라고 했지만, 내가 안 받을 거 같으니까 그렇게 말한 거여. 아비 성격 몰라? 틀림없는 진짜일 거야"라며 차지 않았다고 했다. 미련을 버리고 잊으라고 시계를 사드렸지만, 아버지는 끝내 부끄러움을 안은 채 돌아가셨다. 짝퉁 시계는 배터리만 넣어주면 신기하게 지금도 잘 간다. 진짜라고 확신한 '아버지 효과'가 있어 그런지 고장 나지 않고 잘 가는 이 시계를 20년 가까이 부끄러움을 새기며 내가 차고 다닌다. 아버지가 돌아가셨으니 석명(釋明)하게 밝혀드릴 수가 없어 이 부끄러움은 내가 평생 안고 가야 한다.

신뢰는 한결같음에서 싹튼다

소거무월(小車無軏)

"구두 닦아 신고 다녀라." 은행에 입행해 첫 출근 인사드릴 때 아버지가 한 말씀이다. 딱 그 한마디만 하셨다. 모든 게 서툴러 정신없이 지내느라 잊고 있다 며칠 지나 지점 앞 구두 수선집에 구두를 닦아달라 했다. 구두를 이리저리 들춰본 주인이 몇 군데 손봐야 한다고 해 그러라고 했다. 얼굴이 비칠 만큼 반짝이는 구두를 건네받아 신고 몇 걸음 걸을 때 소스라치게 놀랐다. 지나치는 사람들이 내 구두만 쳐다보는 거 같아 발가락이 옴츠려 들었으나 발이 그렇게 편할 수가 없었다. 자세가 바로잡아지니 걸음걸이가 달라졌다. 동료들의 광택 나는 구두도 그제야 눈에 들어왔다. 퇴근 무렵에는 구두를 빼고 동료들은 모든 게 나와 다른 모습인 걸 알아챘다. 좋아하던 흰색을 버리고 검은색 양말로 바꿔 신으며 거기에 맞춰 양복이며 심지어 말투까지 모두 동료들과 어울리게 바뀠다.

며칠 뒤 출근 인사드릴 때 나를 둘러보던 아버지가 차고 있던 커프스버튼을 풀어 줬다. 양복 주머니에 꽂은 작은 머리빗도 꺼내주며 한 말씀이다. "마름(지주로부터 소작지의 관리를 위임받은 관리인) 일을 해 우리 집을 일으킨 네 고조부가 '머리카락 한 올도 흐트러지면 안 된다'

고 가르쳤다며 네 할아버지가 나를 똑같이 가르쳤다." 그렇게 시작한 말씀이 그날은 길어져 결국 출근이 늦었다. 96세로 장수한 고조부는 82세에 첫 손자를 얻었다. 고조부는 42세에 첫 아이를 얻은 증조부를 제치고 손자인 내 할아버지를 직접 혹독하게 가르쳤다. 남긴 말씀이 '용모단정(容貌端正)과 의관정제(衣冠整齊)'다. 그게 상대를 존경하고 상대를 받아들일 준비가 돼 있다는 신호라고 고조부는 손자에게 가르쳤다.

아버지는 내 고조부의 가르침을 "은행도 마찬가지다"라며 은행의 피나는 노력을 설명했다. 은행 문 입구에는 반드시 계단이 있다. 내 전 재산인 돈을 보관하는 곳에 들어가니만큼 몸을 가지런히 하라는 뜻이다. 육중한 출입문도 밖에서 당겨 열게 돼 있다. 내 돈이 안전하게 보관됐겠구나 하는 안도감을 주기 위해서다. 비스듬히 보이게 열어둔 금고 두께는 거래하는 사람을 안심시킨다. 금고 바로 앞에 앉은 사람이 가장 높은 금고지기인 지점장이다. 오랜 세월 은행이 그런 사소한 데 이르기까지 노력해 애써 얻으려 했던 게 믿음이다. 은행업의 본질은 신뢰다. "예금주 처지에서 보면 은행원에게 돈을 빌려주는 거다. 그러니 은행원의 일거수일투족은 은행의 신뢰를 다지는 수단이다. 은행원들은 마땅히 거기 맞는 문법을 따라야 한다"고 거듭 강조했다.

인용한 고사성어가 '소거무월(小車無軏)'이다. '수레를 끄는 소나말 잔등에 멍에가 없다'는 말이다. 논어(論語) 위정(爲政)편에 나오는 공자 말씀이다. 원문은 이렇다. "신의가 없는 사람은 신의가 옳은 것인지조차 알지 못한다. 소가 끄는 큰 수레에 멍에가 없고 사람이 타는 작

은 수레에 걸이가 없다면 무엇으로 수레를 끌겠는가(人而無信 不知其可
也 大車無輗 小車無軏 其何以行之哉)." 아버지는 신뢰를 마차를 연결하
는 멍에로 본 공자의 통찰을 탁월하다고 몇 번 더 말씀했다. 무릎 꿇고
앉았다 비틀거리며 일어서는 내게 아버지는 "착념(着念)해라. 첫인상
은 2~3분이면 결정 난다. 겉모습이 중요하다. 넥타이 매는 게 어색해
도 두 달만 지나면 익숙해진다. 습관은 66일이면 길든다"라고 했다.

우리는 몸이 뜨거우면 땀이 나고 추우면 오들오들 떨어 체온을 유
지한다. 이렇게 자신을 최적화하는 생명현상이 항상성(恒常性)이다.
'한결같음'인 항상성에서 믿음이 생긴다. '그는 그럴 것이다'라고 한결
같음을 기대하는 상대에게 그에 부합하는 언행을 보일 때 신뢰가 싹
튼다. 어떤 경우든 한결같은 마음이 항상심(恒常心)이다. 항상심이 항
상성을 만든다. 한결같다는 걸 상대에게 알려주는 신호가 외모다. 지
금도 중요한 날엔 아버지가 주신 커프스버튼을 차고 빗으로 머리를 빗
는다. 마음이 푸근해져서다.

어제보다 더 나아지지 않은 날은 삶이 아니다

극기복례(克己復禮)

고등학교 입시에 합격한 날. 합격증을 받으러 본관에 함께 들어서던 아버지가 "아!"하는 비명 같은 탄성을 질렀다. 나도 놀랐지만, 주위에 있던 이들도 모두 놀랐다. 이어서 아버지는 큰소리로 "참 좋은 학교에 합격했다. 내가 가르치고 싶었던 게 저거다. 저렇게 현관에 떡 하니 내건 창학정신을 봐라. 일류학교답다"라고 했다. 아버지가 지팡이를 들어 가리킨 편액에 모두 눈길을 줬다. 그날 본 고사성어가 '극기복례(克己復禮)'다.

나중에 알았다. 그 액자는 국어교사로 재직했던 당대 최고의 서예가 일중(一中) 김충현(金忠顯) 선생이 제자(題字)한 작품이었다. '극기복례'는 '욕망이나 삿(詐)된 마음 등을 자신의 의지력으로 억제하고 예의에 어그러지지 않도록 한다'는 말이다. 논어(論語) 안연편(顔淵篇)에 나오는 공자(孔子)의 말씀에서 유래했다. 제자 안연(顔淵)이 공자에게 인(仁)에 관해 묻자 가르친 말이다. "자기를 이기고 예로 돌아오는 것이 인이다(克己復禮爲仁). 만일 사람이 하루라도 자기를 이기고 예로 돌아온다면, 그 영향으로 온 세상 사람들이 다 인으로 돌아올 것이다. 그런데 이 인은 제힘으로 실천할 수 있는 것이지, 남의 힘을 기다릴 필요는 없는 것이다." 안연이 다시 인을 실천하는 조목은 무엇입니까? 라고 질문하자 공자는 "예가 아니면 보지도 말고, 예가 아니면 말하지도 말고, 예가 아니면 행동하지도 말라는 것이다"라고 풀이했다.

'자기의 욕심을 누르고 예의범절을 따름'을 뜻하는 '극복(克復)'은 '극기복례'의 줄임말이자 동의어다. 국어 시험에 저렇게 썼다가 틀렸다. 표준 국어 대사전은 '극복(克服)'으로 쓴다. '악조건이나 고생 따위를 이겨내거나 적을 이겨 굴복시킴'을 의미하는 말이란다. '극복(克復)'은 '이기어 도로 회복하다'를 의미한다고 하는데 지금 봐도 차이를 모르겠다.

아버지는 예(禮)를 형식으로 보았다. 아버지는 "형식 속에 내용을 담는 것이지 내용에 형식을 붙이는 게 아니다"라고도 했다. 그래서 형식을 중요시했다. 아버지는 "교복을 단정하게 입고 그 안에 내용을 꽉 채워라. 그러자면 맨 먼저 너의 제원을 파악해라. 100m를 몇 초에 달릴 수 있는지, 밥을 며칠 동안 굶어도 살 수 있는지, 잠을 며칠이나 안 자도 버틸 수 있는지부터 너를 모두 시험해라"라고 했다. 이어서 아버지는 "네가 뭘 할 수 있는지 뭘 할 수 없는지를 살펴라. 그러면 뭘 배워야 하는지를 알 수 있을 거다. 너도 모를 앞날의 너를 찾고 그려라"라고 주문했다. 자리에서 일어서며 아버지는 "고등학교 교육은 전인교육이다. 여기서 앞으로 살아갈 모든 걸 배우고 익혀라. 그 이후에는 간섭 안 한다. 대학은 네가 가야겠다면 알아서 가라"라고 했다. 실제로 아버지는 그 후 점검은 했지만 간섭하지 않았다.

현관을 나와 작은 정원을 보고 아버지는 또다시 탄성을 질렀다. '성심껏 배우자 책임을 다하자 나라를 빛내자'라는 교훈석을 보고서 였다. 교훈을 또박또박 힘주어 읽은 아버지는 "내가 하고 싶은 말을 저기 다 새겨놨다. 하나도 버릴 말이 없다. 반드시 지켜라. 그중 첫째가 성심이다. 성심은 거짓이 없어야 한다. 자신을 속이지 마라. 남과 비교할 필요도 없다. 네가 봐서 오직 어제보다 오늘이 더 나아지는 삶이면 된다. 그렇지 않은 날은 삶이 아니다"라고 강조했다. 그렇게 내 삶의 목표가 정해졌다. 나는 따랐고 지켰다. 내 힘으로 얻은 결과여서 소중하다.

정성을 다하는 성질이 성실성(誠實性)이다. 사전은 '사회규범이나 법을 존중하고 충동을 통제하며 목표 지향적 행동을 조직하고 유지하며 목표를 추구하도록 동기를 부여하는 것'으로 성실성을 정의한다. 이 특질을 나타내는 말은 체계적, 믿음직함, 근면, 규칙적, 정돈, 시간을 잘 지킴, 야망이 큼 등이다. 인간이면 반드시 지키고 가꾸어야 할 덕목이다. 손주들에게도 물려줘야 할 첫 번째 품성이다.

은혜는 바위에 새기고 원한은 냇물에 새겨라
이덕보원(以德報怨)

우리나라 속담이다. 서양 속담은 좀 다르다. 고대 그리스의 철학자 에픽테토스의 가르침에서 유래했다. 그의 저서 '연설록'에는 '받은 은혜는 영원히 기억하고, 겪은 원한은 흐르는 물처럼 잊어버려라'라고 나온다. 아버지에게 저 속담을 배웠다. 직장으로 전화한 아버지가 퇴근 후 지인 모친상에 문상을 같이 가자고 했다. 서둘러 일을 마치고 택시로 혜화동 상가에 가면서 아버지는 부의금 봉투를 가져왔느냐고 했다. 어찌 될지 몰라 봉투 두 개를 준비해왔다고 했다. 아버지는 '향전(香奠)'이라 쓴 봉투를 내보이며 "내 것은 준비해왔다"라며 "네 것은 네가 준비하라"라고 했다.

겉봉에 뭐라고 써야 할지 몰라 흰 봉투를 내밀자 직접 쓰라고 해 흔들리는 택시 안에서 손을 붙잡아 가며 '부의(賻儀)'라고 쓰고 내 이름을 뒷면에 썼다. 아버지는 두 가지를 바로 지적했다. 부의는 반가(班家)에서는 잘 쓰지 않는 표현이다. 양반은 '상제(喪祭)' 또는 '상금(喪金)'을 썼다. 그게 아니면 '향전(香奠)'을 써야 한다고 해 그 자리서 고쳐 썼다. 또 이름 마지막 자 '권세 권(權)'을 약자인 '권(权)'으로 쓰자 "제 이름을 약자로 쓰는 놈이 어딨느냐. 제 이름을 소중히 여기지 않는데

남이 귀하게 여기겠느냐"며 이름은 반드시 정자로 쓰라고 했다.

"봉투에 돈은 얼마를 넣을까요"라고 묻자 아버지는 "형편대로 하라"고 했다. 이어 "형편이 안 되면 빈 봉투를 낼 수도 있다. 그걸 받아들이지 못하는 위인이라면 사귀지 말라. 저쪽에서 내 경조사에 냈던 금액에 맞춰 내는 건 거래다"라고 지적했다. 아버지는 "오늘 문상 가서 뵙게 될 분은 내 스승이다. 공직에 오래 계셨다. 네 할아버지 돌아가셨을 때 문상하러 와 처음 뵈었다. 전상으로 다리를 잃어 낀 내 의족을 어루만지며 '용기 잃지 마라. 내가 도움이 돼줘야 할 일이 있으면 언제든지 찾아오라'라며 힘을 주신 분이다. 연유는 잘 모르겠지만, 평소 왕래가 없던 분이 조문을 오셨다"라고 일러 주며 그 은혜를 잊을 수 없다고 했다.

"다른 사람의 도움과 은혜는 우리 삶에 큰 영향을 미친다. 특히 저 어른은 그날 이후 어려운 결정을 해야 할 때마다 찾아뵙고 가르침을 받은 내 은인이다. 은혜는 기억하고 보답해야 한다"며 "은혜는 바위에 새기고 원한은 냇물에 새겨라"라고 했다. "감사하는 마음을 가지고 보답하는 것은 덕목이며 돈으로 환산하는 건 옳지 못하다. 은혜는 은혜로 갚아야 한다"고 강조하며 설명했다.

'은혜 은(恩)'자는 침대에 '큰 대(大)'로 누워있는 사람을 그려 '의지하다'란 뜻을 지닌 '인할 인(因)'자와 '마음 심(心)'자가 결합한 글자이다. '의지(因)가 되는 마음(心)'이라는 뜻이다. '은혜 혜(惠)'자는 '마음 심(心)'자와 실을 감아두던 '방추(紡錘)'를 돌리는 '오로지 전(專)'이 합친 글자다. 실을 푸는 모습을 그린 전(專)자에 심(心)자를 결합해 선한 마음을 베푼다는 뜻을 표현했다.

아버지는 "그렇게 한자에도 온통 선한 마음을 베푸는 글자로 된 은혜의 보답을 돈으로 환산하려는 얕은 수작은 절대 해서는 안 된다"고 명심하기를 당부했다. 조문을 마치고 아버지가 "나랏일을 오래 하신 큰 어른"이라고 소개했다. 명함을 드리자 꼼꼼하게 살핀 그분은 내 아버지에게 했던 말씀을 녹음기처럼 들려줬다. "은행에 잘 들어갔다. 축하한다. 지금은 어렵겠지만 허드렛일이라도 정성을 쏟아라. 혹 내가 도움이 될 일이 있으면 언제라도 찾아와라."

두어 시간 머무르는 동안 본 문상객은 적었다. 아버지께 말씀드리자 "공직에서 물러난 뒤라 그럴 거다. 그 사람들은 시장에서 장 보러 왔다가 장 다 본 뒤 돌아간 사람들이다. 세상인심이란 그런 거다"라며

중국 전국시대 말기의 정치인인 '맹상군(孟嘗君)'의 고사를 집에 오는 차 안에서 일러줬다. 맹상군은 재산을 털어 천하의 인재를 후하게 대우해 삼천 명의 식객을 거느렸으나 그가 감옥에 갇히자 모두 떠났다. 그때 마지막까지 남아 보좌하던 문객 풍환(馮驩)이 한 말이다. 아버지는 "은혜는 그렇게 장을 보듯 해서는 안 된다"고 엄명했다.

이날도 마지막에 '이덕보원(以德報怨)' 고사성어를 인용했다. 은혜로 원한을 갚는다는 뜻으로 논어(論語) 헌문(憲問)편 제36장에 나온다. "어떤 사람이 말하였다. '은혜로 원한을 갚는 것을 어떻게 생각하십니까?' 공자가 말했다. '그렇다면 무엇으로 은혜에 보답할 것인가. 정직함으로써 원한을 갚고 은혜로써 은혜를 갚아야 한다'('以德報怨 何如?' 子曰 '何以報德 以直報怨 以德報德')." 공자는 자신이 생각하는 은혜와 원한을 갚는 옳은 방법은, 원한에는 정직함으로써 갚고 은혜에는 은혜로써 갚는 것이라고 하였다. 원망스러운 상대에게 오히려 너른 마음으로 사랑과 은혜를 베푸는 것을 의미한다.

은혜를 잊지 않기 위해 갖추어야 할 인성은 여러 가지다. "감사하는 마음, 긍정적인 사고방식, 베푸는 마음 등을 갖추어야 한다"며 그러자면 "겸손, 배려심, 책임감"이 중요하다고 강조했다. 특히 아버지는 "진실성은 감사하는 마음을 진심으로 표현하는 데 중요하다. 가식이나 거짓말 없이 진심 어린 감사를 표현함으로써, 은혜를 베풀어 준 사람과의 관계를 더욱 돈독하게 만들 수 있다"라며 새겨두라고 했다. 진실성이야말로 값으로 매길 수 없는 인성이고 손주들에게도 꼭 물려줘야 할 소중한 성품이다.

적응해야 살아남는다
마중지봉(麻中之蓬)

초등학교 6학년 때 새로 지은 집으로 이사했다. 마당에 심을 나무를 캐러 간다고 아버지가 따라나서라고 했다. 인부 둘과 트럭을 타고 강원도 영월군 수주면(지금은 무릉도원면) 아버지가 경영하던 채석공장 뒷산으로 갔다. 임도(林道)를 따라 한참 올라가서야 트럭이 멈췄다. 저 나무다 싶을 정도로 운치 있는 소나무였다. 벼랑에 매달리듯 누운 와송(瓦松)이었다. 길을 반쯤은 가리며 길손을 반기듯 산을 지키던 소나무는 반나절은 걸려 산채(山採)해 우리집에 왔다.

소나무는 바로 심지 않았다. 대문 안쪽 마당 끝에 미리 파놓은 구덩이 옆에 놔뒀다. 아버지는 하루 몇 번씩이나 아이 엉덩이처럼 밑동을 싼 가마니를 두들겨줬다. 때로는 목을 축일 수 있게 물을 조금씩 흘려주며 어루만져주기도 했다. 며칠 지나 머리카락 다듬듯 솔을 쓰다듬던 아버지는 인부들을 불러 비로소 심었다. 식혈(植穴) 속에 앉힌 뿌리분과 그 주위에 채워진 새로운 흙이 잘 밀착되도록 반나절이나 걸쳐 심었다. 내가 양조장에서 받아온 막걸리 한 통을 다 비우고서야 소나무는 이튿날 번듯하게 살아났다.

아버지는 "소나무를 옮겨심을 땐 뿌리를 가마니로 싸서 묶어뒀다가 아픈 기운이 좀 없어지면 옮겨 심어야 한다"고 내 궁금증을 풀어줬다. 이어 "대문 앞에 큰 나무는 한자로 표현하면 '한가할 한(閑)'으로 가난하다. 현관 앞의 큰 나무는 '곤란할 곤(困)'으로 곤란하고 어려운 일이 생긴다고 해 피한다"라고도 했다. 우리집 소나무는 대문 들어오는 다리를 반쯤은 가려 마치 손님을 반기는 환영수(歡迎樹)가 됐다. 허리를 굽힌 소나무는 눈비를 대신 맞아주기도 했고 뙤약볕을 가려주기도 했다. 아버지는 소나무가 "늘 푸른 솔 눈으로 집 안팎을 경계하는 우리집 보호수다"라고 정의했다.

중학교 입학하고 며칠 안 돼 결석했다. 온몸에 열이 끓어오르자 안절부절못한 어머니가 학교 가지 말라고 했다. 밖에 나갔다 들어온 아버지는 방안에 누워있는 나를 보자 큰소리를 내 웃었다. 어머니의 핀잔을 아랑곳하지 않은 아버지는 "이제 적응했구나. 적응해야 살아남는다"라며 내 머리를 만져보고는 "낼부터는 괜찮아질 거다"라고 대수롭지 않게 여겼다. 아버지는 "환경이 바뀌면 몸이 먼저 알아서 몸살이 난다. 환경 변화로 생긴 스트레스가 면역력을 떨어뜨리기 때문이다"라고 설명했다.

"당신이 의사예요?"라는 어머니의 역정을 아버지는 긴 보충설명으로 받아냈다. "새 환경에 대한 불안감, 새로운 사람들과의 관계 형성, 공부 부담, 수면 부족, 불규칙한 식습관이 원인이다. 이런 요인들이 혈압, 심박 수, 호흡 등을 증가시키고, 소화 기능을 저하해 면역력을 떨어뜨린 거다. 새 환경에 적응하려고 몸이 에너지를 많이 소비하게 되고, 그래서 체온이 떨어져 몸살이 난 거다"라고 했다. 아버지 예견처럼 이튿날 아침 깨어나 가뿐하게 학교에 갔다.

학교 갔다 오자 아버지가 불러 말씀 중에 인용한 고사성어가 '마중지봉(麻中之蓬)'이다. '삼밭의 쑥'이란 말이다. 순자(荀子) 권학(勸學) 편에 나온다. 하찮은 쑥도 삼과 함께 있으면 삼이 될 수 있다는 뜻이다. 사람도 어진 이와 함께 있으면 어질게 되고 악한 사람과 있으면 악하게 된다는 것을 비유한 것이다. "서쪽 지방에 나무가 있으니, 이름은 사간(射干)이다. 줄기 길이가 네 치밖에 안 되지만 높은 산꼭대기에서 자라 백 길의 깊은 연못을 내려다본다. 쑥이 삼밭에서 자라면 붙들어 주지 않아도 곧게 자라고, 흰 모래가 진흙 속에 있으면 함께 검어진다(蓬生麻中 不扶而直 白沙在涅 與之俱黑). (중략) 이런 까닭에 군자는 거처를 정할 때 반드시 마을을 가리고(擇), 교유(交遊)할 때는 반드시 곧은 선비와 어울린다. 사악함과 치우침을 막아서 중정(中正)에 가까이 가기 위함이다."

아버지는 "도태(淘汰)는 물건을 물에 넣고 일어서 좋은 것만 골라내고 불필요한 것을 가려서 버리는 것을 말한다. 여럿 중에 부적당한 것을 줄여 없애는 일이다. 도공이 숱한 도자기를 구운 뒤 완벽한 하나만 선택하고 나머지는 깨버리는 것에서 비롯된 말이다"라고 설명했다. 이어 "바로 도태되지 않고 스스로 적응해낸 일이 고맙다"라면서 "몸살을 앓은 게 네가 적응하고 있다는 증거다. 내 우려를 씻어줬다"라며 호탕하게 웃었다. "낯선 환경에 적응하는 것은 누구에게나 어렵다. 하지만 적응력을 높이는 방법을 익히면 새로운 환경에서도 편안하게 적응할 수 있다"라고 한 아버지는 긍정적인 태도를 최고의 인성으로 꼽았다. 긍정심은 마음가짐에서 나온다며 중요하다고 몇 번 강조했다.

특히 아버지는 "적응력을 높이기 위해 익숙했던 환경을 새로운 환경에서 찾아내 안정적으로 적응하는 방법이 좋다. 새 환경에 대한 불안감을 줄이고 적응 속도를 높이는 데 도움이 될 수 있다"라며 소나무 이식할 때 잔뿌리를 꺾이지 않게 세세하게 펴서 전에 있던 흙과 옮겨 심은 흙을 밀착하게 해주는 게 그런 이유 때문이라고 덧붙이며 명심하라고 일러줬다.

진실한 글이 읽힌다
문인상경(文人相輕)

아버지가 위로해 준 일이 처음 있었다. 고등학교 들어가서 얼마 지나지 않아서다. 친구가 사줘 그날 처음 먹은 술이었는데도 취하지는 않았다. 집에 들어서자 어머니는 처음 보는 일이어서 많이 놀라셨다. "교복 입은 학생이 술 처먹고 다니냐? 아버지 아시면 어떡하려고 그러냐"며 타박하면서 끌다시피 아버지 방에 꿇어 앉혔다. 내가 쓴 글을 선배가 난도질해 화나서 술을 마셨다고 했다. 구겨서 주머니에 집어넣었던 원고를 펴서 드리자 원문과 교정본을 읽은 아버지는 화가 난 이유를 묻지 않고 "화낼 만하구나"라고만 했다.

며칠 지나 저녁 먹을 때 아버지는 "글은 쓰지 않고는 못 배길 때 써야 한다"며 "그만한 고민도 없이 쓴 글은 쓰지 않는 것만 못 하다"고 핀잔을 줬다. 지난번 보여드린 원고를 아버지가 내줬다. 얼른 넘겨 봐도 붉은 글씨로 거의 모두 고쳐져 있었다. 살아남은 검은 글씨는 몇 자 되지도 않았다. 붉은 종이에 까만 점을 찍은 것 같았다. 아버지는 짧고 긴 공문과 개인 글을 평생 쓴 경험을 바탕으로 글에 관한 독자의 태도를 세 가지로 평가했다. 첫째는 글을 읽지 않는 사람들이다. 3분의 1쯤 된다. 글을 읽지 못하는 사람도 많지만, 읽기 싫어하는 사람도 많다.

네가 쓴 글이라고 해도 읽는 사람은 몇 되지 않는다.

두 번째, 글에 따라 다르기는 하지만, 네 글이라고 해서 읽은 3분의 1도 되지 않는 사람만이 네 글에 공감할 뿐이다. 그것도 공감한다고 반응을 보이는 사람은 아예 없거나 몇 사람 되지 않는다. 세 번째는 네 선배처럼 글을 고쳐주는 사람이다. "마지막으로 3분의 1쯤 되는 이들이 그나마 네 글과 재주를 아껴준다. 고마워해야 하는 사람이다"라며 든 고사성어가 '문인상경(文人相輕)'이다.

문인들은 서로 경멸한다는 말이다. 문필가는 자기 문장을 과신한 나머지 동료들의 글솜씨를 과소평가하는 경향이 있다는 뜻이다. 중국 양(梁)나라 때 엮은 『문선(文選)』에 실린 『전론(典論)』에 나온다. 조비(曹丕)가 한나라의 대문장가 부의(傅毅)와 반고(班固) 두 사람의 문장 실력에 관해 쓴 글에서 유래했다. "글 쓰는 사람들은 자기야말로 제일인자라고 자부해 글 쓰는 사람끼리는 서로 상대를 경멸한다고 하는데(文人相輕), 이러한 풍조는 지금 시작된 것이 아니라 일찍이 반고와 부의 때부터이다. 이 두 사람은 서로 실력이 백중하지만, 반고는 부의를 대단한 사람이 아니라며 아우 반초(班超)에게 '부의의 경우를 보면, 쓰는 것은 그저 그렇지만 중요한 인격 쪽은 아직 멀었으니 정말로 훌륭하다고는 할 수 없다'라고 써 보냈다."

반고는 후한의 역사가다. 그 아버지의 유업을 물려받아 『한서(漢書)』를 지은 사람이고, 부의는 반고와 같은 무렵의 학자로 문장이 좋아 황제의 명으로 여러 서적을 비교·검토·정정하는 일을 맡은 사람이다. 아버지는 "문장가가 자기 문장을 내세우고 다른 동료의 문장을 깎아내리는 것은 동서고금이 따로 없다"라며 "네 귀로 듣고 눈으로 보고 손으로 만져 확인한 진실만이 그들의 경멸을 이겨낼 수 있다"라고 했다. 이어 잘 읽히는 글을 쓰기 위해 갖추어야 할 몇 가지 중요한 요소로 "글은 간결하고 명확해야 한다"는 점을 지적했다.

그 방법으로 내가 쓴 글에 없는 점 세 가지를 함께 지적했다. "글쓰기 전에 무엇을 전달하고 싶은지, 글의 핵심 메시지가 무엇인지 명확히 해야 한다." 내 글에는 그게 없다고 했다. 두 번째는 "글을 쓸 때는 불필요한 수식어나 복잡한 어휘는 피하고, 간결하게 표현해야 한다"며 그 또한 내 글에는 없다고 했다. 특히 "한 문장에 여러 가지 생각을 담지 말고, 하나의 문장에 하나의 생각만을 담도록 해야 한다"고 강조했다. 셋째 글 쓰고 난 뒤 여러 번 검토하고 수정해야 하는 데 내 글에는 그마저 없다고 지적했다. 내 글을 "모두 남의 이야기다. 네 얘기가 없다. 그것도 모두 현란한 수식어만 연결해놓아 뭘 말하려는지 네 글을 읽고 나도 모르겠다. 그건 글이 아니다"라고 지적하며 "진실한 글이 읽힌다. 네 얘기를 말하듯 글에 담아내라"고 주문했다. 아버지는 상에 놓인 백김치를 가리키며 "고춧가루나 참기름만 잔뜩 발라놓은 김치 같은 글을 쓰지 말라. 양념은 우려낼 뿐 드러나지 않아야 한다"고 강조했다.

이제 글을 깨우쳐 가는 손주들을 보며 문득 아버지가 강조한 간단한 글쓰기 원칙이 올바르게 물려줘야 할 소중한 인성이고 습관이겠다 싶다. 앞으로 숱하게 부딪칠 짧고 긴 글이 빨간색으로 온통 칠해져 아무 소용없는 일이 되지 않게 말이다. 진실성이야말로 글이 담아야 하는 최고의 속성이다.

하늘은 모두 알고 있다

천망회회(天網恢恢)

같은 반 아이가 학용품을 잃어버렸다고 울었다. 초등학교 저학년 때다. 교실에서 잃어버렸으니 같은 반에 있는 누군가가 훔쳐 간 거라고 다들 단정 지었다. 담임선생님은 "모두 눈을 감아라. 가져간 사람은 조용히 손만 들면 용서해주겠다"라고 했다. 아무도 손들지 않았다. 두 번 세 번 말해도 마찬가지였다. 화난 선생님이 부리나케 교실 밖으로 나갔다가 한참 만에 양동이 두 개를 들고 들어왔다.

친구 도움을 받아 모자란 기억을 되살린다. 선생님이 "앞에서부터 한 명씩 나와 남자는 파란색, 여자는 빨간색 물감에 손을 담가라. 물감은 닦으면 괜찮지만, 거짓말한 사람은 손이 썩어들어갈 것이다"라고 했다. 손이 썩어들어간다는 말이 두려웠다. 아무도 나가려 하지 않았다. 몇 번을 나오라고 해도 나오지 않자 선생님이 맨 앞줄에 앉은 학생을 끌어내려 했다. 책상을 끌어안으며 버티던 여자아이가 끝내 울음을 터뜨리자 모두 따라 울었다. 뒷자리에 앉았던 나는 무서워 뒷문으로 도망쳐 집으로 왔다.

온몸을 부들부들 떨면서 울며 집에 돌아온 아들을 본 어머니는 학용품 도난사건을 듣고 "네가 훔쳤느냐?"고 물었다. 훔치지 않았다고 하자 밖에 있던 아버지를 찾아 사정을 설명했다. 아버지는 "벌 받는 중간에 도망치면 네가 훔쳐 간 게 된다"며 아직도 두려워 이빨을 부딪치며 떨고 서 있는 나를 학교로 돌려보냈다. 바로 들어가지 못하고 교실이 보이는 담장 뒤에서 울고 있는 나를 뒤쫓아온 어머니가 교실로 떠밀어 들여보냈다. 그러나 수업이 끝나 교실은 이미 텅 비어 있었다.

선생님이 우리집에 다녀가신 그날 밤 아버지가 나를 꿇어 앉혀 놓고 한 말씀이다. "하늘에는 악한 사람을 잡는 큰 그물이 있다. 그물코가 넓긴 하지만 건져 올려야 할 거를 절대 놓치지는 않는다. 하늘은 누가 훔쳐 갔는지를 다 알고 있다." 한참 커서야 그날 하신 말씀이 고사성어 '천망회회(天網恢恢)'란 걸 알았다. "하늘 그물은 넓고 넓어서

성긴 듯하나 놓치는 것이 없다(天網恢恢 疎而不漏)"라는 말에서 유래했다. 노자(老子) 도덕경(道德經) 제73장 임위(任爲) 편에 나온다.

훗날 아버지는 노자의 앞의 문장을 인용해 자세하게 설명했다. "하늘의 도리는 오래 두고 싸우지 않고도 이기는 법이다. 악인들이 득세해 날뛰면, 당분간은 그대로 두었다가 기회를 보아 멸망시킨다. 하늘은 입이 없어 말은 하지 않지만, 길게 보면 착한 사람에게는 복을 내리고, 악한 사람에게는 악을 내린다. 하늘은 우리 머리 위에서 우리가 하는 일을 일일이 관찰한다"라고 가르쳤다.

아버지는 "그럴 때 집으로 도망치는 건 비겁하고 사내답지 못한 행동이다. 답답할 땐 하늘을 쳐다보아라. 하늘은 언제나 그 자리에 있을 것이다. 어디서든 보이고, 누구에게나 보이고, 언제든 변하지 않고 늘 그 자리에 있는 하늘을 믿어라. 버티고 서있던 앞산도 불도저가 깔아뭉개고 도도하게 흐르는 강도 물길을 틀어 버리지만, 하늘은 언제나처럼 거기에 있다"라고 몇 차례나 말씀했다.

자꾸 변하는 데서는 믿음이 자라지 않는다. 믿으면 예측할 수 있고 앞을 내다볼 수 있어 힘이 나온다. 힘이 있어야 일을 해나갈 수 있다. 그렇게 아버지와 나는 믿음을 싹트게 하는 하늘을 종교로 가지게 됐다. 나를 떳떳하고 힘차게 만든 큰 뒷배다. 신이나 초자연적 절대자를 믿고 따르는 마음이 신앙심(信仰心)이다. 쉽게 가르치기는 어렵다. 그러나 손주에게 꼭 일러줄 심성이다.

호기심을 잃지 마라

타초경사(打草驚蛇)

우물에 빠졌을 때 아버지가 한 말씀이다. 평생토록 잊히지 않아 지키고 산다. 초등학교 다닐 때다. 정확히는 우물 파는 공사장에 떨어졌다. 외갓집에서 아버지 담배 심부름을 하고 대문을 들어서자 마당 한복판에서 소리가 들려 들여다봤다. 그리고는 깊게 파고 들어간 우물 속으로 떨어졌다. 깨어나 안방에 누워있는 나를 보고 놀랐다. 분명히 우물 파는 공사현장을 들여다보려 한 것 같은데 방에 누워있으니 말이다. 떨어진 거는 기억나지 않았다. 안에서 땅 파던 인부에게 떨어져 살았다고 했다. 그 인부가 더 놀라 옆방에 아직 누워있다는 얘기도 들었다. 화난 외삼촌은 거의 다 파 들어간 우물을 메워버리라고 했다. 야단칠 게 뻔한 아버지를 얼른 쳐다봤으나 무덤덤한 표정이었다.

재를 하나 넘는 5킬로 남짓 되는 길을 걸어 돌아오는 두 시간 내내 맘을 졸였다. 언제 야단맞을지 몰라서였다. 고개를 넘어 집이 내려다보이는 데서 앉아 쉴 때 아버지가 느닷없이 "오늘 참 잘했다. 그런 호기심을 평생 잃지 마라. 궁금하면 그렇게 꼭 가서 직접 봐라"라고 했다. 태어나 처음 듣는 칭찬이기도 했지만, 야단맞을 각오를 하고 있던 터여서 기억이 생생하다. 아버지는 지팡이 잡은 손을 바꿔 오른손으로 내 머리를 가볍게 두어 차례 두들겨줬다. 이어서 아버지가 지팡이로 풀을 툭툭 치며 가르쳐준 고사성어가 '타초경사(打草驚蛇)'다. 나중에 커서야 자세히 알았지만, 그날 어둑해질 때까지 길게 말씀한 거는 유독 기억이 새롭다. 타초경사는 풀을 두드려 뱀을 놀라게 한다는 뜻이다. 을(乙)을 징계해 갑(甲)을 깨우치는 것을 비유하거나 변죽을 울려 적의 정체를 드러나게 하거나 공연히 문제를 일으켜 화를 자초함을 비유하는 말이다.

중국 당(唐)나라 수필집 '유양잡조(酉陽雜俎)'에 나오는 이야기다. 당도현(當涂縣)에 온갖 명목으로 세금을 거둬 사복을 채운 현령 왕로(王魯)가 있었다. 부하들 모두 그를 흉내 내 가렴주구에 여념이 없었다. 백성이 연명해 그의 휘하 관원을 뇌물수뢰죄로 고발했다. 거기에는 왕로의 비서실장에 해당하는 주부(主簿)의 고발도 들어있었다. 주부의 죄행 가운데 상당수는 자신과 관련된 것이어서 그는 자신의 불법행위도 드러날까 봐 겁이 나 잠을 이루지 못했다. 고심 끝에 고발장 위에 이같이 판결문을 썼다. '너희들이 비록 풀밭을 건드렸지만 이미 나는 놀란 뱀과 같다(汝雖打草 吾已驚蛇)'라고 써 놀란 가슴을 진정시켰다고 한다. 백성이 자기 부하들의 비리를 고발한 것은 곧 우회적으로 자신의 비리를 고발하는 것으로 여겨 지레 겁을 먹은 것이다. 이렇게 해서 을을 징계해 갑을 각성하게 하려 한 백성의 의도는 충분히 달성되었다.

원문은 저렇다. 아버지는 그날 현령의 처신은 본받을 만하다며 말을 보탰다. "풀을 두드리는 소리를 놓치지 말고 들어라. 모든 위험에는 신호가 있고 소리가 있다. 귀 기울이고 궁금해하고 호기심을 가져야 한다"고 아버지는 설명했다. 그날 이후에도 여러 번 말씀하며 "그런 소리를 듣는 게 감수성이다. 나이가 들어가면서 점점 희미해진다. 그런 감수성이 호기심을 자극하고 의문을 품고, 알고 싶어 하고 배우려는 심성과 자세를 낳는다"라고 구체적으로 짚어주었다.

고사성어 때문에 알게 된 토머스 칼라일은 "본다고 보이는 게 아니고 듣는다고 들리는 게 아니다. 관심을 가진 만큼 알게 되고 아는 만큼 보이고 들리게 된다. 호기심과 관심은 모든 것의 출발점이다"라고 했다. 설날 집에 온 손녀에게 사위가 "1층이니까 맘껏 뛰어라"라고 말할 때 퍼뜩 떠올랐다. 이제 걸음마를 막 뗀 손녀가 뛰면 얼마나 뛰길래 층간소음 때문에 아랫집에서 몇 번째 싫은 소리를 들었을까 싶다. 저 맘때 궁금한 거 못 참아 뛰어가서 보고 싶을 텐데 그걸 막는 부모의 얘기를 들으니 은근히 화났다. 저 때부터 그토록 소중한 감수성을 부모가 나서서 억지로 죽여야 하니 말이다.

훌륭한 선생은 혼자 가르치지 않는다

교학상장(敎學相長)

　산수 문제를 칠판에 풀던 선생님이 분필을 들고 머뭇거릴 때 끝나는 종이 울렸다. 초등학교 6학년 때다. 선생님이 "이 문제는 다음 시간에…"라며 칠판에 풀다 만 문제를 지우고 수업을 끝냈다. '선생님이 풀지 못한 문제'는 저녁때 집에 다니러 온 작은아버지가 바로 풀어줬다. 밤새 문제 풀이를 외웠다. 다음날 선생님이 지난 시간에 이어 한 사람씩 나와 다음 문제를 풀라고 했다. 그러나 선생님이 풀지 못한 문제는 넘어가고 그다음 문제부터 풀라고 시켰다.

　학생들이 나와 칠판에 맡은 문제를 풀지 못하면 선생님이 풀어줬다. 다음 문제로 또 넘어가려 할 때 지난 시간에 풀다 만 문제가 있다고 내가 말하자 선생님이 풀 수 있는 사람이 있냐고 물었다. 내가 손들고 풀겠다고 해 앞으로 나갔다. 외운 대로 풀다가 막혔다. 이해하지 못하고 다만 외워서 한 일은 언제나 막힌다. 선생님은 내가 채 풀지 못한 문제를 다 풀어주고 지우개로 지웠다. 분필을 건네주며 선생님은 내게 다시 풀어보라고 해 이해한 대로 제대로 문제를 다 풀었다.

　선생님이 다른 일로 아버지를 만나고 가신 뒤 아버지가 찾았다.

아버지는 "선생님이 자기도 풀지 못한 문제를 네가 풀었다더라라며 칭찬했다"고 했다. 작은아버지가 가르쳐 준 거라고 사실대로 말씀드렸다. 아버지는 "학문이 높은 선비도 집 가(家) 자가 막힐 때가 있다"라고 전제한 뒤 "벼는 익을수록 고개를 숙인다는 말이 있다. 이 말은 배움이 깊을수록 겸허해진다는 뜻이다. 네가 공부해 깨달아 푼 문제도 아니고 작은아버지가 가르쳐 준 걸 선생님에게 뽐내려 한 일은 잘못이다"라고 지적했다.

아버지는 "학문이 아무리 깊다고 해도 가르쳐 보면, 자신이 미처 알지 못하는 부분이 적지 않다는 것을 알게 된다"며 설명해준 고사성어가 '교학상장(敎學相長)'이다. 가르치는 일과 배우는 일이 모두 자신의 학업을 성장시킨다는 말이다. 예기(禮記)의 학기(學記) 편에 나온다. 원문은 "좋은 안주가 있다고 하더라도 먹어 보아야만 그 맛을 알 수 있다. 또한, 지극한 진리가 있다고 해도 배우지 않으면 그것이 왜 좋은지 알지 못한다. 따라서 배워 본 이후에 자기의 부족함을 알 수 있으며, 가르친 후에야 비로소 어려움을 알게 된다. 그러기에 가르치고 배우면서 더불어 성장한다고 하는 것이다"라고 되어 있다.

아버지는 "옛 어른들은 경전 등의 글이나 들은 말 중 몇 대목을 정해 스승이나 시관(試官) 또는 웃어른 앞에서 끊어 읽고 해석하는 것을 강(講)이라고 했다. 강을 듣고 스승이나 웃어른이 올바른지를 지적하고 평해주는 일을 의(義)라고 한다"라고 '강의'를 정의해 설명했다. 이어서 "그래서 강의는 학생과 교사가 함께 하는 거다. 훌륭한 스승은 혼자 가르치지 않는다. 네게 문제를 풀어준 작은아버지는 선생님이다.

자신이 문제를 올바르게 풀어준 뒤 다시 풀어보라고 가르치는 네 선생님의 교수법은 훌륭하다"라며 "네 선생님은 다만 앞서 배운 선생이 아니라 요즘 보기 드문 진정한 스승이다"라고 높이 평가하면서 "선생님을 존경해야 한다"라고 가르쳤다. 아버지는 "요즘 선생은 흔하지만, 스승이 없다"라며 "'스승'은 단순히 지식을 가르치는 선생이란 뜻만이 아니라 삶의 지혜까지도 가르치는 참 선생님을 가리키는 말이다"라고 했다.

스승의 은혜에 보답을 기념하는 5월 15일은 세종대왕의 탄생일에서 따왔다. 세종대왕이 한글을 창제해 온 백성에 가르침을 주어 존경받는 것처럼 스승이 세종대왕처럼 존경받는 시대가 왔으면 하는 의미를 담고 있다. 원래는 충남 논산시 강경여고에서 '세계 적십자의 날'(5월 8일)을 맞아 자신의 스승을 찾아간 데서 유래했다고 한다.

"보통 교사는 지껄인다. 좋은 교사는 잘 가르친다. 훌륭한 교사는 스스로 해 보인다. 위대한 교사는 가슴에 불을 지른다." 영국의 철학자, 수학자 알프레드 화이트헤드 명언이다. 사람은 사람에게 가장 많이 배운다. 학교에 다니기 시작하면 선생님의 가르침은 감수성이 예민한 시기의 자녀들에게는 절대적이다. 손주들이 선생님을 만나기 시작하면 먼저 가르쳐 줘야 할 인성이 '존경심(尊敬心)'이다. 이때 아니면 배울 기회나 가르칠 기회가 없다.

4

집중력이 차이를 만든다

갈등을 해소하려면 명분을 만들어라
역지사지(易地思之)

친구가 차에 깔려 죽는 사고가 터졌다. 초등학교 6학년 때다. 학교에 붙여 지은 새집에 이삿짐을 내린 트럭이 운동장에 주차해 있었다. 점심시간에 같은 반 아이들이 차에 올라가고 매달리며 놀았다. 그중 한 아이가 운전석에 올라가 시동을 걸자 차가 후진했다. 내 친구가 차 밑에 떨어진 검정 고무신을 꺼내러 들어갔다가 깔리는 사고를 당했다. 집에서 점심 먹다 비보를 듣고 운동장으로 달려갔다. 사람들이 모여있는 틈으로 죽은 친구의 얼굴이 일그러져 보였다. 트럭 바퀴에 머리가 깔리는 참사였다. 가족들이 달려와 혼절하고 학생들은 모두 울었다.

가족과 마을 청년들은 운전한 학생과 담임선생님을 찾으러 동네를 뒤지고 다녔다. 나는 학교와 집을 몇 번이나 오가며 우두망찰했다. 해가 넘어갈 즈음에 아버지가 죽은 아이 아버지를 모셔오라고 했다. 멈칫거리자 아버지는 크게 호통치며 발길을 재촉했다. 사고 현장에 갔을 때 내 친구 시신은 거적에 덮여 그 자리에 있었고 사람들은 하나둘씩 흩어졌다. 친구 아버지에게 말씀을 전하자 바로 따라나섰다. 아버지는 친구 아버지를 반갑게 맞아 방에서 낯선 사람들과 한참을 얘기했다. 방문이 열리며 "조 선생님 말씀처럼 죽은 사람은 죽은 사람들과 함께 있어야 하는 겁니다"라고 처음 본 사람이 친구 아버지에게 말을 건네며 악수했다. 학교에 다시 갔을 땐 횃불이 밝혀지고 장례절차가 진행됐다. 인척인 담임선생님은 김칫독을 묻어둔 우리집 김치 광에 숨어 하룻밤을 뜬눈으로 새웠다.

홀연히 잠들었을 때 죽은 친구가 꿈에 나타나 뭐라 말을 해 나는 애써 도망쳤다. 어머니가 흔들어 깨우자 아버지가 잠 덜 깬 내 머리를 쥐어박았다. "친구가 얘기할 게 있다는 데 도망치는 놈이 어딨느냐"고 야단친 아버지는 "귀신하고라도 얘기 못 할 게 뭐냐? 뭔 얘기인지는 들어 봐야 할 거 아니냐?"라며 심하게 나무랐다. 관계자들을 모아 사고수습대책회의를 마친 그날 밤 아버지는 "상대에게서 네가 원하는 것을 얻으려면 그가 너에게 그것을 줄 이유를 먼저 만들어 주어야 한다"고 했다. 훗날에도 같은 말씀을 여러 번 하셔서 기억이 새롭다.

그날도 고사성어를 어김없이 인용했다. '역지사지(易地思之)'다. 다른 사람의 처지에서 생각하라는 말이다. 맹자(孟子)의 이루(離婁) 편에 나온다. 이루는 '눈이 밝아서 백 보 밖에서도 능히 털끝을 살핀다'라는 사람이다. 맹자는 "우와 후직, 안회는 모두 같은 길을 가는 사람으로 서로의 처지가 바뀌었더라도 모두 같게 행동했을 것(禹稷顔回同道 禹稷顔子易地則皆然)"이라고 평했다. 우(禹)는 하(夏)나라의 시조로 치수(治水)에 성공한 인물이고 후직(后稷)은 순(舜)이 나라를 다스릴 때 농업을 관장했다. 맹자는 "우 임금과 후직은 태평성대에 세 번 자기 집 문 앞을 지나면서도 들어가지 못했고, 제자 안회(顔回)는 난세에 가난하게 살면서도 안빈낙도(安貧樂道)의 태도를 잃지 않아 공자가 그들을 어질게 여겼다"고 했다.

맹자는 안회도 태평성대에 살았다면 우 임금이나 후직처럼 행동했을 것이며, 우 임금과 후직도 난세에 살았다면 안회처럼 행동했을 것이라며 '처지가 바뀌어도 모두 그러했을 것'이라는 뜻으로 '역지즉개연'을 썼다. 오늘날 쓰는 역지사지와는 다르다. 중국 사전에는 나오지 않는다. 우리나라 후세 사람들이 역지즉개연을 '다른 사람의 처지에서 헤아려 보아야 한다'는 뜻을 첨가해 역지사지라는 성어로 변형해 쓴 것으로 추정된다.

역지사지는 자기중심이 아니라 상대의 시각에서 헤아려 보라는 공감과 이해를 바탕으로 한 긍정적인 심리적 특성이다. 말은 쉽지만 실천하기는 쉽지 않다. 편견과 선입견을 버려야 하기 때문이다. 상대의 감정과 생각을 이해하려고 노력해야 하는 역지사지는 공감력(共感力)을 먼저 갖춰야 한다. 맹자도 그 점을 강조한다. 더욱이 아버지 말씀대로 그가 가진 것을 얻어 갈등을 해소하려면 그가 내게 그것을 줘야 할 명분을 먼저 만들어 주어야 하는데 실행에 옮기기가 매우 어렵다. 공감을 넘어 역지사지해야 구할 수 있기 때문이다. 손주들에게 일찍부터 가르쳐야 할 삶의 지혜이자 결 고운 인성이다.

남을 이롭게 하는 게 나를 이롭게 한다

자리이타(自利利他)

이삿짐 실은 차량을 떠나보내고 그리 멀지 않은 새로 산 집까지는 아버지와 함께 걸었다. 골목을 빠져나올 즈음에 아버지가 봉투를 꺼내 주며 방금 떠난 집 마루에 놓고 오라고 했다. 겉봉에는 '이사 오시는 분 께'라고 수신인을 적었지만, 봉투는 열려 있었다. 돌아가는 길에 궁금해 열어봤다. '이 집에 살며 느낀 것들입니다'로 시작하는 편지는 두 장이나 됐다. 만년필과 볼펜을 번갈아 쓴 아버지 필체는 정갈해 며칠에 걸쳐 쓴 것 같았다.

살던 집 얘기라 한 눈에 들어왔지만 몇 가지는 살펴보지 않으면 모를 것들이었다. 지금도 생생하게 기억나는 몇 가지다. '안방 뒤 벽지가 축축한 거로 보아 누수가 있는 거 같은데 지붕에서 스며든 거로 보입니다. 누수 지점은 찾지 못했습니다. 안방에서 나오는 마루 세 번째와 다섯 번째 나무는 상해 교체해야 할 겁니다. 마루 바깥 유리문은 집이 오른쪽으로 기울어 꼭 닫히질 않습니다. 건넌방 구들 위쪽은 막힌 듯합니다. 겨울에는 불길이 들어가지 않아 냉골입니다. 볕이 잘 들긴 하지만 창문 역시 집이 기울어 틈이 벌어져 외풍이 심합니다. 마당의 벽오동은 무성해 채소밭으로 난 가지는 쳐줘야 합니다. 마당 수도는

도드라져 겨울에는 동파한 일이 있습니다.'

　　마루 문을 열면 바로 보이는 자리에 편지를 넣어놓고 돌아와 길을 걸으며 아버지께 그런 글까지 남기셨다고 하자 웃으며 한 말씀이다. "'까마귀가 덫에 걸린 개를 발견했다. 까마귀는 개가 덫에 걸린 것을 보고 안타까워 개 꼬리를 물고 덫을 풀어준 뒤 땅을 파 묻어주었다'라는 옛이야기가 있다. 유향(劉向)이 쓴 전국책(戰國策)에서 읽었다." 훗날 원전을 찾은 아버지는 시경(詩經)에서 인용한 고사라고 했다. "시경에는 '까마귀가 개를 그리워하고 개는 까마귀의 이타심 있는 행동에 감동해 하늘로 올라온 까마귀와 짝이 되었다'라고 했다"라고 설명했다. 아버지는 "물론 교훈을 위해 쓴 얘기겠지만 미물인 까마귀의 이타적이고 고귀한 행동이 가슴에 오래 남았다"라고 술회하며 "이사 가는 집은 새로 지은 집이니 앞으로 그런 편지는 없을 거다"라고 우스갯말을 했다.

　　그날 저녁 이사 간 집에서 아버지는 말씀 중에 고사성어 '자리이타(自利利他)'를 인용했다. 불교에서 말하는 개념인 자리이타는 '자신을 이롭게 하면서 남을 이롭게 한다'는 뜻이다. 불교의 기본적인 가르침 중 하나이자 가르침을 실천하는 방법의 하나다. 원전은 '불설중아함경(佛說中阿含經)'. 석가모니의 설법집으로, 모두 120권이다. 석가모니가 자리이타를 설파한 말이다. "자신을 이롭게 하면서 남을 이롭게 하는 것이 진정한 이타심이다. 자신을 이롭게 하지 않고는 남을 이롭게 할 수 없다. 남을 이롭게 하지 않고는 자신을 이롭게 할 수 없다." 아버지는 "자리이타를 실천하는 것은 너와 세상을 더 나은 곳으로 만드는

데 도움이 된다. 오늘처럼 실천하면 평안을 얻을 수 있고 세상에 긍정적인 영향을 미칠 수 있을 거다"라고 했다.

아버지는 "어려운 게 아니다. 내가 먼저 봤으면 내가 먼저 다가가 인사해라"라며 자리이타의 구체적 실천을 요구했다. "그리하면 어려운 일도 쉽게 풀린다. 사회가 극도의 경쟁을 요구하고 있어 실천하기가 쉽지 않지만, 그럴수록 빛이 난다. 경쟁에서 이기는 최선의 길이 이타심이다"라며 꾸준한 실천을 당부했다. 특히 아버지는 "내가 손해 보는 듯하지만, 결과는 전혀 그렇지 않다. 내가 마음이 편안해지면 오히려 일이 더 잘 풀린다. 지나고 보면 남을 이롭게 하는 게 곧 나를 이롭게 한다"고 덧붙였다.

아버지의 그 편지를 이사 온 사람이 읽었는지는 모른다. 한참 뒤 살던 집을 지나가다 보니 허물고 새로 짓고 있는 중이었다. 새로 짓더라고 말씀드리자 아버지는 그저 웃기만 했다. 아버지는 "까마귀는 일곱 살 아이의 지능이 있다. 하찮은 까마귀가 지닌 몇 안 될 지능 중 이타심을 가진 게 놀랍다"며 반드시 새겨두라고 했다. 아버지의 말씀처럼 쉬운 일인 것 같지만 지키기 어렵다. 학교 들어가기 전부터 손주들에게도 일깨워줘야 할 성품인 건 맞다.

네가 힘들면 상대도 힘들다

강노지말(强弩之末)

뭘 잘못 했는지는 잘 기억나지 않는다. 벌 받은 기억은 생생해도 잘못은 잘 기억나지 않는다. 방문을 박차고 달려나가 맨발로 도망쳤다. 아버지의 화난 음성이 들리지 않을 때까지 골목길을 뛰었다. 이젠 됐다 싶어 숨을 고르며 뒤돌아보니 아버지가 자전거를 타고 뒤쫓아왔다. 골목을 빠져나와 밭길로, 논길로 내달렸다. 아버지가 따라오며 뭐라고 했지만, 똑똑히 듣질 못했다. 큰길로 들어섰을 때는 거의 잡힐뻔했다. 산 쪽으로 난 언덕을 숨차게 뛰어오를 때다. 뒤에서 쿵 하며 비명이 들려 돌아보니 아버지가 자전거와 함께 나뒹굴었다.

잘못됐을까 봐 어린 마음에 겁이 덜컥 나 달려가 일으켜 세웠다. 머리를 한 대 쥐어박은 아버지는 내 손을 이끌어 앉혔다. 둘은 서로 가쁜 숨을 몰아쉬며 마을을 내려다보고 나란히 앉았다. 그때 아버지가 한 말씀이다. "남과 경쟁할 때 절대 먼저 포기하지 마라. 네가 지치면 마찬가지로 상대도 당연히 지친다. 먼저 포기한 쪽이 지는 거다."

그때 말씀하신 것 중에 '화살도 힘 떨어진다'라고 하신 게 생각나 찾아봤다. 강노지말(强弩之末)이란 고사성어다. 힘센 쇠뇌에서 튕겨 나

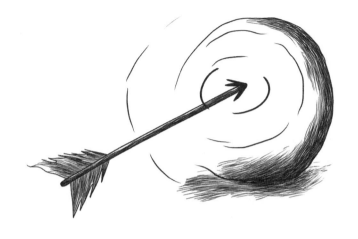

간 화살도 마지막에는 얇은 천조차도 뚫지 못한다는 말이다. 강한 군대도 원정을 가면 지쳐서 군력(軍力)이 약화한다는 뜻이다. 한서(漢書) 한안국전(韓安國傳)에 나오는 고사에서 유래했다. 한(漢)나라를 세운 고조(高祖) 유방(劉邦)이 한나라보다 몇 배의 군사력을 지닌 초(楚)나라 항우(項羽)를 패배시킨 후, 흉노(匈奴) 정벌을 위해 출전했다가 포위되고 말았다. 이때 진평(陳平)의 묘책으로 포위망을 간신히 벗어날 수 있었다.

이후, 한 고조는 흉노와 화약을 맺고 해마다 공물(貢物)을 보냈다. 무제(武帝) 때 평화조약을 무시하고 북방을 번번이 침범하는 흉노족을 무력으로 응징하기 위해 대신들의 의견을 물었다. 이때 어사대부(御史大夫) 한안국(韓安國)이 무력응징을 반대했다. "강한 쇠뇌에서 힘차게 나간 화살이라도 최후에는 힘이 떨어져 노(魯)나라에서 만든 얇은 비단조차 뚫을 수가 없습니다(強弩之末 不能入魯縞). 마찬가지로 아무리 강한 군사력도 장도(長途)의 원정에는 여러모로 군사력이 쇠퇴하는 법입니다." 이 고사는 세력이 강했던 것도 그 쇠퇴하는 시기에는 아무것도 해내지 못하는 걸 비유한다.

"살기등등한 화살처럼 누구나 힘이 있고 누구나 마지막에는 지친다"라고 한 아버지는 "모두 지쳐있을 때 승리하기가 쉽다. 일이 성사되는 것도 마지막 힘에서 나온다. 누구나 마지막 힘쓰기는 싫어하기 때문이다"라고 했다. '마지막 힘'이란 뜻의 말은 많다. '온 힘을 쏟는다. 혼신(渾身)의 용기를 내다. 다부지게 마지막 기운을 내다. 다시금 힘을 모았다. 젖먹던 힘까지 냈다. 있는 힘을 다했다. 마지막 힘을 쥐어짰다.' 그만큼 마지막 힘쓰기가 어렵단 얘기다. 아버지는 "마지막 힘은 너를 넘어서는 힘을 말한다. 너의 한계를 뛰어넘어라. 당연히 어렵다. 어려울 땐 '내가 이 정도밖엔 안 되냐?'라고 소리쳐라. 그러면 너도 몰랐던 힘이 솟을 거다. 그렇게 너는 이길 거다"라고 했다.

살아오며 힘들 때마다 즐겨 쓰는 말이다. 그러면 버틸 수 있었다. 그런 마지막 힘이 '끈기'라는 인성이다. 무엇보다 먼저 손주들에게 일깨워줘야 할 성품이다.

미국이 강대국인 이유를 아느냐

간뇌도지(肝腦塗地)

미국에 주재원으로 근무하던 1999년 9월 부모님이 뉴욕 집에 다니러 오셨다. 관광을 안 가겠다는 아버지를 설득해 차로 모시고 워싱턴D.C.에 갔다. 국회의사당과 백악관을 본 뒤 아버지가 제퍼슨 기념관은 안 가겠다고 해 의아했다. 링컨 기념관을 서둘러 보고 알링턴 국립묘지에 도착했을 땐 문 닫을 시간이었다. 바리케이드를 치려고 준비하던 병사가 캐딜락 승용차가 다가오자 멈칫했다. 내가 내려서 "한국전 참전한 상이군인이다. 케네디 대통령에게 참배하고 싶어 한국에서왔다"라고 하자 문 안에 주차하라고 했다.

트렁크를 열고 내가 휠체어를 꺼내자 병사가 달려와 뒷문을 열고 아버지 오른팔을 자신의 목에 두른 뒤 두 팔을 뻗어 엉덩이 밑으로 넣고 아버지를 번쩍 들어 올려 의자에 앉혔다. 절도 있는 동작이었다. 놀란 아버지가 땡큐를 연발하며 병사의 팔을 가볍게 두들겨줬다. 그 병사는 언덕진 길을 가볍게 휠체어를 밀고 앞장서 올라갔다. 참배한 뒤 아버지는 한참을 머물다 내려왔다. 그 병사는 휠체어에 앉은 아버지를 같은 방법으로 들어 올려 차 뒷좌석에 앉혔다. 아버지는 지갑에서 돈을 꺼내 그 병사의 주머니에 넣어주며 악수를 청했다. 문을 빠져나와

굽은 길을 돌 때까지 백미러로 본 그 병사는 거수경례하고 있었다.

　뉴저지 집으로 돌아오는 4시간 동안 흥분한 아버지는 쉬지 않고 말씀했다. "그 병사 너도 봤잖냐? 미국이 강대국인 이유를 아느냐?" 고 말문을 연 아버지는 바로 "보훈이 미국을 강대국으로 만들었다"라 고 했다. 아버지는 국가부터 설명했다. 나라 국(國)자는 '혹시 혹(或)' 자에서 파생된 글자다. '창 과(戈)'자와 무기로 지켜야 할 도시를 나타 내는 '입 구(口)' 자로 이루어졌다. 원래는 혹(或)자가 국(國)이란 뜻이 었다. '혹시'란 뜻으로 쓰이자 '에워쌀 위(囗)'를 추가했다. 성벽을 나 라 둘레로 쌓아 영토를 나타낸 모양이다. 아버지는 "원래 왕이 거주하 는 도성이란 뜻이고 방(邦)자가 나라를 뜻했다. 한나라가 건국되며 초 대 황제 유방(劉邦)의 이름을 피휘(避諱)하면서 국으로 바뀌었다"고 설 명했다. 이어 아버지는 "어쨌든 미국은 조국을 버리고 온 사람들이 세 운 나라다. 돌아갈 나라가 없는 그들은 나라를 지켜야 한다는 절박함 이 우리와 다르다"고 했다.

　그 병사의 익숙한 손동작을 일일이 되새긴 아버지는 느닷없이 고 사성어 '간뇌도지(肝腦塗地)'를 끄집어냈다. "삼국지에 나온다. 장판 전 투에서 자룡(子龍) 조운(趙雲)이 조조의 대군을 혈혈단신으로 돌파해 유비의 어린 아들 아두(유선)를 구출했다. 조운이 유비에게 구출해온 아들을 건네자 그는 땅에 내던지며 자기 아들 때문에 조운이 죽을뻔 했다며 부하를 먼저 챙겼다. 감복한 조자룡이 '비록 간과 뇌수가 땅에 쏟아지더라도 이 은혜를 어찌 갚을 수 있겠습니까(雲雖肝腦塗地 不能報 也)'라는 말에서 이 말은 유래했다."

간뇌도지는 간과 뇌수가 땅에 쏟아지는 것처럼 참혹하게 죽은 모습을 이르는 말이다. 나라를 위해 자신의 목숨을 돌보지 않고 힘을 다하는 것을 비유한다. 조자룡보다 훨씬 이전부터 써오던 성어다. 사기(史記)에 나온다. 한(漢) 고조(高祖) 유방(劉邦)이 천하를 평정한 뒤 낙양을 도읍으로 결정하려 할 때 누경(婁敬)이 황제에게 도읍으로 정하면 안 된다고 간청할 때 나온 말이다. 그는 유방이 70차례의 큰 전투, 40차례의 소전투를 치르며 천하의 무고한 백성들의 간장과 뇌수가 대지에 쏟아지게 했다(使天下之民肝腦塗地)고 고했다. 유방은 누경의 말을 듣고 생각을 바꿔 관중(지금의 서안)을 도읍으로 삼고 그에게 자기 성씨 유(劉)를 하사했다.

아버지는 "워싱턴 장군의 부관인 알렉산더 해밀턴이 연방정부의 초대 재무장관이 되자 토머스 제퍼슨은 반대했지만, '이들을 푸대접하면 미국의 미래는 없다'라면서 국채를 발행해 독립유공자 보훈 경비를 마련했다. 그가 오늘날 강대국 미국을 설계한 장본인이다. 그런 설계 때문에 그 병사는 가보지도 않은 나라에서 온 나를 공대했다"라고 말했다. 이어 아버지는 "그 병사 뒤엔 든든한 미국이 있고 적과 대치해 더 절박한 우리는 그게 없다"라며 아쉬워했다. 손주가 훌쩍 자라기 전에 가르쳐 줘야 할 심성이 '애국심'인데 우리에겐 그런 설계가 없어 더욱 아쉽다.

성공을 담보하는 집중력은 간절함에서 나온다

중석몰촉(中石沒鏃)

아버지가 콩기름 병마개를 발명했다. 기름을 따를 때 찔끔 흘러내리는 건 아까워서라기보다 손에 묻으니 짜증 나서다. 어머니가 기름을 부을 적마다 손을 몇 번씩이나 닦아내는 걸 본 아버지가 병마개를 고쳐주려고 나섰다. 알코올램프를 사다 플라스틱에 열을 가해 손으로 만져가며 병 주둥이에 모양을 냈다. 마개 끝을 길쭉하게 혹은 더 짤막하게, 뾰족하거나 세모꼴로도 만들었다. 그렇게 만든 마개를 끼워 기름을 부었으나 모두 허사였다. 기름이 여전히 병 주둥이를 타고 흘렀다.

며칠을 반복해도 실험은 언제나 실패했다. 오기가 생긴 아버지는 일을 멈추고 마개 만드는 일에 전념했다. 콩기름 병뿐 아니라 빈 기름병은 모두 어머니가 수거해 날랐다. 어느 기름이나 따른 끝에는 지질하게 밖으로 흘러내렸다. 지천으로 널린 동네 기름병을 수거해오는 것은 그렇다 쳐도 버리는 게 더 어려웠다. 많이 태웠지만, 마당은 온통 빈 기름병 천지였다. 더욱이 실험하다 버린 기름이 부엌에 넘쳐나자 어머니는 아무나 발명하는 줄 아느냐며 투덜댔다.

생전 처음 보는 플라스틱 관련 책, 유체역학이란 책도 독파하며 실험에 몰두하던 아버지도 부아가 나서 실험도구를 불태우기도 했다. 어느 날 밤새 꼬박 연구하던 아버지가 잠깐 조는 사이 기름병을 넘어뜨렸다. 쓰러진 기름병에서 흘러나오던 기름이 멈췄고 더는 지질하게 새어 나오지 않았다. 2년이나 걸린 실험은 무위에 그쳤지만, 발명은 순간에 이루어졌고, 간단했다. 병마개를 넓혀주기만 하면 되는 거였다. 따르는 양이 많아지면 장력에 의해 흐르던 기름이 뚝 끊어지며 더는 흐르지 않았다. 아버지는 두 해 만에 그렇게 우연히 흐르지 않는 병마개를 발명했다. 특허는 큰 식용유 회사에 팔려 1991년 '알뜰 마개'란 이름으로 탄생했다.

아버지는 "발명은 집중력의 소산(所産)이다. 누구에게나 집중력이 있다. 집중력은 의지에서 나온다. 의지는 바가지와 같다. 깨진 바가지로는 물을 뜨지 못한다. 의지력을 만드는 게 간절함이다. 결국, 간절함이 집중력을 높인다"라고 말씀했다. 덧붙여 그날 인용한 고사성어가 '중석몰촉(中石沒鏃)'이다. 화살이 돌에 깊이 박혔다는 말이다. '정신을 집중해 온 힘을 다하면 어떤 일도 이룰 수 있다'라는 뜻이다. 사기(史記) 이장군열전(李將軍列傳)에 나온다. 이 장군은 한무제(漢武帝) 때 이광(李廣)이다.

이광은 궁술과 기마술에 남다른 재주가 있는 맹장이었다. 키보다 팔이 원숭이처럼 긴 그는 활 쏘는 방법이 독특했다. 적이 아무리 가까이 있어도 명중시킬 수 없겠다고 판단하면 애초부터 활을 쏘지 않았다. 이광이 사냥하러 갔다가 풀숲에 잠자는 호랑이를 보고 급히 화살을 쏘았다. 명중했다. 그러나 가까이 가 보니 그가 맞힌 것은 화살이 깊이 박혀 있는 호랑이처럼 생긴 바위였다. 다시 화살을 쏘았으나 이 번에는 화살이 퉁겨져 나왔다. 정신을 집중하지 않았기 때문이었다.

집중력은 한 가지 일에 마음이나 주의를 기울이는 힘이다. 집중력 은 한 곳만 바라봐야 하고 다른 모든 것을 포기해야 생긴다. 그래서 얻 기 쉽지 않다. 집중하는 힘은 숨이 턱 밑까지 차오르는 간절함에서 나 오고 그 간절함은 결핍에서 생긴다. 아이가 크게 우는 것도 결핍을 알 리는 간절함을 표현하는 기술이다. 아이가 너무 큰 소리로 울어 스스 로도 놀라듯 간절하게 소리쳐 내 잠자는 뇌를 깨워야 겨우 얻을 수 있 는 게 집중력이다.

유지하는 일은 더 어렵다. 잠 안 재우는 고문을 당하면 오직 자고 싶은 욕망만 있게 마련인 것처럼 집중력을 방해하는 모든 걸림돌을 제 거해야 한다. '레미제라블'과 '노트르담 꼽추'를 쓴 소설가 빅토르 위고 는 오죽했으면 글 쓸 때 집중하려고 종이와 펜만 들고 서재에 알몸으 로 들어갔다고도 한다. 집중력을 키우는 간절함은 평생 가꾸어야 할 소중한 인성이다.

위기 안에 기회 있다

이환위리(以患爲利)

아버지가 가장 많이 해준 말씀 중 하나다. 처음 들었던 때 기억이 지금도 생생하다. 중학교 들어간 지 얼마 되지 않았을 때 새벽 통학기차를 눈앞에서 놓쳤다. 늦잠 잔 때문이었다. 비 맞으며 집에 돌아오자 어머니는 이발소에 나가 있던 아버지에게 알렸다. 보던 신문을 접은 아버지는 기다렸다는 듯이 이발사를 트럭 운전사 숙소로 심부름 보냈다. "아직 현장에 안 나갔으면 우리 애를 삼거리에서 태워 학교까지 데려다주라고 하라"고 지시했다. 나는 삼거리까지 빗길을 걸어 나가 기다렸다. 아버지 석재회사 운전사는 뒷산 현장에서 이미 육중한 화강암 원석을 싣고 산길을 내려왔다. 한참을 기다려서야 트럭을 타고 학교에 갔다.

실은 원석이 워낙 무거워 트럭은 내가 뛰어가는 거보다 느렸다. 교문에서 내려달라고 했으나 운전사는 "사장님이 교실까지 데려다주어라"라고 했다며 정문을 통과해 비 내리는 운동장을 가로질러 교실 앞까지 태워다줬다. 수업 시작 시간은 맞췄으나 운전사의 배려가 일을 키웠다. 문제는 다음날 터졌다. 비가 그친 운동장은 내가 탔던 트럭이 큰 타원형을 그리며 움푹 팼다. 항의받은 아버지는 며칠 뒤 인부와 장비를 동원해 운동장 보토(補土)와 평탄화 공사를 했다. 인척인 당시 국회의원까지 내세운 아버지는 공사를 마친 뒤 학교 교장 등과 교분을 오래 유지했다. 나는 선생님들에게 '관심 학생'으로 분류됐다.

공사가 마무리된 날 밤 아버지가 한 첫마디가 "위기 안에 기회 있다"였다. 위기(危機) 한자를 파자해가며 길게 설명한 내용은 이랬다. '위(危)'자는 기슭 아래에 사람이 굴러떨어진 모습을 그린 '재앙 액(厄)' 자와 '사람 인(人)'이 결합해 '위태롭다'는 뜻을 표현한 거다. '기(機)'자는 '나무 목(木)'자와 날실을 올렸다 내렸다 하는 베틀을 그린 '몇 기(幾)'자가 결합했다. 베틀로 옷감을 짜기 위해서는 날실을 수없이 올렸다 내려야 한다는 뜻이 파생되면서 '몇'이란 뜻이 되었다. 베틀의 날실을 끌어 올리도록 맨 굵은 실인 잉아 질이 어떻게 되느냐에 따라 베가 잘 짜이든지 실패하게 돼 '기회'라는 뜻이 파생되었다.

아버지는 "세상에 똑같은 날은 없다. 어제와 오늘은 다르다. 어제를 정상이라 한다면 오늘은 비정상이다. 오늘이 정상이 되면 내일은 또 비정상이다. 인간은 비정상을 싫어한다. 인간에겐 정상으로 회복하려는 심리가 있다. 한 가지만이라도 어제와 같으면 회복력은 작동하지 않고 정상으로 여겨 곧 잊어버리고 만다. 어제와 똑같은 날이라고 착각할 뿐이지만 잊고 이내 방심한다"라고 했다. 이어서 "전쟁으로 나는 오른쪽 다리를 잃으며 속도를 함께 잃었다. 발 빠른 대처능력을 잃었다"라며 "그래서 얻은 게 비상계획이다"라고 했다. 아버지는 낯선 곳에 가면 화장실은 어디에 있는지, 뒷문은 어디에 있고, 나올 때는 어느 문으로 나와야 하는지 등을 먼저 파악한다고 비상계획의 의미를 구체

적으로 설명했다.

그날 인용한 고사성어가 '이환위리(以患爲利)'다. 예기치 않은 어려움을 오히려 전화위복의 계기로 삼는다는 뜻이다. 손자병법 제7부 군쟁편에 나온다. 우회할 때 우회하고, 이로움을 주듯이 적을 유인해 끌어들이는 전략이다. "에돌아가는 것을 빠른 길로 여기고 곤란함을 도리어 이로움으로 삼으란 뜻이다. 위기 안에 기회 있다. 어려움을 겪을 때 이를 피하지 말고 적절한 방법을 찾으라"는 뜻이라고 일러줬다. 아버지는 "방심이 위기를 부른다. 편안하면 뇌는 활동을 멈춘다. 미래에 발생할 수 있는 위기상황에 대처하기 위해 미리 준비하는 비상계획을 사전에 세워놓아야 할 이유다"라고 했다.

"'위기가 기회'라는 말은 위기 속에서 새로운 가능성을 찾아 발전할 수 있다는 의미를 담고 있다. 위기 상황에서는 기존 방식이 더는 유효하지 않기 때문에 새로운 방법을 찾아야 한다. 그 과정에서 혁신적인 아이디어가 나와 숨겨진 기회를 발견해 변화를 촉진한다"라며 요샛말로 흔히 쓰는 비상 계획(contingency plan)인 '플랜 B'를 그때부터 자주 설명했다.

이후에도 몇 번이나 다리 잃은 장애인의 참혹한 삶을 얘기하며 "기차를 놓친 건 위기다. 늦잠 때문이고 늦잠은 방심한 탓이다"라고 분석했다. 이어 "오늘은 어제와 엄연히 다르다. 비정상인 위기는 계속된다. 어제 썼던 방식으로는 오늘의 위기를 넘기기 어렵다. 편안하게 지낼 때도 위기를 항상 생각하며 대비하라는 뜻인 '거안사위(居安思危)'를 실천하는 방법이 '유비무환(有備無患)'이다. 그러나 준비해도 빈틈 있다. 이환위리 할 적극적인 방식이 비상계획을 세워두는 일이다"라고 강조하며 새겨두라고 했다. 준비를 제대로 잘하는 성질이 준비성이다. 쉽게 깨닫는 방법을 찾아 그 또한 손주들에게도 물려주어야 할 귀한 성품이다.

의지를 품은 아이는 스스로 자란다

영설독서(映雪讀書)

 그해 12월 31일 큰아이가 태어났다. 사무실에서 송년회 중에 전화를 받았다. 늦장가 간 그해 아들을 얻었다고 누가 애기하자 엄숙하던 송년회가 축하 술잔이 오가는 분위기로 바뀌었다. 만취해 동네 산부인과 병원에서 본 내 첫 자식은 그저 핏덩이였다. 신년 연휴라 이튿날 아버지는 바로 퇴원하라고 했다. 언덕길이 내려다보이는 마당에서 아버지는 어머니가 싸안고 온 당신 손자를 포대기를 들추고 빼꼼히 들여다봤다.

 짐을 들여놓고 마당으로 나온 내게 아버지는 마침 내리는 눈을 길조(吉兆)라며 서설(瑞雪)이라고 했다. 아버지는 비와 눈을 비교하면서 눈이 더 좋다며 기분 좋아했다. 눈이 내리면 하늘이 맑아서 보기 좋다. 눈은 비보다 녹는 데 시간이 오래 걸려 땅에 더 오래 머문다. 둘 다 씻어내는 정화작용을 하지만, 눈은 모든 것을 덮어준다. 아버지는 "손자가 집에 오는 날 눈이 내린 것은 하늘에서 내려온 축하 선물이다. 손자가 눈의 속성을 닮아 모든 것을 감싸주며 자라기를 바라는 희망의 메시지다"라며 기쁨을 표현했다.

아버지는 "손자는 내 아들의 아들이다. 대를 이어가는 존재다. 사랑과 희망의 대상이다. 내가 다시 한번 부모가 될 수 있으므로 새로운 시작의 뜻이 있다"라면서 새 각오와 희망을 다지게 한다고도 했다. 이어 아버지는 다섯 가지 유념해야 할 일과 하지 말아야 할 일을 구분해 설명했다. 이런 깨우침이다. 자식은 독립적인 인격체다. 그의 생각과 감정을 존중하라. 자식은 네 재산이 아니다. 함부로 대해서는 안 되는 사랑 받을 자격이 있는 존재다. 자식에게 네 희망을 얹지 마라. 아이는 네 삶에 큰 선물이다.

아버지는 "네 자식에게 아버지인 너는 가장 중요한 멘토이자 롤모델이다. 부모의 언행이 자식의 인격 형성에 절대적이다"라며 '하지 말아야 할 것'들을 일러줬다. 자존감을 손상하는 폭언을 절대 하지 마라. 잘못을 지적할 때도 비난하지 마라. 자신감을 떨어뜨린다. 다른 집 아이와 비교해 열등감을 심어주어서도 안 된다. 자식을 무시하면 상처를 준다. 자식과 한 약속은 반드시 지켜서 신뢰를 보여주어라.

눈발이 굵어지자 방으로 들어와서 아버지가 말을 이으며 꺼낸 고사성어가 '영설독서(映雪讀書)'다. 눈의 빛에 비쳐서 글을 읽는다는 말이다. 어려운 환경에서 공부에 힘쓰는 모습을 뜻한다. 중국 당나라 이한(李瀚)이 어린이 학습서로 엮은 '몽구(蒙求)'에 나온다. 진(晉)나라 때 손강(孫康)은 영민하고 공부를 좋아했지만, 집안 형편이 어려워 등불을 밝힐 기름을 사지 못했다. 손강은 쌓인 눈에서 발하는 빛으로 면학에 열중해 어사대부(감찰원장)에까지 벼슬이 올랐다.

아버지는 "고사가 놓친 부분이 있다. 눈빛(雪光)으로 책을 읽은 그의 아이디어에만 초점이 맞춰졌다. 중요한 건 손강의 책을 읽으려는 의지다. 그에게 그런 의지가 없었으면 눈 빛에 책을 읽는 아이디어는 나오지 않았을 것이다"라며 의지에 주목하라고 했다. 이어 "어린아이도 의지가 있다. 의지는 어떤 행동을 하기로 결심하고 실천하는 힘이다. 서투르지만, 어린이도 자신의 생각과 감정에 따라 행동을 선택한다"고 강조하며 "손강이 그런 행동을 하기로 결심하게 된 이유가 궁금하다. 아마 목표를 정했을 것이다. 목표를 정하면 의지가 강해진다. 강한 의지는 자신의 행동에 스스로 동기를 부여한다"라고 손강의 행동을 분석했다.

아버지는 "시킨다고 공부하지 않는다. 강제하는 힘이 떨어지면

이내 잊고 만다. 그러나 스스로 책을 읽겠다는 의지가 생기면 그 의지가 힘이 되어 끝까지 공부하게 되는 거다"라며 의지는 삶을 주도적으로 이끄는 데 필요한 힘을 낸다고 했다. 아버지는 이어 "아이는 스스로 자란다. 부모의 역할은 아이를 꾸준하게 관찰해 의지가 싹트는 환경을 만들고, 의지를 잘 가꿔 잠재력을 발휘할 수 있게 하고, 굳세게 밀고 나가게 돕는 거다. 결국, 아이가 하고 싶어 하는 일이다. 뭐가 되는 게 중요한 게 아니다. 작은 일이라도 자기 의지를 다지고 한 일이라야 의미 있다"라고 결론지으며 "엄마가 대신 그려준 그림으로 미술대회 1등상을 받은 게 무슨 의미가 있느냐"고 반문했다.

아버지는 "인간의 삶은 언제나 목적 실현의 과정이다. 이런 활동의 근거가 의지다. 의지는 가치관, 신념, 경험, 목표 등 다양한 요인에 영향을 받는다. 의지를 키우기 위해서는 자식에게 여러 기회와 환경을 만들어 주고 자식이 만든 목표를 달성할 수 있도록 도와주어야 한다"고 했다. 아버지는 자식 훈육은 '이끄는 게 아니라 밀어주는 것'이라는 점을 두세 번 분명하게 강조했다. 손주가 말귀를 알아들을 때쯤이면 반드시 키워줘야 할 덕목이 의지력이다. 의지를 품은 아이는 스스로 자라기 때문이다.

집중력이 차이를 만든다

삼월부지육미(三月不知肉味)

아버지가 직장으로 전화해 대뜸 "장구 하나 사 와라"라고 했다. 흔치 않은 일이었다. 서둘러 퇴근해 종로3가 악기점을 들렀다. 사정을 얘기했더니 두서너 개를 골라줬다. 그중 장인의 작품이라며 북을 같이 사라고 해 할인된 가격으로 샀다. 장구를 받아든 아버지가 한참을 둘러 보다 흡족한 표정을 지었다. 조율을 마친 아버지가 바로 부른 노래가 '사발가'다. "석탄 백탄 타는데, 연기만 펄펄 나고요./ 요내 가슴 타는데 연기도 김도 없구나./ (후렴)에 에헤 에헤야 어여라난다 디여라 허송세월을 말아라." 아버지가 소리 높여 부르는 노래도 놀라웠지만, 장구로 굿거리장단을 맞추는 모습에 말문이 막혔다.

사발가(沙鉢歌)는 1910년 국권침탈 무렵 민족이 지닌 울분을 토로한 경기민요다. 본래의 사설에는 '사발'이란 말이 없고, 후에 생겨난 사설에 사발이란 노랫말이 들어있는 것으로 보아, 이에 기인하여 '사발가'라 지칭된 듯하다고 사전은 설명하고 있다. 아버지는 다섯 자락을 장구로 장단을 맞춰가며 연달아 불렀다. 잠깐씩 눈을 감고 들으면 내 아버지가 부르는 노래가 아닐 만큼 절창이었다. 흥이 난 아버지는 '목포의 눈물', '용두산 엘레지', '모정' 등 트로트를 몇 곡 더 불렀다. 북을 잡은 아버지는 내가 처음 들어보는 사설시조(辭說時調)를 마지막으로 뽑은 뒤 북채를 내려놓았다.

음악을 모르는 내가 들어도 잘하는 이유는 군 병원에서 재활훈련 중에 아버지 표현대로는 당대 최고 명창에게 피나는 노력으로 전수한 때문이라고 했다. "다리를 잃고 마음 둘 데가 없어 밥 먹을 때 빼고는 잠 안 자고 노래를 배웠다"고 회고했다. 때로 손장단을 맞춰가며 노래를 부르긴 했지만, 그날 장구와 북을 치며 공연하듯 노래하는 모습은 전혀 딴 사람 같았다. 그도 그럴 것이 이미 아버지는 "몇 군데 노래자랑대회에서 최우수상을 휩쓸었다"라고 술회했다. 어렴풋이 기억을 되살려보니 아버지가 그동안 노래를 부르지 않은 것은 제대한 뒤 요정에서 기생들과 어울리는 모습을 본 어머니와 부부싸움을 크게 한 뒤부터였다.

아버지는 "인간의 능력은 대체로 비슷하다. 성패는 누가 더 그 일에 집중하느냐에 달려있다. 집중력이 차이를 만든다"고 했다. 이어 "집중력을 방해하는 요소 중 가장 큰 것은 목표에 대한 중압감에서 오는 스트레스다. 그 스트레스를 이겨내는 데 몸이 불편한 내게는 음악만한 것이 없었다"라고 했다. "음악이 최고의 치료제다"라며 일러준 고사성어가 '삼월부지육미(三月不知肉味)'다.

삼월부지육미는 논어 술이편(述而篇)에 나오는 유명한 문구다. 원문은 "공자가 제나라에서 순임금의 음악인 소(韶)를 듣고 석 달 동안 고기 맛을 잊고 다음과 같이 말했다. '음악을 하는 것이 이런 경지에 이

를 줄은 생각하지 못했다'(子在齊聞韶, 三月不知肉味, 日 '不圖爲樂之至
於斯也')." 공자가 음악에 얼마나 열광했는지를 보여주는 대표적인 일
화다. 제나라를 방문했던 공자는 그곳의 아름다운 음악인 소에 감탄
한 나머지 3개월 동안 음식을 맛보지 못했다는 것이다. 음악이 가진 강
력한 감동력과 영향력을 보여주는 동시에, 공자의 깊은 예술적 감성을
드러내는 말이다. 아버지는 "어떤 일에 너무 집중하다 보면 다른 것을
잊어버릴 수 있다. 공자도 당시 스트레스를 무척 많이 받았을 텐데 그
걸 음악으로 치유했을 거다"라고 유추했다.

아버지는 당시 지리한 행정소송에 해를 넘기며 매달렸다. 지금 생
각해보니 스트레스가 심했을 일이 짐작만 해도 크다. 결국, 아버지는
승소해 지금의 '국가유공자 예우에 관한 법률'의 탄생을 끌어냈다. 훗
날 재판에서 이겨 한껏 고조된 아버지는 나를 불러 "네가 사다 준 장구
와 북 덕분이다"라며 저녁을 거르며 노래를 불렀다. 전에 듣지 못했던
흥취가 담긴 노래였다. "노래가 마음 치료제라고 불리는 이유는 감정
표현과 공감, 스트레스 해소, 기분 전환, 자존감 향상, 인지 기능 향상
등 다양한 측면에서 찾아볼 수 있다. 노래는 정신 건강과 삶의 질 향상
에 중요한 역할을 하는 강력한 도구다"라고 했다.

집중력은 공부는 물론 업무나 일상생활에서 중요하게 역할 하는
능력이다. 하지만 현대 사회는 스마트폰, SNS, 인터넷 등 다양한 자극
으로 인해 집중력을 유지하기 쉽지 않다. 집중력은 꾸준한 노력과 훈
련을 통해 향상된다. 손주들에게도 서둘러 일깨워줘야 할 소중한 품성
이다.

집중하면 이룰 수 있다
수적천석(水滴穿石)

아버지가 두 동강 난 지팡이를 든 채 택시를 타고 집에 왔다. 변호사 사무실에 들른다고 외출했던 아버지는 화가 많이 난 채 귀가해 방문을 굳게 잠갔다. 이튿날 휴일 새벽에 어머니가 깨워 일어나자 아버지가 같이 가자고 했다. 차에 탄 아버지가 수주면(강원도 영월군 수주면, 지금은 무릉도원 면으로 바뀌었다)으로 가자고 했다. 구룡산 쪽으로 길을 들어서라고 할 때에서야 십수 년 전에 아버지가 경영하던 채석 회사 현장임을 알았다. 험준한 임도(林道)를 한참 따라 오르자 차를 세우라고 했다. 차에서 내린 아버지가 멀리 큰 바위 옆을 가리키며 장비를 챙겨 올라가라 했다.

아버지 말이 들릴 만큼 떨어진 산길을 힘겹게 올라 바위에 다다르자 "벼락 맞은 감태나무가 보이냐?"고 물었다. 줄기에 검은 때가 끼었다고 해 그 이름을 얻었다는 감태나무는 나무가 단단해 도리깨로 쓰였다. 아버지가 지적한 감태나무는 쉽게 찾았다. 벼락을 맞으면 목숨을 연장해준다는 뜻의 연수목(延壽木)이다. 벼락 맞아 나무가 터진 부위가 용의 눈과 비슷하다고 해 용안목(龍眼木)이란 별명이 붙어 매우 길하게 여기는 나무라는 설명은 아버지가 돌아오는 길에 알려줬다. 아버지는 그 나무를 뿌리째 캐내라고 했다. 오래전에 봐둔 나무였다. 내가 한참 만에 캐온 감태나무를 꼼꼼하게 살핀 아버지는 절벽 아래로 가 물에 깨끗하게 씻었다.

어머니가 싸준 김밥 도시락을 먹을 때 아버지가 불쑥 "밖에 나와 먹는 밥이 왜 맛있는지 아느냐?"고 물었다. 아버지는 내 대답을 기다리지 않고 바로 "네 어머니 정성도 있을 테고, 자연과 벗하니 분위기도 색다르고 상쾌한 것도 있어서일 게다. 밖에서는 음식 맛과 냄새가 잘 전달되기도 하지만 네 일상과 떨어져 오직 먹는 데만 집중하기 때문이다"라고 분석했다. 아버지는 물 떨어지는 작은 폭포 아래 바위가 움푹 팬 곳을 가리키며 "작은 물방울이라도 끊임없이 떨어지면 결국엔 돌에 구멍을 뚫는다. 집중력 때문이다"라고 설명했다.

폭포를 보며 아버지는 '수적천석(水滴穿石)'이란 고사성어로 설명했다. 적은 노력이라도 끊임없이 하면 큰일을 이룰 수 있다는 말이다. 송나라 나대경(羅大經)의 학림옥로(鶴林玉露)에 나온다. 북송 때 장괴애(張乖崖)가 현령으로 있었을 때다. 그가 관아를 순찰할 때 관원이 급히 창고에서 뛰어나오자 조사하니 상투에서 엽전 한 닢이 나왔다. 창고에서 훔친 것이었다. 장괴애가 판결문에 적은 말이다. "하루에 1전이면 천일엔 천 전이요, 먹줄에 쓸려 나무가 잘리고 물방울이 돌에 떨어져 구멍이 뚫린다(繩鋸木斷 水滴穿石)." 관원이 엽전 한 닢 훔친 게 그렇게 잘못된 일이냐고 항변하자 장괴애는 그를 베어버렸다. 아버지는 폭포 물길이 흔들려 집중력을 잃으면 당연히 돌을 뚫지 못했을 거라고 부연했다. "오직 한 데로만 물길을 내보내려는 집중력의 소산이다. 물의 의지와 인내심, 한결같은 지구력으로 돌이 뚫린 거다"라고 경위를 설명했다.

지팡이를 만드는 과정도 물이 바위를 뚫을 만큼이나 집중력이 요구되는 지루한 작업이었다. 몇 날을 물에 담갔다가 빼내 음지에서 또 몇 날을 말리고 그걸 다시 반복한 아버지는 두 달이나 지나서 뒤틀린 나무를 바로잡는 일을 또 몇 날이나 했다. 껍질을 벗긴 뒤 진흙을 발라 불에 그을리는 작업을 끝내고서야 주머니칼을 바꿔가며 깎아냈다. 방에서 한 발짝도 나가지 않고 석 달이나 걸려서야 아버지는 지팡이를 완성했다. "사람의 능력은 대부분 비슷하다. 세상의 모든 일은 집중하면 이룰 수 있다. 생활의 장(場)과 연결을 끊고 얼마나 집중하느냐가 일의 성패를 가른다"라면서 아버지는 "집중력은 버려야만 얻는다"라고 강조했다. 아버지는 그러나 인간은 생활의 장과 연결을 끊으면 당장의 불편을 못 견뎌내 한다면서 결코, 쉽게 얻을 수 없는 인성이고 힘주어 가르치지 않으면 안 될 소중한 습성이라는 점을 몇 번이나 말씀했다.

아버지가 돌아가신 뒤 화장장 직원이 지팡이는 어떻게 할 거냐고 물었다. 나는 평생 써오신 거니 의족(義足)과 함께 태우라고 했다. 유골함을 돌려받을 때 직원이 타다남은 작은 단도(短刀)를 건네줬다. 지팡이에 숨긴 아버지의 호신 장구여서 유골함에 넣어 묻었다.

초심을 잊지 마라
음수사원(飮水思源)

국을 마실 때 아버지는 국그릇을 양손에 받쳐 들었다. 비운 밥그릇에 물을 부어 마실 때도 꼭 두 손으로 받쳐 들고 마셨다. 결혼해서 부모님과 같이 살 때다. 며느리가 시집올 때 예물로 해온 백자 반상기(飯床器) 그릇을 쓸 때만 그랬다. 다른 그릇으로 마실 때는 한 손만 썼다. 겸상할 때만 그러나 했더니 독상을 받을 때도 그렇게 했다. 궁금해서 여쭸다. 아버지는 "봤구나! 일부러 그렇게 한다. 작가가 도자기를 빚을 때 손길처럼 그릇을 감싸 안아 마시면 그 마음을 느낄 수가 있어서다. 또 요즘 흔치 않은 투박한 백자 밥그릇을 선물한 며느리의 초심도 읽을 수 있어서다"라고 설명했다.

아버지는 "예물은 시댁에 대한 예의와 감사의 마음을 표현한 거다. 도자기는 흡수성이 낮아 음식물이 잘 묻지 않고, 내구성이 강해 오래도록 쓸 수 있어 마음에 든다. 조선의 백자를 재현하는 집이 흔치 않은데 용케 구한 며느리의 그 마음 또한 이쁘다. 더욱이 예부터 반상기는 시부모의 식사를 책임지겠다는 뜻을 나타내며 공경하고 효도하는 마음을 표현한다 잖느냐. 매끼 밥을 먹듯 며늘아기의 초심을 그릇에 담아주어 가득한 그 효심을 느낀다"라고 의미를 부여하며 좋아했다.

자리를 옮긴 아버지는 대뜸 "원인 없는 결과 없고 근원 없는 현상 없다"라는 말을 꺼냈다. 이어 "성급한 사람들은 흔히 결과와 현상만 보고 방안을 찾고 문제를 풀 궁리만 한다. 그렇게 해서는 해결책이 나오지 않는다"며 일을 해결하려면 근원에 집중하라고 강조했다. 아버지는 근원의 원(源)자는 '물 수(氵)' 자와 '근원 원(原)'자가 결합한 글자다. 원(原)자는 언덕(厂)과 샘(泉)을 함께 그린 것으로 바위틈 사이에서 물이 쏟아져 나오는 모습을 표현한 것이라고 설명하며 어김없이 그날도 고사성어를 써 마무리했다.

말씀한 성어가 '음수사원(飮水思源)'이다. 중국 위진남북조 시대, 양(梁)나라 유신(庾信)이 위기에 처한 나라를 구하기 위해 서위(西魏)에 사신으로 파견 간다. 도중에 그 서위가 그의 나라를 기습 공격해 양나라가 멸망하고 만다. 유신은 나라가 망하자 돌아가려 했지만, 그의 재능을 알아본 서위의 황제가 만류해 30년간이나 장안에 반강제로 억류되어 귀국하지 못했다. 황제의 배려로 어렵지 않게는 생활했으나 멸망한 나라의 신하로서 마음이 편치 않았던 그가 남긴 유명한 시가 징조곡(徵調曲)이다. 그 시에 나오는 구절이다. "그 열매를 따는 사람은 그 근본인 나무를 생각할 줄 알아야 하고, 그 물을 마시려는 사람은 그 물이 흘러온 근원을 잊지 말아야 한다(落其實者 思其樹飮其流者 懷其源)." 줄여서 낙실사수 음수사원(落實思樹 飮水思源)이라 한다. 조국은 멸망해 없어졌는데 타국의 수도에 억류되어 하루하루를 보내는 신하가 자신의 신세를 탓하며 이렇게 읊었다.

아버지는 "이 말에서 '무릇 물을 마실 때는 그 물이 오는 근원을 생각하고 그 우물을 판 사람의 뜻을 생각하며 마셔라(飮水思源 掘井之人)'라는 말이 나왔다. 후세 선인들이 저 성어의 고마움을 강조해 덧붙인 것으로 보인다"고 평가하며 "저 성어에서는 고마움보다 지금은 몸이 편하더라도 자신을 파견한 조국을 잊지 않으려는 각오를 읽어야 한다"고 해석했다. 이 말은 많은 지도자들이 즐겨 인용했다. 백범(白凡) 김구(金九)의 좌우명이었고, 박정희(朴正熙) 대통령이 발전시킨 정수장학회의 청오회에 내린 휘호이기도 하다.

"초심을 잊지 마라. 열정과 도전 정신을 유지하기 위해서, 본질을 잊지 않기 위해서, 진정성을 유지하기 위해서 초심을 잃어서는 안 된다"고 두세 번 강조하며 "초심은 첫 생각이다. 그래서 순수하다. 다른 사람의 생각이나 영향에 의해 오염되지 않았기 때문이고, 아직 자

신의 경험이나 지식, 편견이나 선입견으로 왜곡되지 않았기 때문이다"
라고 단언했다. "초심은 밥 먹을 때나 물 마실 때처럼 한시도 잊어서는
안 된다. 그걸 잊지 않으려고 상징물을 두는 건 현명하다"라는 말도 덧
붙였다.

아버지는 "근원은 현상을 일으키는 근본적인 요인이다. 어떤 현
상이 나타나기 위해서는 반드시 그에 상응하는 근원이 존재해야 한다.
원인과 근원을 파악하면 세상을 더 잘 이해할 수 있다. 원인과 근원을
간직한 마음이 초심이다"라고 재차 강조했다. 이어 "혹시 잘못된 길을
가고 있다면, 왔던 길을 돌아가 다시 시작하는 것이 좋다. 왔던 길을
돌아가기는 쉽지 않지만, 잘못 들어선 길 끝에서 후회하는 것보다는
낫다"라며 말을 맺었다. 왔던 길을 돌아가면 새로운 기회를 얻고, 더
나은 삶을 살 수 있는 길을 찾을 수 있지만, 용기를 내기가 쉽지 않다.
왔던 길을 돌아가지 않게 하기 위해서라도 손주에게 꼭 물려줘 유념시
켜야 할 심성이다.

5

사람은 사귀는 것이 아니라 얻는 것이다

권태는 기회다

낙선불권(樂善不倦)

상사가 서울 출장을 간다고 할 때 집에 일이 있다고 얘기해 외박증을 받아 같이 부대를 빠져나왔다. 제대를 몇 달 남겨둔 말년 병장 때다. 시내서 여럿을 만나다 집에는 늦게 들어왔다. 밖에서 한참은 기다렸을 어머니가 "아이고. 왜 인제 오냐? 과장님이라는 소령님이 전화하셨다. 일이 늦어져 내일까지 계셔야 한다며 너는 먼저 귀대하라고 하시더라"라고 했다. 나는 대뜸 "그 사람 참 저번에도 그러더니만. 서울만 나오면 일을 일부러 만드네"라고 혼잣말을 했다. 방문이 열리며 안에서 바깥 얘기를 다 들은 아버지가 "뭔 소리를 하는 거냐"며 냅다 소리 질렀다.

아버지는 "부대에서도 윗사람을 그렇게 부르냐? 상사는 상사다. 가까운 사람과 있을 때 네 말이 새나간다. 안에서 새는 바가지는 밖에서도 샌다. 습관이 무섭다. 상사를 존경까지 하지는 않더라도 사석에서도 반드시 경어를 써야 한다. 경어를 쓰지 않는다고 해서 네가 대단하다고 아무도 여기지 않는다. 높임말을 썼다고 네 인격이 깎이는 것 또한 아니다"라며 책망했다. 이어 "불과 두서너 달 전에 새로 부임한 과장님이 그렇게 훌륭한 분이시다며 네 입으로 얘기했는데, 네 인물

평가가 채 일 년도 못 간다는 말이냐? 그분이 그 자리까지 승진한 데는 그만한 이유가 분명 있을 것이다. 그걸 발견 못 한 너는 대체 나이 먹어도 어찌 그리도 경박하냐?"라고 나무랐다.

아버지는 이내 태도를 바꿔 "그동안 잘 참고 견뎌냈다"라고 운을 뗀 뒤 "제대를 앞둔 지금이 권태기"라고 진단했다. 일반적으로 권태는 반복적이고 변화가 없는 상황에서 느낀다. 일상적인 활동이나 업무가 반복되면 자극이 부족해져 동기 부여가 떨어지고 권태를 느낀다. 아버지는 "권태는 마치 계절이 바뀌듯 누구에게나 찾아올 수 있는 자연스러운 감정이다. 권태는 나쁘다고 할 수만은 없다. 권태는 단순히 지루함이나 무기력함을 느끼는 상태다. 권태가 오면 나를 추스를 때다. 자기성찰하라는 신호다. 이때야말로 현재의 삶에 대한 재평가나 변화를 모색하는 계기가 될 수 있다. 권태는 기회다"라고 길게 설명했다.

권태(倦怠)를 "'게으를 권'과 '게으를 태'자를 써 어떤 일이나 상태에 시들해져서 생기는 게으름이나 싫증"이라고 정의한 아버지는 파자해가며 설명을 덧붙였다. '권(卷)'자는 '병부 절(卩)'자와 '분별할 변(釆)'자, '받들 공(廾)'자가 결합해 '책'이나 '두루마리', '(돌돌)말다'라는 뜻을 가진 글자다. 죽간(竹簡)을 손으로 마는 모습을 표현해 본래 의미는 '말다'였다. 그러나 후에 말아놓은 죽간 자체를 뜻하게 되면서 '책'이라는 뜻으로 쓰이게 되었다. 지금은 여기에 '손 수(扌)'자를 더한 '말 권(捲)'자가 '말다'라는 뜻을 대신하고 있다. '태(怠)'자는 수저를 입에 가져다 대는 모습을 그린 '별 태(台)'자와 '마음 심(心)'자가 결합했다.

아버지는 '나태는 천성이고 권태는 인성이다'라고 구분했다. "사람이 다른 사람에게 싫증을 느끼는 이유는 복잡하고 개인마다 다양하다. 이런 감정은 인간관계의 특성, 개인의 심리 상태, 그리고 관계 속에서 경험하는 상황에 따라 다르게 나타난다. 네 상사인 그분의 행동이 예측할 수 있고, 반복되어 자극을 주지 못한 데 있다"고 원인을 분석했다. 아버지는 "기대했던 새로 온 상사가 더는 자극을 주지 못하는 상태에서 온 단순한 싫증"이라며 많은 사람들은 권태를 느끼고 거기서 그친다. 그러나 "그의 숨은 실력을 찾으려는 노력, 즉 사람 공부를 해야 한다"고 권태를 뛰어넘을 것을 주문했다.

그 방법으로 제시한 고사성어가 '낙선불권(樂善不倦)'이다. '좋은 일을 즐겨 하며 싫증 내지 않는다'는 말이다. '어진 성품'을 비유한 이 말은 맹자(孟子)의 '고자(告子)' 편에 나온다. "하늘에서 내려주신 벼슬인 '천작(天爵)'과 사람이 수여한 벼슬인 '인작(人爵)'이라는 것이 있다. 어짊, 의로움, 충성, 신의 등 좋은 일을 즐겨 하며 싫증 내지 않는 것, 이것이 바로 천작이다(仁義忠信 樂善不倦 此天爵也). '공경대부(公卿大夫)' 같은 벼슬, 이것이 바로 인작이다. 옛날에는 사람들이 천작을 수양하면 인작이 자연스럽게 따라왔다. 요즘은 사람들이 천작을 수양해 인작을 얻으려 하고, 인작을 얻게 되면 천작을 버리니 너무나 어리석도다. 천작을 버리면 결국 인작마저도 잃게 된다."

"권태는 단조로움에서 오는 염증이다"라고 한 아버지는 사람 공부에 진력한 선인들을 소개했다. 그런 사람 공부 끝에 중국 삼국시대 순욱(荀彧)이 찾은 인재는 580명, 제갈량(諸葛亮)은 480명, 노숙(魯肅)은 450명이다. 모두 권태로워하지 않은 분들이다. "남을 다른 이에게 추천할 때 학연, 혈연, 지연, 직연은 필요 없다. 오직 실력이다. 적을 만났을 때 적이 그걸 어찌 알겠느냐? 이겨야 하는 싸움판에서는 생김새, 말소리, 힘, 무기, 실력 따위가 중요하다. 겉으로 드러난 정보만으로는 그 사람의 진면목을 알기 어렵다. 권태를 넘어 사람 공부가 필요한 이유다. 남에게 그가 나보다 낫다고 추천하는 일은 결코 쉽지 않다. 그러나 나는 그보다 더 나은 보람을 찾지 못했다. 그게 최고의 낙선이다"라고 강조했다.

그렇게 가지고 싶어서 하던 장난감을 사주자 오래지 않아 싫증을 느끼는 손주들을 볼 때 문득 아버지가 강조한 권태가 떠오른다. 무슨 말인지도 모르는 손주지만, 저 때부터 일찍 가르쳐주어야 할 소중한 인성이다.

모임을 네 것으로 만들지 말라

주이불비(周而不比)

"너희들이랑 안 놀아"라고 소리치며 대문을 세게 닫고 집에 들어왔다. 초등학교 다닐 때다. 마루에 올라서는 나를 아버지가 더 큰소리로 불러세우며 "공은 왜 들고 오느냐. 애들한테 당장 갖다 주라"고 야단쳤다. 대문 밖에서 기다리는 두 친구에게 공을 건네주고 바로 들어왔다. 아버지가 공을 가지고 온 이유를 물었다. 공은 아버지가 서울에 다녀오며 사다 준 거였다. 찰 고무로 만든 주머니에 공기를 넣어 부풀린 공은 모두 처음이었다. 그때까지 우리는 천이나 짚 뭉치로 만든 공을 찼다. 가끔은 돼지 오줌보에다 바람을 넣은 공을 발로 차면서 놀기도 했다. 아버지가 사다 준 찰 고무공은 획기적이어서 친구들이 매일 집으로 찾아왔다.

아버지는 "친구들과 사이좋게 놀라고 준 공을 네가 왜 도로 가져왔느냐?"고 물었다. 나는 "제 것이니까요"라고 대답했다. 이어 "제 공인데 저한테 패스하지 않고 잘 차는 지네들끼리만 공을 가지고 놀길래 가지고 왔어요"라고 설명했다. 담배를 피워 뜸 들인 아버지가 "친구들 모임에 줬으면 그 공은 더는 네 공이 아니다. 그 모임의 공이다. 네가 친구 모임에 준 공을 아직 네 공으로 여기는 건 잘못이다. 공을 가져와서는 안 된다. 네가 공을 가지고 나가야 모이고, 네가 공을 가지고 들어오면 흩어지는 모임이면 그건 네 모임이지 그들의 모임이 아니다. 모임을 네 것으로 만들어서는 안 된다"라고 했다.

며칠 지나 공놀이하는 모습을 지켜본 아버지가 집으로 불러 다시 나무랐다. 공놀이하며 두 친구하고만 공을 주고받는 것을 특히 지적했다. "저 공은 언젠가는 닳아 없어질 거다. 앞으로 네가 공을 다시 갖다 주지 않으면 어찌 되겠느냐?"고 물은 아버지는 "여럿이 모인 데서 두 친구하고만 가까이 지내는 건 위험하다. 공 없이도 그렇게 가깝게 지낼 수 있는지를 생각해봐라. 모임 안에 다른 모임을 만드는 일은 잘못하는 일이다. 정 네 얘기를 잘 들어줄 친구를 구하려면 커서 그런 네 회사를 만들라"라고 했다.

말끝에 아버지는 그날도 고사성어를 인용했다. 아이라고 사정을 두지 않았다. 지금도 토씨까지 기억하는 이유는 훗날에도 자주 말씀하신 때문이다. 아버지는 '주이불비(周而不比)'를 들었다. 주이불비는 "군자는 친밀하게 지내되 사리사욕을 위하여 결탁하지 않고 소인은 사리사욕을 위하여 결탁하되 인간적으로 친밀하지는 않다(君子周而不比 小人比而不周)"라는 공자 말씀에서 비롯했다. 논어(論語) 위정편(爲政篇)에 나온다. "여기서 '두루 주(周)'는 본디 논에 벼가 심긴 모습의 상형문자다. '친밀하다'는 뜻이고 보편(普遍), 즉 누구에게나 공통으로 적용된다는 말이다. '견줄 비(比)'는 두 사람이 같은 방향을 향해 서 있는 모습을 형상화한 글자다. '비교한다'라는 뜻이다. 곧 편당(偏黨)을 뜻한다"라고 아버지는 구분 지어 설명했다. 모두 사람과 가까이 지낸다는 뜻이나 주(周)는 공(公)이고 비(比)는 '결탁하다'란 뜻을 지닌 사(私)라는 의미이다. 훗날에 자세하게 알게 되긴 했지만, 아버지가 두 친구하고만 공놀이를 하는 것을 경계한 이유를 충분히 가늠할 수 있는 말이다.

아버지는 언제나 "사람은 사람과 어울려 산다. 나를 먼저 생각하느냐 우리를 먼저 생각하느냐가 기준이다. 공자는 그 기준을 주이불비로 세웠다"고 평가했다. 특히 "사람이 만나다 보면 자연히 마음과 뜻이 맞는 사람들끼리 모이기 마련이고, 그런 사람에게 더 믿음이 가기 마련이다. 그러나 사심을 가지고 편을 가르지 말아야 한다. 너를 빼고 공을 잘 차는 자기들끼리 공을 주고받는 것에 너도 화내지 않았느냐? 다른 친구들도 마찬가지다"라고 몇 번이나 일깨워 줬다.

"사람들과 사이좋게 지내는 것도 능력이고 그게 사회성이다"라고 아버지는 가르쳤다. 사회성은 공감력에서 나온다. 상대의 감정을 이해하고 그에게 더 다가서는 방법이 공감력을 키우는 거의 유일한 방법이다. 어릴 때부터 손주들에게도 꼭 갖추게 해야 할 무엇보다 소중한 인성이다.

물은 절대로 앞서가지 않는다
수유사덕(水有四德)

어릴 때 싸움은 코피가 나면 끝난다. 초등학교 고학년 때다. 그날도 그랬다. 나보다 한 뼘이나 키가 더 큰 동급생에게 얼굴을 한 대 맞자마자 바로 코피가 터졌다. 집에 오자 아버지가 이유를 물었다. 나이는 한 살 위지만 한 해 꿇어 같이 다니는 동급생이 형이라고 안 한다며 때렸다고 했다. 아버지는 더 말씀하지는 않았다.

세 아들을 두신 할아버지는 돌림자를 빼고 가운데 글자를 큰아들은 '헤엄칠 영(泳)'을, 둘째인 내 아버지는 '근원 원(源)'을, 막내에겐 '물 솟아 흐를 규(湀)'자를 각각 넣어 이름을 지었다. 아버지는 가장 좋아하는 글자가 '물 수(水)'자인 할아버지가 자식의 이름에 모두 물이 들어가는 글자를 넣었다고 작명을 설명했다.

집 대문의 문패가 '원행(源行)'과 '중행(仲行)' 두 개가 걸려있었으나, 중학교 입학하고 호적등본을 뗄 때 학교에 낼 때 아버지 이름이 바뀐 걸 제대로 알았다. 1957년. 할아버지가 47세에 돌아가신 그해 분가한 아버지는 아명(兒名)인 '근원 원(源)'을 버리고 '버금 중(仲)'자로 바꿔 개명했다. 호적등본은 그날 분가와 혼인신고, 첫째인 나와 56년생인

동생의 출생신고를 한꺼번에 했다고 나온다.

내 고조와 증조부는 97세, 80세로 장수했다. 두 분은 마흔 살이 넘어 자식을 얻었다. 할아버지는 큰아들을 18살에 얻었다. 아버지가 할아버지의 자식 이름 작명을 이렇게 풀이했다. "아마 너희 할아버지는 많이 어려워하신 거 같다. 그래서 큰아들 이름에 '네 마음대로 세상을 헤엄쳐 살아라'란 뜻을 담은 거 같다. 두뇌가 비상하고 탐구심 강한 막내는 샘솟는 물처럼 지혜롭게 살라는 뜻을 이름에 실어주신 거 같다." 아버지는 당신의 이름에 대해서는 석연찮아서 했고 형님이 계시는데 '근원 원'자를 쓰는 데 부담을 느꼈다며 개명 이유를 설명했다. 개명을 한 계기가 있었냐고 묻고 싶지만 돌아가셔 이제는 곁에 안 계신다.

아버지는 그날 '맏형(兄)' 자를 먹을 갈아 붓으로 쓰고 '입 구(口)' 아래 '어진 사람 인(儿)'을 쓴 글자라고 파자(破字)해 설명했다. "아우를 지도한다는 데서 형의 뜻으로 삼은 거다. 몸은 형과 아우 둘이지만 일기(一氣)다. 생각은 뛰어넘어도 되지만 일에는 순서가 있고 행동에는 차례가 있다. 내 차례와 내 순서가 소중하면 다른 사람의 차례와 순서도 소중하다. 봄이 오고 난 뒤에야 여름이 온다. 물은 절대로 앞서가지 않는다."

그날 잊지 말라며 덧붙인 고사성어가 '수유사덕(水有四德)'이다. 제자백가 사상가인 시자(尸子) 군치편(君治篇)에 나온다. "이 땅의 모든 자연물을 깨끗하게 씻어주고 만물을 통하여 흐르게 하니(沐浴群生 通流

萬物) 인(仁)이고, 맑은 것을 추구하고 탁한 것을 꺼리며 찌꺼기와 더러운 것을 쓸어버리니(揚淸激濁 蕩去滓穢) 의(義)요, 부드러운듯하나 범하기 어렵고 약한 듯하나 강한 것을 이기니(柔而難犯 弱而難勝) 용(勇)이고, 강이나 바다로 흘러 나아감에 나쁜 모든 것을 보듬지만 그 흐름이 겸손하니(惡盈流謙) 지(智)의 덕이다."

개명하며 자식에게 물의 덕성을 새기라던 아버지는 나이 들어서도 형님인 큰아버지와 때로 의견충돌을 일으켰다. 돌이켜보니 당신께서도 그렇게 하기 쉽지 않으셨던 말 같다. 그때마다 '형만 한 아우는 없다'라고도 했지만, 인척 외에 다른 사람들에게는 형이라고 부르는 걸 보지 못했다. 동급생에게 형이라고 부르지 않아 맞고 온 내게 아버지는 "형이면 형답게 굴어야 형 소리를 듣는 거다"라는 말씀을 하고 싶지 않았을까 짐작해본다. 만나면 바로 '형님'하고 부르는 이들을 보면 화친성이 부럽지만, 아직도 낯설어 나는 입에 잘 올려지지 않는다. 그러나 이 또한 공동체 규범을 지켜야 하는 데 반드시 갖출 성품이다.

바래다주려면 집 앞까지 데려다주어라

송인송도가(送人送到家)

물에 빠졌다. 내가 기억나는 거는 다들 뛰어들길래 덩달아 물에 들어간 거하고, 가슴을 세게 압박해 깨어났던 게 전부다. 초등학교 4학년 때다. 집에서 2킬로쯤 떨어진 시냇물을 시멘트 공장이 용수를 얻으려고 보로 막아 큰 물웅덩이가 생겼다. 제법 큰 아이들은 거기서 멱을 감는다고 해 따라갔다가 속절없이 물에 빠졌던 거다. 마침 외진 길을 지나던 어른이 바로 물에 두 번이나 뛰어들어 바닥에 가라앉은 나를 발로 더듬어 찾아내 살렸다. 깨어난 걸 확인한 그 어른은 자전거 뒷짐받이에 나를 엎어 싣고 집에 왔다. 같이 간 애들은 뜀박질해 모두 뒤따랐다.

집에 도착했을 땐 이미 사람들이 우르르 몰려와 있었다. 어른이 나를 내려놓자 아버지는 큰소리로 야단치며 손으로 머리를 때렸고 나는 기절했다. 깨어났을 때 어머니는 들기름을 입에 넣어주던 숟가락을 팽개치고 나를 엎어 등을 세게 두드렸다. 기름과 물을 모래와 함께 계속 쏟아냈다. 내 기억은 단편적이지만, 모두 지켜본 애들 입을 통해 재구성하기는 어렵지 않아 지금도 생생하다. 그날 밤 잠들었을 때 누군가 머리를 만지는 거 같았지만 눈이 떠지지 않았으나 아버지의 역한 담배 냄새가 났던 기억은 지금도 새롭다.

며칠 지나 물에 빠진 나를 구해준 그 어른이 집에 찾아왔다. 괜찮냐고 내게 두 번이나 물어보셨다. 부모님은 생명의 은인이라며 가겠다는 그 어른을 붙잡아 극진하게 대접했다. 그날 밤에 아버지가 말씀 중에 예외 없이 인용한 고사성어가 '송인송도저(送人送到邸)'다. 아버지는 "'남을 바래다주려면 집 앞까지 데려다줘라'라는 말이다. 너를 구해주고 그 후 괜찮은지 일부러 들러 찾아준 아저씨처럼 남을 도와주려면 끝까지 돌봐주어야 한다"고 했다. 그 후에도 저 성어를 여러 차례 말씀하셔서 똑똑히 기억나지만 뚜렷한 고사는 찾지 못했다. 어디서 아셨는지 그때 여쭤보지 못한 게 후회된다. 중국인들은 '송인송도가(送人送到家)'로 속담처럼 쓰는 말이라고 한다. 그렇게 송인송도저는 내게 아버지의 고사성어가 됐다.

집에는 언제나 아버지 손님이 들끓었다. 매일 사람들이 아버지를 찾아왔다. 모두 부탁하러 온 사람들이었다. 다친 애를 치료해달라는 일부터 송사에 이르기까지 부탁은 다양했다. 남의 일인데도 내 일처럼 맡아 해주신 일은 지금 와 생각하면 모두 변호사법 위반인 일이다. 남동생과 함께 쓰는 방에 둘만 잤던 기억이 없을 만큼 자고 가는 사람도 많았다. 남의 일을 봐주는 일이 일상이다 보니 어머니와 다투는 일이 빈번했다. 그때마다 아버지는 "오죽했으면 나를 찾아왔겠느냐. 물에 빠진 사람을 그냥 보고 지나치는 게 아니다"며 그 고사성어를 인용했다. 아버지는 내게 지시하거나 용품을 사준 뒤 반드시 점검했다. 그 후 한참 지나서도 일이 잘돼가는지, 사준 물건은 잘 쓰는지를 꼭 물어봤다. 상을 치른 집이나 다친 이를 치료해준 집에는 한참 지나 반드시 들러보곤 했다.

직장 다닐 때 동생과 함께 아버지를 모시고 호텔에서 저녁을 같이 했다. 화장실에 들어간 아버지가 돌아오지 않아 가보니 손 닦은 수건으로 세면대를 닦고 계셨다. 청소하는 분이 할 일이라고 했지만, 아버지는 "내가 저지른 일은 내가 마무리해야 한다. 하찮은 일처럼 보일지 몰라도 내가 이렇게 조금만 부지런하면 다음에 오는 사람은 깨끗한 세면대에서 손 씻을 수 있을 거 아니냐"고 했다.

남의 일도 내 일처럼 여기는 일은 감정이입에서 온다. 감정이입은 상대의 생각과 감정을 이해하기 위해 노력한다는 것을 뜻한다. 남의 딱한 사정을 보고 동정심을 느끼는 데 그치지 않고, 감정이입은 다른 이의 느낌과 생각을 내 것처럼 받아들여 상대를 배려하는 구체적 행동으로 이끈다. 아버지는 매번 "그런 마음으로 한 내 행동이 내 맘을 편하게 해주고 다른 일에도 영향을 준다"라고 했다. 내가 겪으며 따라 한 일 중에서 지키기 가장 어려운 게 배려심이다. 다른 일도 모두 그렇지만 하고 나면 그만큼 쉬운 일도 없다. 손주에게 꼭 물려주고 싶은 심성이다.

사람은 사귀는 게 아니라 얻는 것이다

구이경지(久而敬之)

아버지와 겸상하고 숟가락을 들 때 집 전화벨이 울렸다. 결혼해 한집에서 살 때다. 거래처 대리 전화였다. 받자마자 그는 내가 퇴근할 때 물어본 일이 잘 진행되었다고 했다. 물어보지도 않았는데 자기 상사에게 설명을 잘해 그 일이 성사된 거라고 공치사했다. 전화를 끊지 않고 이어 상사인 과장이 판단 실수한 때문이라며 요즘 자주 그런 비상식적인 행동을 보인다고 험담했다. 나도 "그렇긴 하더라구요. 내가 그 사람 그렇게 안 봤는데 말입니다. 김 과장 결혼할 때 가서 축의금도 냈는데, 내 결혼식엔 오지도 않고 축의금도 안 보냈습니다"라고 응수했다. 그때 아버지가 숟가락으로 밥상을 내려쳤다. 놀라 전화를 바로 끊었다.

상을 물린 아버지는 옮기기도 어려운 욕을 하며 심하게 나무랐다. 두 가지를 지적했다. 하나는 김 과장한테 할 얘기를 아래 직원에게 하느냐는 것이고, 김 과장이 부조하지 않은 이유가 있을 텐데 그 사정을 들어보지도 않고 섣불리 둘 사이의 일을 발설하느냐는 것이었다. 아버지는 바로 전화해 설명하라고 했지만, 집 번호를 모른다고 하자 내일 출근하자마자 찾아가 상황을 설명하라고 했다. 아버지는 "축의금 안

냈다고 비난하지 마라. 왜 안 냈느냐고 물어보긴 뭣하지만, 그도 그럴 만한 사정이 있을 거다. 네가 100을 줬다고 상대가 반드시 100을 주지 않을 수 있다. 그게 정 서운하면 네가 그의 봉투를 만들어 축의금을 접수하면 될 거 아니냐"라며 옹졸함을 책망했다.

아버지는 "모든 사람이 네 맘과 같지 않다. 더욱이 네가 다른 사람의 행동을 네 기대에 맞춰 정형화하는 건 위험하다. 사람마다 얼굴이 다르듯 생각하고 행동하는 게 다르다. 천 사람이면 천 가지 방식이 있다. 귀찮고 번거로운 일이지만, 꼭 사귀어야 한다면 상대의 방식을 따라라. 네가 원하는 방식으로 상대가 해주기를 기대하는 데서 균열이 생기는 거다. 인간관계가 어려운 이유다"라고 일러줬다.

이튿날 출근길에 거래처에 들러 김 과장을 만났다. 상황 설명을 하자 그는 집안에 일이 생겨 참석하지 못했다며 "축의금은 아래 직원에게 부탁했어요. 지방에서 제가 결혼식 할 때 일부러 시간 내서 와주셨는데 못 가봐 아쉽고 미안합니다"라며 축하 인사를 다시 했다. 그의 말대로 결혼식 방명록에 그의 이름이 있었으나, 축의금 봉투는 없었다. 퇴근 무렵에 확인되었지만, 부탁받은 직원이 방명록에 봉투를 낸 여러 사람의 이름은 남겼으나 유독 김 과장 봉투에는 이름을 적지 않고 접수하는 바람에 벌어진 일이었다.

집에 돌아와 기다리던 아버지께 자세하게 말씀드렸다. 아버지는 "사람은 사귀는 게 아니라 얻는 것이다. 혈연, 지연, 학연이나 직연(職緣) 등의 연처럼 공유하는 가치가 클 때는 사귀기 쉽다. 웬만한 틈은 함께 느끼는 가치가 커서 메워주기 때문이다. 그런 가치가 희미하면 상대의 방식으로 철저하게 마음을 얻어야 한다"고 구분해 가르쳤다. 이어 "마음을 얻는 유일한 방법은 포용심(包容心)이고, 그게 너의 도량(度量)의 크기를 결정한다. 그 크기가 크면 클수록 담을 사람 수도 늘어난다"라고 설명했다.

아버지는 포용을 파자해서 중요한 말이라는 설명을 이어갔다. '포(包)자'는 '싸다'나 '감싸다'라는 뜻을 가진 글자다. '쌀 포(勹)'자와 '뱀 사(巳)'자가 결합했다. 태아의 팔과 다리를 생략하고 자궁과 태아를 함께 그린 것이다. '얼굴'이나 '용모'라는 뜻을 가진 '용(容)'자는 '집 면(宀)'과 '골 곡(谷)'자가 결합해 '보관하다'라는 뜻으로 많은 물건을 담을 수 있듯이 많은 표정을 담을 수 있는 '얼굴'을 뜻한다고 했다.

"만나는 사람을 공경해야 한다. 그들을 빛나게 해야 네 교제가 빛난다"고 강조한 아버지가 든 고사성어가 '구이경지(久而敬之)'다. 논어(論語) 공야장(公冶長)에 나오는 공자 말씀이다. 원문은 "안평중은 남과 더불어 잘 사귄다. 사귄 지 오래되어도 상대방을 여전히 공경하는구나(晏平仲 善與人交 久而敬之)." 안평중은 제(齊)나라의 탁월한 정치가로 영공, 장공, 경공까지 세 왕을 모시며 40년 동안 정치를 주도한 인물이다. 그는 남과 사귀되 아무리 오래돼도 공경하는 태도를 잃지 않았다. 중요한 것은 사람의 마음이 처음과 나중이 변하지 않아야 믿을 수 있는 사람이다. 안영은 사람과 사귐에 자기의 사사로운 이익을 관련짓지 않았다. 언제나 공평한 마음으로 공익만을 생각했다.

마음이 넓은 사람은 타인에게 너그럽고 자신에게는 엄격하다. 다른 사람의 험담은 금물이다. 인간관계의 적응 폭을 넓히자면 자존심을 죽이고 포용심을 늘려 남을 공경하는 달인이 되어야 한다. 처음과 끝이 한결같은 사람이라야 사람을 끌 수 있다. 사람 사는 세상에 올바른 삶을 살자면 반드시 필요한 덕목이다. 손주들에게도 일찍부터 가르쳐야 할 인성이다.

새 물이 연못을 살린다

원두활수(源頭活水)

　　손자가 태어나 집에 오자 아버지는 바빴다. 동쪽으로 머리를 두고
잠자는 동침(東枕)을 고집했다. 아버지는 창과 벽 사이로 스며드는 웃
풍이 심하여지자 머리맡에 둘러칠 머리 병풍(頭屛風)을 만들었다. 흔히
가리개라 부르는 침병(枕屛)은 대개 두 폭이다. 미뤄뒀던 일이라며 방
귀퉁이에 한동안 밀쳐둔 종이상자를 풀었다. 목공소에 진즉에 주문한
홍송(紅松) 병풍 틀을 만드는 나무가 가득 들어있었다. 끌로 파고 사포
로 문질러 결대로 짜 넣는 데만 며칠 걸렸다. 아버지는 "배접(褙接)은
왜놈들 용어"라며 다시 며칠 걸려 두 번에 걸쳐 배첩(褙貼)했다. 밀가
루로 풀을 쑤고 녹말을 완전히 내린 후 말려서 가루로 두었다가 묽게
쑤어 풀을 만들었다. 그렇게 만든 풀로 삼베로 병풍 기둥을 싼 뒤 비단
으로 다시 싸 돌쩌귀로 붙여 연결했다.

　　곁눈으로 지켜만 봐도 정성이 느껴졌다. 며칠 동안 매달리던 아
버지가 불렀다. 종이를 잘라 놓고 기다리던 아버지는 먹을 갈아달라
고 했다. 더는 말하지 않고 한 번에 써 내려간 시가 주희(朱熹)의 '관서
유감(觀書有感)'이다. 주희가 책을 읽다 든 생각을 쓴 시다. "작은 사각
연못에는 큰 거울이 펼쳐지니 하늘빛과 구름 그림자가 그 안에 일렁

인다. 묻노니 이 연못은 어찌 이리도 맑을까. 발원지에서 쉬지 않고 새 물이 흘러들기 때문이지(半畝方塘一鑑開 天光雲影共徘徊 問渠那得淸如 許 爲有源頭活水來)." 시는 두 편이다. 저 시는 첫 편이다. 아버지는 행 서체로 두 연을 한 폭씩 썼다. 그래서 병풍은 모두 네 폭이 됐다.

며칠 뒤 아버지는 작품을 배첩한 뒤 외선을 둘러 병풍을 마무리 했다. 붙인 병풍 제목이 고사성어 '원두활수(源頭活水)'다. 아버지는 "내 좌우명이다"라고 했다. 주자(朱子)의 첫 시 마지막 연에 나오는 글 을 축약한 성어다. 수원지에서 맑은 물이 솟아나는 것처럼 사람도 부 단하게 지식을 쌓아 새롭게 발전해야 하는 것을 비유한 시다. "반 뙈기 작은 연못 깊은 곳에서 살아있는 맑은 물이 끝없이 솟아 나와 결국 가 장 크고 아름다운 것들(하늘빛, 구름 그림자)을 자기 속에 품은 모습이 구도자의 숭고한 경지를 잘 비유했다"라고 극찬한 아버지는 "끊임없이 솟는 샘에서 흘러온 새 물 때문에 연못이 맑게 유지될 수 있는 것처럼 사람도 끊임없이 배움을 통해 자신을 변화·발전시켜야 한다"라고 설 명을 보탰다. 이어 "이 뜻에 감흥을 받은 훗날의 학자들은 자신의 연못 을 네모지게 만들고, 시구는 옆에 두고 자주 읽고, 서예가들은 즐겨 쓰 고 있다"는 말을 덧붙였다.

"연못에 새 물이 들어오면 내 정신도 맑고 참신하고 넉넉해진다" 라고 감상한 아버지는 "너를 낳고 자그마치 38년이나 기다려 얻은 새 물이 우리집에 들어왔다. 새 물이 연못을 살린다. 없던 용기도 북돋아 주니 큰 복이 아닐 수 없다. 손주가 주는 효과를 톡톡히 봤다"라고 손 자가 태어난 기쁨을 표현했다. 이어 아버지는 "네 할아버지는 네 큰

아버지 아들인 손자가 태어났을 때 침병을 만드셨다. 그때 병풍 만드는 심부름을 했던 기억을 더듬어 오늘 침병을 살려냈다"라고 했다. 아버지는 침병을 펼쳤다 접었다 하면서 당신의 아버지가 첫 손주를 얻었을 때 느꼈을 감흥을 읽어내려고 애쓰며 "이제야 내 아버지의 뜻을 이었다"라며 의미를 두었다.

아버지는 "가둬놓은 물은 반드시 썩는다. 그러면 모두 죽는다. 그걸 살려내는 게 새 물이다"라며 연못에 새 물이 들어와야 하는 이유를 설명했다. "옛 어른들도 그 뜻을 새기기 위해 연못을 만들었다. 창덕궁 희정당(熙政堂) 옆 하월지(荷月池)도 그렇고, 강릉에 있는 선교장(船橋莊)의 활래정(活來亭)도 주희의 저 시에서 따와 뜻을 새겨 만든 거다"라고 일러줬다. 이 글을 쓰며 찾아가 보니 건국대 일감호(一鑑湖)는 한강 물이 들어오게 설계돼 있었다. "회사도 마찬가지다. 성장하고 발전하기 위해서는 반드시 새로운 인재가 필요하다"면서 그 이유는 새 물이 지닌 잠재력 때문이라고 했다.

아버지는 그러나 잠재력을 지닌 새 물도 잘 가꾸어야 손주에게 복이 된다며 교육을 강조했다. 이어 "네 고조부가 손자인 네 조부를 가르친 격대교육(隔代教育)은 하지 않겠다"고 선언했다. "늦게 얻은 손주일수록 조부모의 기대감이 아비보다 크다"면서 "세상이 워낙 많이 달라졌다. 자칫 큰 기대감이 큰 갈등을 불러일으킬 수 있다. 큰 기대가 옹졸함을 부르기 때문이다"라고 주의하라며 포용성을 가지기를 당부했다. 그 또한 손주들에게도 물려줘야 할 소중한 인성이다.

세상에 쓸모없는 사람은 없다
해불양수(海不讓水)

설날 아침 큰댁에 차례를 지내러 갔다. 초등학교 4학년 때다. 다리가 불편한 아버지 걸음으로 30분 걸리는 새벽길을 걸었다. 꽁꽁 얼어붙은 저수지를 지날 때다. 멈춰 선 아버지가 지팡이로 가리키며 "숨구멍이 저기 있었구나"라고 했다. 저수지 산 쪽 끝에 얼지 않은 물 위에 오리들이 떠 있는 게 보였다. "저기만 왜 안 얼었는지 아느냐?"고 질문한 아버지는 내가 미처 답하기 전에 이유를 설명해 버렸다. "물이 들어오는 데는 살얼음만 낀다. 영리한 오리들이 저수지가 다 얼어버리지 않게 밤새 순번 정해 빙빙 원을 그리며 헤엄치기 때문이다."

고등학교 때도 설날에 저수지 둑길을 걸었다. 어릴 적에 들었던 '저수지 숨구멍'이 기억나 여쭸다. 그날 아버지의 긴 설명을 옮기면 이렇다. 저수지도 생물이다. 강추위에 모두 얼어붙었으니 저수지가 숨은 어떻게 쉬나 궁금했다. 마침 오리들이 숨구멍을 얼지 않게 밤새 돌고 있는 게 신기했다. 미물도 저런 지혜로 저수지를 살리고 있는 걸 그때 알았다. 아버지는 "저수지는 물을 가리지 않는다. 맑은 물이나 흙탕물이라도 다 받아들인다. 깨끗하다 해서 좋아하고 더럽다고 차별하지 않는다. 저수지 반대편으로 빠져나가는 물은 깨끗하게 정화돼 흘러간다.

사람은 사람 속에서 살아야 사람이다. 인간(人間)이라는 한자가 잘 표현하고 있다. 나 홀로 저수지를 만들 수 없듯이 모든 일은 혼자 다 해 이루는 것이 아니다. 저 오리들처럼 말하지 않아도 도와주는 이가 있어서 일이 이루어진다"라고 말씀했다.

할아버지에게 한학을 배운 아버지는 고사성어와 인물 그리고 전적(典籍)을 말씀할 적마다 자식이 알아들었는지는 아랑곳하지 않았다. 그날 가르쳐주신 고사성어가 '해불양수(海不讓水)'다. '바다는 어떠한 물도 사양하지 않는다는 뜻으로, 모든 사람을 차별하지 않고 포용해야 함'을 이르는 말이다. 중국 춘추전국시대에 살았던 관중(管仲)의 업적을 쓴 책 관자(管子)의 형세해(形勢解) 편에 나온다. 제(齊)나라 환공(桓公)이 형과 왕위를 두고 치열하게 다툴 때 그를 암살하려고 화살을 쏜

사람이 관중이었다. 왕권을 잡은 환공은 자기를 죽이려 했던 그를 내치지 않고 오히려 재능을 높이 사 승상으로 추대했다. 관중은 환공을 도와 제나라를 강대국으로 발전시키는 초석을 놓았다. 원문은 이렇다. "바다는 크고 작은 물, 깨끗한 물, 더러운 물을 가리지 않고 모두 받아들여 능히 넓게 될 수 있고(海不讓水 故能成其大), 산은 크고 작은 돌이나 흙을 가리지 않고 모두 받아들여 능히 높게 될 수 있으며, 현명한 군주는 신하와 백성을 귀찮게 여기지 않아 능히 주변에 많은 사람이 모일 수 있다."

아버지 말씀은 집에 도착해서야 끝났다. 마지막 말씀은 "네 짧은 잣대로 사람을 가리지 마라. 쓸데없는 물 없듯이 세상에 쓸모없는 사람은 없다. 내가 그의 재능을 미처 발견하지 못했을 뿐이다. 그의 장점을 발견하려고 애써라"라는 당부였다. 말씀을 잊지 않으려고 스스로 호를 '유담(維潭)'으로 지어 지금까지 쓴다. 해불양수는 말하긴 쉽다. 그러나 '남을 너그럽게 감싸주거나 받아들이는 포용심(包容心)'을 갖추지 못하면 마냥 어려운 말이다. 뉴욕에서 초등학교 다니던 아들이 흑인 친구 목을 감싸 안으며 장난치며 노는 걸 본 아내는 질겁했다. 나는 더 놀랐다. 그렇게 포용심은 남이 틀린 게 아니라 나와 다름을 인정하는 데서 온다.

손주들에게도 꼭 물려주고 싶은 심성이다. 며칠 전 저수지를 다시 찾았다. 저수지는 큰 길이 나는 바람에 절반 크기로 쪼그라들었다. 물이 들어오는 저수지 숨구멍은 이전만은 못해도 물을 가리지 않고 여전히 다 받아주고 있었다.

알면서도 고치지 않는 버릇은 병이다
과이불개(過而不改)

패싸움에 연루돼 입학한 지 한 달 만에 다니던 고등학교를 자퇴했다. 재수에 들어간 나는 서대문 교도소 뒷산 꼭대기에 방을 얻어 자취했다. 고입 재수학원에 다니는 서울 생활은 온통 신기하기만 했다. 지난해 배운 것인데도 처음 보는 것 같았다. 낯선 거리 풍경은 볼수록 흥미로웠고 혼자 밥 지어 먹는 재미도 있었다. 그러나 재미난 서울 유학 생활은 딱 거기까지였다.

한 달쯤 지나 생활비를 보내 달라고 시골집에 보낸 편지가 돌아왔을 때는 아득하기만 했다. 아버지는 내가 보낸 편지 앞뒤를 온통 붉은 글씨로 지적해 돌려보냈다. 길게 쓰지도 않은 편지에는 고치지 않은 글자가 없었다. 맨 위에 좀 큰 글씨로 '고쳐서 다시 보낼 것'이라고 검은색으로 쓰인 글만은 기억에 오래 남는다. 돌아온 편지를 벽에 부적처럼 붙여놓았다. 다시 써서 보낸 편지는 정확히 2주 만에 또 되돌아왔다. 저번보다는 덜 고쳤지만, 여전히 붉은색투성이었다.

며칠을 고심한 끝에 완성한 편지를 또 며칠을 고심하다 학원의 국어 선생님께 보여드렸다. 이튿날 돌려받은 내 편지는 파란색으로 고쳐

있었다. 고쳐준 대로 '기체후일향만강(氣體候一向萬康, 기력과 체력은 그동안 만강하십니까)'으로 시작하는 편지를 다시 썼다. 다섯 장이나 돼 두툼한 편지는 통과돼 돈이 같이 왔다. 그러나 아직도 군데군데 붉은 글씨로 지적한 내 편지도 함께 돌아왔다. 돈은 아껴 써도 한 달 살기엔 어려운 절반만 왔다.

생활비가 떨어진 서울 생활은 기억하고 싶지 않을 만큼 혹독했다. 매달 내는 학원비는 국어 선생님께 사정을 설명해 도움을 받았다. 종로에 있는 학원까지는 독립문에서 걸어 다녔다. 먹는 게 큰 문제였다. 물만 먹고 이틀을 버텼다. 궁핍이 용기를 불러줬다. 쌀집 주인에게 되돌아온 편지를 보여주며 사정해 외상으로 쌀을 구했다. 외갓집에 갈 때면 베개와 숟가락도 챙겨가던 오랜 버릇과 성격은 그때 버렸다. 쌀집 주인은 물론 아는 이에게 먼저 다가가 인사하는 버릇도 그때부터 생겼다.

돌아오는 편지가 골칫거리였다. 꾀를 내 아버지가 구독하는 신문을 구독해 정독했다. 모르는 말은 모두 노트에 일련번호를 붙이며 사전을 찾아 뜻을 옮기고 예문을 작성하고 편지에 반드시 썼다. 입시공부보다 더 공을 들인 편지는 매번 장수가 늘어났다. 되돌아오는 편지에 지적된 붉은 글씨는 현저하게 줄어들었다. 생활비도 넉넉하게 함께 왔다.

몇 달 지나 아버지가 보낸 편지에 쓴 고사성어다. 그날 이후 편지가 더는 되돌아오지 않았다. "잘못하고도 고치지 않는, 이것을 잘못이라 한다(過而不改 是謂過矣)." 이 말은 사람은 누구나 허물이 있게 마련이며, 그 허물을 하나하나 고쳐나가 허물을 없게 하는 일이 도리라는 뜻이다. 논어(論語) 위령공편(衛靈公篇)에서 공자(孔子)가 한 말이다.

그때 터득한 방법은 간단한 거였다. 만나는 모든 이들에게 먼저 다가가 인사하고 내 집안의 부모나 형처럼 똑같이 가까이 대했다. 자식을 혼자 남겨두고 떠나며 아버지가 "서울도 다 사람 사는 동네다"라고 하신 말씀에서 힘을 얻었다. 벽은 내가 쌓아놓은 거였다. 벽을 허물어버리자 서울은 따뜻했다. 병인 줄도 모르고 고치지 못하는 버릇을 나중에 고치기란 어렵다.

내가 먼저 다가가지 않으면 거저 얻어지는 것은 없다. 내가 먼저 다가가게 하는 힘이 '친화성(親和性)'이다. 친화력은 신뢰성, 도덕성, 이타성, 겸손, 온유함, 순응성에서 나온다. 사람들 속에서 살아가자면 반드시 갖춰야 하는 덕목이다. 손주에게도 서둘러 깨우쳐 줘야 할 인성이다. 서둘러야 하는 이유는 알면서도 이미 병처럼 굳어버린 버릇을 고치기는 어렵기 때문이다.

최고 제품은 시장을 새로 만든다

갈택이어(竭澤而漁)

아버지는 평생 집을 두 번 직접 지었다. 두 번째 지은 집이 완성되자 바로 이발소를 개업했다. 1966년이다. 우리집에서 백여 미터 앞에 있는 아세아시멘트 공장 준공을 앞두고서다. 개업하기 전에 '일성(一盛) 이발관' 간판을 먼저 달았다. 간판을 단 이튿날 어머니가 잠을 깨워 일어나자 아버지는 이미 어둑한 새벽에 양복을 차려입고 기다렸다. 기차와 버스를 번갈아 타고 충북 진천에 갔다. 지팡이를 짚는 아버지는 물건을 가지고 가야 할 일이 있으면 동행에 들려 갔다. 그날은 내가 보자기에 싼 선물을 든 동행으로 따라갔다. 군청 옆 다방에 들어가 좀 기다리자 젊은이가 부리나케 들어와 바닥에 엎드려 아버지에게 큰절했다. 아버지가 양팔을 잡아 일으켜 자리에 앉히자 그는 의자 끝에 앉았다.

지금 이름은 잊었지만, 며칠 지나 진천에서 만났던 분이 그분보다 더 젊은 남자와 여성 두 분과 함께 집에 왔다. 이튿날 개업식을 했다. 이발용 의자 5개를 갖추고 이발사 세 명, 면도사 세 명, 머리 감겨주는 사람까지 직원이 7명인 대형 이발소였다. 꽤 넓은 이발소 안은 사람들이 가득 찼다. 하객들은 서서 떡을 먹고 술을 마셨다. 의자 셋에는 이발하는 성급한 사람도 있었다. 처음 보는 풍경이어서 지금도 기억이 생생하다. 아버지가 소파에서 일어서자 모두 손뼉 쳤다.

아버지는 "그동안 고심 많이 했다. 작은 동네에 이미 이발소가 세 개나 있는데 또 문을 열어야 하느냐는 고민이었다. 당장 구내이발소를 열 형편이 못 되는 공장 측에서 요청도 있어 생고민을 했다"라며 말문을 열었다. 이어서 "사람의 첫인상은 머리에서 60%가 결정된다. 외지에서 온 공장 사람들의 고급 머리를 위해 진천에서 최고 이발사를 모셔왔다"라며 인사시켰다. 모인 사람들은 박수를 보냈다. 아버지는 "서울서 기술을 배운 다른 이발사도 원주에서 모셔왔다"라고 했다. 같이 온 면도사들을 소개할 땐 모두 큰소리를 지르며 손뼉 쳤다. 아버지는 "우리는 최고 이발사와 면도사들이 고급이발을 하는 곳이니 적어도 2주에 한 번씩은 들러 머리를 단정하게 손질해달라"고 끝을 맺었다.

어머니가 바빴다. 남는 방 두 개에 남녀 직원들이 기거하면서 식구가 늘어났기 때문이다. 아버지는 잠에서 깨면 집으로 연결된 뒷문을 열고 이발소로 갔다. 매일 이발과 면도와 세면까지 마친 아버지는 소파에 앉아 아침 신문을 들추고 면도사가 가져온 커피를 마셨다. 이발소는 아버지 접견실이었다. 문 열면 그때부터 이발소는 앉을 자리 없이 북적댔다. 막내 면도사는 종일 커피 타는 일만 했다. 이전의 이발소와는 사뭇 달랐다.

개업하고 한참 지나 아버지는 고사성어 '갈택이어(竭澤而漁)'를 말씀했다. '연못의 물을 모두 퍼내 고기를 잡는다'는 뜻이다. 여씨춘추(呂氏春秋)에 나온다. 진(晉)나라 문공(文公)이 초(楚)나라와 접전을 벌

일 때 초나라군이 막강해서 이길 방법이 없었다. 궁리 끝에 이옹(李雍)에게 방법을 묻자 그가 한 대답에서 나왔다. "못의 물을 모두 퍼내 물고기를 잡으면 잡지 못할 리 없지만, 그 훗날에는 잡을 물고기가 없게 될 것이고(竭澤而漁 豈不獲得 而明年無魚), 산의 나무를 모두 불태워 짐승들을 잡으면 잡지 못할 리 없지만, 뒷날에는 잡을 짐승이 없을 것입니다. 지금 속임수를 써서 위기를 모면한다 해도 영원한 해결책이 아닌 이상 임시방편일 뿐입니다."

아버지는 "훗날을 생각하지 않는 방책은 장사의 도리가 아니다. 그러나 최고 제품은 시장을 새로 만든다. 먼저 있는 세 이발소가 있어야 우리 이발소가 빛난다. 씨를 말리는 일은 해서는 안 된다"고 강조했다. 서울로 이사할 때까지 아버지는 이발소를 계속 운영했다. 아버지 말씀대로 제천 읍내에 이발하러 나가던 공장 손님들을 모두 흡수했다. 그 세 이발소에 다니던 동네 사람도 여전히 그 집에 다녔다. 그렇게 함께 사는 마음은 '사회성'에서 싹튼다. 어린이집을 다니기 시작하면 서둘러 손주들에게도 꼭 가르쳐야 할 품성이다.

틀린 것이 아니라 다른 것이다

불양불택(不讓不擇)

초등학교 고학년 때다. 교실 바닥 청소하다 싸움이 벌어졌다. 내가 일방적으로 맞은 폭행이었다. 수업이 모두 끝나고 책걸상을 한쪽으로 밀치고 마루를 물걸레질할 때 우리는 모두 오른쪽부터 병렬로 늘어서서 닦아나갔다. 전학 온 아이 혼자만 반대쪽인 왼쪽부터 닦아나갔다. 무릎을 꿇어 엉덩이를 들어 걸레를 힘껏 밀고 가다 중간에서 우리 둘은 머리를 맞부딪쳐 뒤로 나자빠졌다. 몸을 먼저 일으킨 그 아이가 내 얼굴을 주먹으로 힘껏 치자 코피가 터졌다. 나도 팔을 뻗어 쳤었는지는 기억에 없지만, 아이들 싸움은 코피 터진 쪽이 바로 진다. 싸움은 그렇게 싱겁게 끝났다.

콧구멍을 종이로 틀어막고 집에 오자 어머니가 놀랐다. 집에 막 돌아온 아버지가 코피 묻은 종이를 빼내라고 하고 물었다. 아버지 질문은 집요했다. "그 애는 너희와 다르게 왜 왼쪽부터 닦았느냐. 그렇게 한 이유를 들어봤느냐. 너를 왜 때렸다고 하더냐? 너희는 왜 오른쪽부터 닦느냐." 한 마디도 답하지 못했다. 아버지는 "네가 잘못한 거다"라고 판정하면서 그 애 집에 찾아가서 사과하고 물어보고 오라 했다.

집에 없어 만나지 못하고 돌아온 내게 아버지는 "네가 아는 게 다 맞는 게 아닐 수도 있다. 그 아이가 맞을 수도 있다. 네가 맞는다는 걸 증명해 보이자면 먼저 까닭을 물어보는 게 우선이다"라고 했다. 여러 이유가 있을 것이라며 "그 아이가 왼손잡이일 수도 있다. 그래서 편한 왼쪽부터 닦아나갔을 수도 있다. 우리나라 사람 10%는 왼손잡이다"라 며 그 아이를 두둔했다. 설명을 이어간 아버지는 "왼손잡이의 '외다'는 '그르다'의 옛말이다. 여성복 단추는 왼쪽에 달려 왼손잡이에게 편하게 고안된 거 같지만, 아니다. 단추 달린 옷은 옛날에는 귀족이나 입었다. 하녀가 옷을 입혀주기 때문에 단추를 왼쪽에 달았을 뿐이다. 모두 오른손잡이들이 그렇게 만든 거다. 그렇다고 왼손잡이가 틀리는 건 아니다"라고 했다.

아버지는 "텃새는 철새의 반대말이다. 철새는 계절에 따라 옮겨 다니지만, 텃새는 일 년 내내 한곳에 머문다. 너는 텃세 부린 거다. 나중 온 사람을 무시하거나 힘들게 하는 게 텃세 부리는 거다. 사정을 잘 아는 네가 얘기해줬어야 한다. 너는 옹졸했다"라고 지적했다. 말을 이어나간 아버지는 "너와 다르다고 틀리는 건 아니다. 다른 것을 틀린다고 여기는 건 편견이다. 그러면 차별이 생긴다. 나와 같지 않으면 다른 게 아니라 틀린 것이 되어버려 나쁜 것이 된다. 옳고 그름이 없으면 다른 거다. 옳고 그름이 있어야 틀리다"라고 구분해 일깨워줬지만, 그때는 솔직히 알아듣지 못했다.

내가 결혼해 낳은 첫 아이가 발걸음을 뗄 무렵에 아버지가 저 얘기를 다시 끄집어냈다. 그래서 기억이 지금도 새롭다. 6.25 때 전상을 입은 아버지는 오른쪽 다리를 절단해 의족을 착용했다. 절뚝거리는 아버지는 "네 아이가 저와는 걸음걸이가 다른 나를 보고 틀린다고 생각하면 어쩌나 해서 한마디 보탠다. 네가 요령 있게 잘 설명해야 한다"며 걱정했다. 나는 대수롭지 않게 여긴 지나간 일을 생생하게 회억해내며 당부했다.

초등학교 때도 인용했다면서 다시 일러준 고사성어가 '불양불택(不讓不擇)'이다. '태산은 흙을 마다하지 않고 하해(河海)는 작은 물줄기도 싫어하지 않는다'는 뜻이다. 사기(史記) 이사열전(李斯列傳)에 나온다. 초나라 사람 이사(李斯)는 진시황(秦始皇)이 천하를 통일할 때 가장 큰 영향력을 행사했다. 중앙집권적 전제국가를 설립한 일등공신이었다. 순자(荀子)에게 법가사상을 배운 그는 외국인으로는 가장 높은 객경(客卿)의 지위에 올랐다. 외국인 첩자가 진나라를 해치려 한 것이 들통나 진나라 출신이 아니면서 높은 자리를 차지한 사람들이 쫓겨날 위기에 처했다. 저 성어는 그가 만류하는 청원을 쓴 글 '간축객서(諫逐客書)'에서 유래했다.

"중국에서 지금까지도 제갈량의 출사표와 더불어 최고의 문장으로 꼽힌다"며 아버지는 성어를 해석했다. "태산은 흙을 마다하지 않았기에 저렇게 높을 수 있었으며, 하해는 가는 물줄기도 마다하지 않았기에 저렇게 깊고 넓을 수 있습니다(泰山不讓土壤, 故能成其大, 河海不擇細流, 故能就其深). 군왕은 민중을 물리치지 않으므로 덕을 밝힐 수 있을 것입니다." 진나라 왕은 이 글을 보고 감동해 축객령을 해제하고 이사를 원직에 복직시켰다.

"차이를 인정하면서도 보듬어 안는 성품이 가장 소중하다"라고 한 아버지는 "살며 부딪치는 크고 작은 모든 갈등은 나와 다른 것을 틀리는 것으로 여기는 데서 생긴다. 문은 안에서 열어줘야 자연스럽다"라고 했다. 아버지는 당신의 손주에게도 "안에서 문을 열자면 도량을 넓히고 용서하고 끌어안을 수 있는 포용력을 길러야 한다"고 시간 날 때마다 역설했다. 포용력이란 가지라고 쉽게 가지기도, 가르치기도 쉽지 않은 인성이다.

6

정답만 고집 말고 해답을 찾아라

갈등 해결의 열쇠는 공감력이다
추기급인(推己及人)

결혼 전날 밤 아버지가 시부모와 같이 살겠다고 한 내 아내를 칭찬한 뒤 한 얘기다. 들려준 옛 얘기는 이렇다. 아내가 남편한테 늙은 시어머니를 느닷없이 장에 내다 팔라고 했다. 기가 막혔지만, 아들은 어머니를 지게에 업고 장날에 팔러 갔다. 아들은 어머니에게 고운 반지와 맛있는 국밥을 사드리며 "집에 어미가 사드리라고 했어요"라고 했다. 못 팔고 돌아오자 성화를 부리는 아내에게는 "몸이 야위어서 거들떠보지 않더라. 몇 가지 보신 될 만한 걸 사 왔으니 살찌워 다음 장날에 팔겠다"라고 했다.

며느리는 시어머니 살을 찌우기 위해 정성을 다해 음식을 해 받쳤다. 다음 장에도 팔지 못하고 온 남편은 아내에게 "아직도 눈길을 주지 않는다"고 했다. 시어머니는 동네 사람들에게 며느리가 해준 음식이며 아들이 대신 사준 반지 등을 자랑했다. 모두 며느리가 해준 거라며. 동네에 며느리 칭송이 자자했다. 칭찬을 여럿한테 들은 아내는 더욱 정성으로 시어머니를 모셨다. 볼살까지 오른 어머니를 장날에 팔러 나가려 하자 아내가 남편에게 "잘못했다. 팔지 말라"며 울며 매달렸다.

아버지는 "민간에 오래 전해지긴 하지만, 비현실적인 중재법이다"라면서 그래도 오래 입에 올려진 이유를 고부간 갈등에서 아들이자 남편인 중간자 역할의 중요성 때문으로 해석했다. 아버지는 "이제 며느리가 이 집에 들어와 같이 살면 시어머니와 며느리는 서로 다른 문화, 가치관, 경험이 있어 갈등이 생길 수밖에 없다. 그게 걱정이다. 네가 중재자가 돼야 한다"고 했다. 이어 아버지는 "이쪽에 얘기할 땐 이편이 돼야 하고 저쪽에 얘기할 땐 그쪽 편이 돼야 한다. 너는 마중물이다. 남편은 내 편이고 아들은 내 편이라고 서로 여기게 마중물을 퍼부어줘야 마음에 깊숙이 담아둔 얘길 꺼낸다"라고 했다.

아버지는 갈등 해결을 다섯 단계로 설명했다. 첫째 갈등의 원인 파악이다. 원인은 사소한 데서 비롯한다. 갈등을 경청하면 말하면서 풀어지기도 한다. 원인을 명확하게 파악하면 갈등 해결의 반은 이루어진다. 둘째 갈등 해결의 성공 여부는 객관화에 있다. 객관화는 다른 이들이 둘 사이의 갈등을 보는 거를 뜻한다. 아무런 이해 관계없는 사람들은 둘 사이의 갈등을 당연히 이해하지 못한다. 아버지는 "중간자는 문제 된 갈등을 그렇게 봐야 한다. 절대 추측하지 마라. 연구에 의하면 추측은 90%가 틀린다. 편향과 오류에 쉽게 빠지기 때문이다. 사람은 복잡한 존재다. 감정이 다양하고 상황에 따라 수시로 변한다. 그러니 사람의 마음을 추측하는 일은 사실상 불가능하다"고 했다.

셋째 둘에게 어떻게 해주는 것이 가장 좋을지를 생각해봐야 한다. 아버지는 "남이 나에게 이런 행위를 했을 때, 나 같으면 어떻겠는가를 미루어 짐작하는 방법이 좋다"며 예를 든 고사성어가 '추기급인(推己及

人)'이다. '자기를 헤아려 다른 사람의 마음에 이르다'라는 말이다. 추기급인은 중국 제(齊)나라 재상으로 세 분의 왕을 모신 안자(晏子)의 고사에서 유래했다. 경공(景公)이 여우 털로 만든 두툼한 외투를 입고 큰 눈이 내려 온천지가 환난을 겪는 데 오직 눈 덮인 경치만을 감상하며 엉뚱한 얘길 하자 화가 난 안자가 직설적으로 "폐하께서는 다른 사람들의 처지는 조금도 생각하지 않고 오직 폐하 자신만 생각하고 있군요"라고 일침을 놓은 데서 유래했다. 안자춘추(晏子春秋)에 나온다.

넷째 갈등 해결책은 결국 타협이다. '칡 나무 갈(葛)' 자와 '등나무 등(藤)' 자가 합해진 말이 갈등이니 둘을 다 없애면 쉽게 해결될 일이지만, 그렇지 못하니 타협밖엔 길이 없다. 이어 아버지는 "문제는 소통력이다. 소통의 힘은 공감에서 나온다. 경계를 풀고 다가오게 하는 기술이 공감력이다. 그렇게 마련한 자리에서 진솔한 대화를 통해 서로의 의견을 조정하고 양보하도록 해야 한다. 이때 갈등을 중재할 마지막 카드가 도덕률이다. '다른 사람들이 우리를 어떻게 보겠느냐'고 독촉하면 이제껏 몸에 밴 도덕심이 우러나와 타협점을 찾을 거다"라고 해법을 제시했다. 세상의 모든 갈등이 저런 구도 속에서 중간자들이 애쓴 덕택에 타협점을 찾는다. 결국은 공감력이 원천이다. 쉽게 가르치기 어려워도 손주들에게도 꼭 물려주고 싶은 성품이다.

남의 일도 내 일처럼 해라

심부재언 시이불견(心不在焉 視而不見)

심부름해도 기분 좋을 때가 있다. 군에서 휴가 나온 날 아버지가
시골 큰댁에 계시는 할머니께 꿀에 잰 인삼을 갖다 드리라고 심부름시
켰다. 군에 입대한 뒤로는 처음 가는 길이어서 기분 좋았다. 할머니,
큰아버지와 큰어머니 세 분께 인사드리자 여느 때와 달리 더욱 반가워
하셨다. 군대에서 잘 지낸다는 얘기를 영웅담처럼 밤이 이슥하도록 혼
자 떠들었다.

집에 돌아와 잘 다녀왔다고 아버지께 말씀드리자 끊임없이 이것
저것을 물었다. "할머니 건강은 어떠시더냐? 식사는 잘하시더냐. 음식
씹는 건 어떠시냐. 몇 번 만에 삼키시더냐. 가져간 인삼은 드셨냐. 뭐
라 하시더냐. 걷는 거는 어떠시냐. 잠은 잘 주무시더냐. 중간에 몇 번
이나 깨시더냐. 큰아버지와 큰어머니는 모두 건강하시냐?" 쏟아지는
질문에 자신 있게 답한 건 한마디도 없었다.

묻는 말에 답을 제대로 못 하자 질문을 멈춘 아버지는 "한심한
놈"이라며 역정을 냈다. "심부름하려면 시킨 사람이 간 것처럼 일해
야 한다"며 "심부름을 핑계 삼아 네 할 일을 하고 다닌 거다"라고 질타

했다. "사람이 살면서 내 사업을 하지 않는 한 하는 일의 대부분은 남의 일을 맡아 한다. 너처럼 일한 거라면 평균점 이하"라고 평가하며 "남의 일도 내 일처럼 하라"고 주문했다.

아버지는 남의 일이라도 내 일처럼 해야 하는 이유로 다양한 관점을 습득할 좋은 기회라는 점을 가장 먼저 들었다. 자신이 하는 일에도 긍정적인 영향을 미치며, 더 넓은 시야로 사고하고 문제를 해결하는데 도움이 된다고 했다. "물건을 탈 없이 전달한 것만으로는 높은 점수 따기 어렵다. 게다가 심부름 빌미잡아 네 생색내기에 바빴던 건 큰 감점 요인이다"라면서 주어진 일을 최선을 다해 수행하며 책임감을 키우고, 일을 완수했을 때 성취감을 느끼고 자존감 향상에도 도움이 되어야 하는 게 두 번째 이유라고 설명했다. 아버지는 문제 해결 능력과 협업능력 등을 향상할 좋은 기회가 세 번째 이유라고 강조하면서 "남의 일이긴 하지만 속사정을 모르는 사람들은 모두 네가 한 일로 알고 그걸로 평가할 텐데 소홀히 한 점은 큰 불찰이다"라고 강하게 꾸짖었다.

아버지는 "전달해야 할 물건이 무엇인지, 왜 전달해야 하는지 등을 파악해야 하는 것은 기본이다. 그중 무엇보다 심부름시킨 사람의 의중을 명확하게 파악해야 한다. 전달할 메시지는 없는지, 뭘 알아 와야 하는지에 대해 잘 모르겠으면 직접 물어봤어야 한다"고 했다. 이어 "만약 그런 파악이 제대로 되지 않았다면, 업무를 지시한 사람이 궁금해할 사항에 대해 충분히 공감해 면밀하게 살펴봤어야 한다"고 했다. 아버지는 "그러자면 맡은 일을 내 일처럼 여기는 마음이 먼저 있어야 한다"면서 고사성어를 인용했다.

그날 오랜만에 들은 성어가 '심부재언 시이불견(心不在焉 視而不見)'이다. '마음에 있지 않으면 보아도 보이지 않는다'라는 말이다. 하고자 하는 마음이 없으면 어떤 일을 행하여도 참된 성과를 거둘 수 없다는 뜻이다. 대학(大學)의 정심장(正心章)편에 실려 있다. "이른바 수신(修身)은 그 마음을 바르게 하는 데 달려 있다고 하는 이유는 몸에 분노하는 바가 있으면 그 바름을 얻지 못하고, 두려워하는 바가 있으면 그 바름을 얻지 못하고, 좋아하고 즐거워하는 바가 있으면 그 바름을 얻지 못하고, 근심하는 바가 있으면 그 바름을 얻지 못하기 때문이다. 마음에 있지 않으면 보아도 보이지 않고, 들어도 들리지 않고, 먹어도 그 맛을 모른다(心不在焉, 視而不見, 聽而不聞, 食而不知其味). 이것을 일러 수신은 그 마음을 바르게 하는 데 달려 있다고 하는 것이다."

아버지는 "마음에 있으면 한식에도 세배를 하러간다"라는 속담을 인용했다. "하고자 하는 마음이 없으면 제대로 성과를 거둘 수 없다. 하고자 하는 마음이 들자면 남의 일을 내 일로 받아들여야 한다. 남을 위하는 것이 나를 위하는 것이다. 마음먹기에 달렸다. 그렇게 마음먹는 일은 공감력에서 나온다"며 애써 키워나가기를 당부했다. 공감력은 다른 사람의 감정을 이해하고 공감하는 능력이다. 공감력을 높이기 위해서는 무엇보다 폭넓은 이해심이 그 바탕이 되어야 한다. 그날 이후 남의 일을 대하는 자세를 잃지 않았다. 쉽게 얻어질 성품은 아니지만, 그 또한 손주들에게도 물려줄 소중한 인성이다.

빈틈이 없어야 이루어진다

영과후진(盈科後進)

　　삼국시대 때부터 내려온 구구단의 이름은 중국 관리들이 평민들이 알지 못하게 일부러 어렵게 9단부터 거꾸로 외운 데서 유래했다고 한다. 구구단(九九段 · 요즘 학교에서는 '곱셈 구구'라 한다)을 어렵게 배웠다. 초등학교 때 외우지 못해 나머지 공부를 했다. 그래도 다 외우지는 못했다. 어둑해질 때 돌아오자 아버지가 주먹구구 셈법을 가르쳐주었다. "어떤 게 안 외워지느냐?"고 해 "7×8"이라 했다. 그날 배운 주먹구구를 다시 해보자. 왼손에 7, 오른손은 8을 각각 펼치면 펴진 손가락과 구부린 손가락이 나온다. 펴진 손가락 2와 3은 10단위로 한다. 더하면 50이다. 구부린 손가락 3과 2는 서로 곱하면 6이 나온다. 그래서 7×8=56이 된다. 잘 안 외워지던 9×7도 같은 방법으로 하면 거뜬하게 답을 구할 수 있다.

　　애써 구구단을 외울 필요가 없겠구나 싶은 생각이 스칠 때 아버지가 하신 말씀이다. "주먹구구 셈법은 치명적인 결함이 있다. 5 이하는 계산이 안 된다. 그건 암산해야 한다. 암산은 너만 알고 남은 모른다. 사람들은 모르면 믿지 않고 믿지 못하면 따르지 않는다. 구구단은 약속이다. 나도 알고 너도 아는 언어나 문법을 쓰지 않으면 남을 이끌 수 없을뿐더러 일이 안된다." 우리가 흔히 쓰는 주먹구구란 말은 저렇게 생겨났다. 말씀이 끝나자 아버지는 구구단을 다 외울 때까지 학교에 열 번이고 갔다 오라고 했다. 다 외웠다고 자신하면 한 번만 갔다 와도 된다고 했다. 캄캄한 길을 더듬어가며 몇 번이었는지는 기억나지 않지만, 아버지에게 검사받을 때는 거침없이 외웠다.

아버지는 어린 자식이라고 해서 쉬운 말로 바꿔 말하지 않았다. 그날도 어김없이 '영과후진(盈科後進)'이란 고사성어를 말씀하셨을 테지만 그때는 알아듣지 못했다. 영과후진은 '구멍을 가득 채운 뒤에 나간다'라는 말이다. 물이 흐를 때 오목한 곳이 있으면 먼저 거기를 가득 채우고 나서야 아래로 흘러간다는 뜻이다. "흐르는 물은 웅덩이를 채우지 않으면 흘러가지 않는다." 맹자(孟子) 진심(盡心) 편에 나온다. 제자 서자(徐子)가 물의 철학을 묻자 맹자는 물이 가진 의미를 자세히 설

명했다. "샘이 깊은 물은 끝없이 용솟음친다. 그러기에 밤낮을 쉬지 않고 흐를 수 있다. 흐르다 웅덩이에 갇히면 그 웅덩이를 가득 채우고 다시 흐른다, 그리하여 바다까지 멀리 흘러갈 수 있는 것이다(原泉混混 不舍基夜 盈科後進 放乎四海)."

그 후에도 여러 번 말씀하셨을 영과후진은 고등학교 합격자 발표 날 아버지가 운동장에 물 고인 웅덩이마다 지팡이로 물꼬를 터줄 때 비로소 알아들었다. 그날 아버지는 "물은 웅덩이를 가득 채우고 흘러넘쳐야 비로소 다시 흘러간다. 갈 길이 바쁘다고 웅덩이를 건너뛰고 흘러가거나 대충 절반만 채운 다음에 흘러가는 물은 없다"라고 했다. 아버지는 바로 이어서 "웅덩이에 물이 들어오고 나가는 걸 잘 봐라. 물은 웅덩이 밑바닥부터 시작해 꼭대기까지 마치 구구단을 외우듯, 옆구리에 숨겨진 데까지 빠짐없이 차곡차곡 소리도 없이 채워간다. 저게 일이 이루어지는 원리다. 일은 주먹구구 셈법처럼 이루어지는 게 아니다. 일이 틀어지는 이유는 미처 채우지 못한 데에 틈이 생겼기 때문이다. 빈틈없이 해야 일은 이루어진다"라고 강조했다.

주먹구구로 세상의 일을 얄은꾀로 점치지 말라고 강조한 아버지는 "저런 물의 이치에 맞는 언행을 가지길 바란다. 그걸 깨우쳤으면 학교 그만 다녀도 된다"고도 했다. 이치에 맞는 합리성에서 일을 성사시키는 힘이 나온다. 그런 합리성을 추구하려는 의지는 순전히 꾸준한 노력으로만 얻을 수 있다. 손주들에게 가르칠 합리성 추구 훈련은 그래서 일찍부터 시작하는 게 좋다.

살아있다면 숨 쉬듯 공부해라

삼복사온(三復四溫)

들를 데가 많아 첫 휴가를 나와 집에 도착했을 때는 통금이 임박해서였다. 어머니는 맨발로 뛰쳐나와 반겼다. 부모님께 큰절하고 난 뒤 할 말이 많아 말이 엉겼다. 훈련소에서 크림빵 사서 화장실에 쭈그리고 앉아 먹던 얘기를 하다 느닷없이 GOP를 아세요? 하며 질문도 했다. 군 생활하며 처음 보고 느낀 놀란 일부터 말했다. 군대 얘기는 부풀려도 먹힌다. 두 분은 한마디도 놓치지 않으려고 집중해 들으셨다. "모택동이 죽어서 군이 비상 중이라 간신히 특별휴가 받아 나왔다"라며 생활에 잘 적응한다고 말씀드렸다. 신나게 말하는 중에 걱정하실 것 같아 "군대 있을 때는 대충하고 제대하면 정말 잘할게요"라는 말을 했다. 아버지는 듣다 말고 재떨이를 내게 던졌다. 너무 갑작스러워 머리를 맞긴 했지만 크게 다치지는 않았다.

아버지가 "뭐? 대충해? 군 생활은 네 인생이 아니고 남의 인생이냐?"라고 역정을 냈다. 아버지는 "세상에 태어나고부터 위기다. 삶이란 위기의 연속이다"라고 전제한 후 "군대 생활이 네 인생에 손해고 위기란 발상이 대체 어떻게 나온 거냐"라고 따져 물었다. "군대가 생긴 이후 수백만 선배들은 모두 잘못 산 삶이냐? 너처럼 군대서 대충 살던 놈은 사회에 나와서도 똑같이 대충 산다"라고 했다.

화가 잔뜩 난 아버지는 내가 꺼낸 모택동(毛澤東) 중국 공산당 주석을 예로 들어 길게 설명했다. 그날 들은 고사성어가 '삼복사온(三復四溫)'이다. '세 번 반복해 읽고 네 번 익히라'라는 뜻이다. 모택동 자신이 만든 독서법이다. '붓을 움직이지 않는 독서는 독서가 아니다'라는 원칙을 그는 굳게 지켰다. 책에서 얻은 지식을 실생활에 확실히 연계시킨 그는 한 번 읽은 책의 겉표지에 동그라미 같은 기호를 그리는 습관이 있었다. 그는 평생 손에서 책을 놓지 않았던 독서광이었다. 그가 머무는 곳에는 언제나 책이 있었다. 1만 2,000km를 도보로 행군한 대장정 중에도 책을 놓지 않았다.

아버지는 "위기는 곧 기회다. 책을 펴서 기회를 찾아라. 배우는 데 때와 장소가 따로 있는 게 아니다. 살아있다면 숨 쉬듯 공부해라. 인간은 아는 만큼만 행동하기 때문이다"라고 했다. 아버지는 그날 퇴계(退溪) 이황(李滉)의 말로 마무리를 지었다. "책을 읽는데 어찌 장소를 가릴쏘냐." 바로 귀대하라고 해서 하는 수없이 어머니와 함께 방을 나왔다. 등 너머에서 "저런 정신 나간 놈"이란 아버지의 풀리지 않는 분노가 들렸다. 어머니는 소리 내 크게 우시며 대문을 공연히 여닫았다. 군화를 싸든 어머니 손에 이끌려 동생 방에서 눈을 붙였다. 곤하게 잠에 빠졌을 때 어머니가 머리를 만지며 "아버지 일어나실 시간"이라며 군화를 내밀었다. 발소리를 죽여 대문을 빠져나올 때 아버지 방은 불이 켜져 있었다. 책 서른 권을 사서 그날 바로 귀대했다.

며칠 전 어머니는 생전의 아버지를 이렇게 회고했다. "너도 봐서 알겠지만, 평생을 독하게 공부하셨다. 준비되지 않으면 다른 사람 앞에 나서지 않으셨다. 밤을 새운 건 이루 헤아릴 수가 없다." 어머니는 이어서 "전쟁터에서 다리를 다친 아버지는 병원에 입원해 있으면서 장애인 재활교육을 받을 때 그렇게 공부에 열을 올리기 시작했다고 하시더라. 그때 살아가면서 필요한 의식주 관련되는 기술을 모두 배우셨다고 했다"고 전해주셨다.

지금도 아버지의 역정이 귓전을 때린다. 그날 복귀한 이후 치열하게 군 생활을 했다. 닥치는 대로 읽고 또 읽고 삼복사온을 지켜 습관이 됐다. 독서가 삶의 지혜를 크게 줬다. 아버지 유산 중 최고다. 글을 깨우친 손주들에게 가장 먼저 물려줘야 할 습성이다.

손이 부끄럽지 않게 선물 들고 가라
속수지례(束脩之禮)

초등학교 때 담임 선생님이 전근 발령을 받아 다른 학교로 가게 됐다. 학교서 작별 인사를 끝내고 오자 아버지가 초록색 보자기에 싼 물건을 내주며 선생님께 갖다 드리라 했다. 묵직했다. 몇 걸음 걷다 손을 바꿔가며 들어야 했다. 이삿짐을 다 싼 선생님은 차 시간을 기다리고 있었다. 보자기를 웃으며 건네받은 선생님은 풀어보지는 않았다.

돌아와 잘 전했다고 말씀드리자 "뭐라 하시더냐?"고 되물었다. "아무 말씀도 없고 웃기만 했다"고 하자 아버지는 "내 기분이 이렇게 좋은데 선생님도 틀림없이 좋으실 거다. 선물이란 게 그런 거다. 받는 사람도 즐겁고 준 사람도 기분 좋은 거다"라고 했다. 아버지는 "작별하고 나서 다시 찾아가니 쑥스러웠을 텐데 이럴 땐 작은 선물이라도 들고 가면 훨씬 마음이 편하다. 손이 부끄럽지 않게 작은 선물을 들고 가라. 공자(孔子)가 이미 한 말이다"라고 하셨다.

훗날 나이 들어 찾아본 고사성어가 속수지례(束脩之禮)다. '묶은 육포의 예절'이라는 말이다. 스승을 처음 만나 가르침을 청할 때 선물함으로써 예의를 차린다는 뜻이다. 논어(論語) 술이(述而)편에 나온다.

공자가 한 말에서 유래했다. "속수 이상의 예를 행한 자에게 내 일찍이 가르쳐주지 않은 바가 없었다(自行束脩之以上 吾未嘗無誨焉)." '속수'는 열 조각의 말린 고기다. 육포를 말한다. 예물 가운데 가장 약소한 것이다. 공자는 모든 가르침은 예(禮)에서 시작된다고 보았다. 따라서 제자들에게 가장 작은 선물인 속수로 예물을 가지고 오게 해 제자의 예를 지키도록 했다.

아버지는 논어의 이 구절을 가장 좋아했다. 그래서 몇 번이고 설명했다. 아버지는 "공자는 가르쳐달라고 찾아오는 이의 쑥스러움이나 부끄러움을 지워주려고 예물을 말한 것 같다. 상대에 대한 배려가 놀랍다. 공자는 예물도 심지어 지정했다. 구하기 그다지 어렵지 않고 일용품일뿐더러 값이 많이 나가지 않게 했다"라고 공자의 뜻을 해석했다. 이어서 아버지는 "선물도 매한가지다. 받는 이가 부담을 느끼면 뇌물이다"라고 정의했다. 아버지는 "선물(膳物)의 '반찬 선(膳)에 쓰인 육달 월(月) 변은 고기 육(肉)' 자다"라면서 '좋은 고기'라는 뜻이라고 일러줬다. 옛날 제사상에 올린 좋은 고기를 나눠 먹는 것에서 유래했다며 이웃과 최상의 친교를 다진다는 뜻으로 풀이했다.

그날 보자기에 싸 전달한 아버지의 선물은 벼루였다. 한참 지나 선생님이 보내온 답례품을 풀어보던 아버지가 먹을 들고 나를 불렀다. "묵향이 참 좋다. 좋은 먹이다"라며 좋아했다. 평소 아버지와 교류하던 선생님이 어느 날 우리 집에 오셨다. 마침 글을 쓰시던 아버지의 벼루를 보고 놀라며 단양(丹陽)의 자줏빛 나는 자석(紫石)벼루를 대번에 알아봤다고 한다. 아버지는 "그때 귀한 벼루란 걸 금방 맞추는 선생님의 실력을 익히 알아보고 마음에 담아 두었다가 전근 선물을 마련했다"라고 하셨다. 아버지는 "가장 좋은 선물은 받는 이가 필요한 게 아니라 원하는 물건이다. 원하는 게 뭘까를 생각하는 것부터 선물은 시작한다. 주는 즐거움도 있다. 주면 내 마음이 편해지고 스스로를 칭찬하게 된다. 시켜서가 아니라 내가 고민하고 직접 선택하는 삶이니 값진 것이고 의미 있다"라고 선물하는 이유를 설명했다.

누굴 만날 때면 작은 선물을 버릇처럼 꼭 챙긴다. 만나기 전에 상대를 떠올리며 선물을 고르다 보면 이미 만난 것처럼 내가 즐겁다. 마음에서 우러나와야 함은 물론이다. 그러니 정성이 담기지 않을 수 없다. 그런 마음을 쓰는 법이 용심법(用心法)이다. 배우기는 어렵지 않으나 가르치기는 어렵다. 손주들에게도 꼭 물려주고 싶은 귀한 성품인데 말이다.

익숙함에서 탈피해라
파부침주(破釜沈舟)

중학교 2학년 때다. 학교 가려고 집을 나설 때 아버지가 편지 심부름을 시켰다. "군청 뒤에 사시는 어르신을 찾아뵙고 편지를 전해드리라"라고 했다. 지금 생각해도 부끄럽다. 편지를 받아든 채 "군청이 어디 있어요?"라고 되물었던 일 때문이다. 기차 놓친다고 성화 부리는 어머니 말씀에 떠밀리듯 집을 나섰지만, 내 말을 듣자 그때 표정이 심하게 일그러진 아버지 얼굴이 생생하게 떠올라서다.

동급생들이 가르쳐준 군청은 학교에서 멀지 않은 곳에 있었다. 집은 더 쉽게 찾았다. 편지를 받아든 인척은 먹을 것을 내줬다. 돌아와 아버지께 받아온 답신을 드리자 펴보지 않고 책상에 밀어둔 채 "한심한 놈"이라고 야단부터 쳤다. 중학교에 진학한 뒤로는 처음으로 오래 꿇어앉아 야단맞았다. "1년이나 지났는데 읍내에 있는 중학교에 다니면서 옆에 있는 군청을 모른다는 게 이해가 안 간다"라고 말문을 연 아버지에게 "학교 가는 길만 다니니까요"라고 한 내 대답이 화를 돋웠다. 바로 하신 말씀이 "익숙해야 하지만 거기 빠지면 독이 된다. 익숙함에서 탈피해라"였다.

아버지는 "사람은 먹고 싸고 자는 일이 불편할 때 가장 바쁘다. 너는 그게 해결되자 이내 적응해버렸다"라고 진단하며 "불편한 환경을 맞닥뜨리면 인간은 거기에 바로 적응하게 된다. 일단 적응하고 나면 불편함이 체화돼 불편을 더는 느끼지 못하게 된다. 그러면 나중에 환경을 개선할 더 나은 방법이 나타나도 그걸 활용하려는 욕구가 잘 일어나지 않는다. 네가 군청이 어디 있는지 모른다는 게 익숙함에 빠져 있다는 증거다"라고 우려했다. 이어 "익숙함은 편안함과 안정감을 제공하지만, 동시에 성장을 방해한다"라며 위험성을 경고한 아버지는 "틀에 박힌 사고방식은 새로운 관점으로 세상을 바라보는 창의적인 생각마저 방해한다. 익숙함은 잠재적인 위험을 숨길 수 있다"라며 "위험을 예측하고 대처하는 능력을 키워야 한다"고 말했다.

특히 "익숙해지면 삶의 단조로움과 지루함도 함께 불러일으켜 삶의 질을 떨어뜨린다"라고 한 아버지는 "익숙함이 타성(惰性)을 부르기 때문이다"라고 했다. "타성은 그 속성이 나태함이다"라고 분석한 아버지는 "근면하지 않으면 경쟁에서 이길 수가 없다"라고 몇 번 강조했다. 아버지는 "환경이 바뀌면 궁금하지도 않았느냐?"면서 당신의 자식이 그렇게 해주기를 바랐던 일을 열거해가며 질책했다. "일 년이면 읍내 길이란 길, 골목이면 골목을 모두 다녀볼 수 있는 시간이다. 매일 다른 길로 통학하면 거저 알게 되는 일이다. 500명이 채 안 되는 네 동급생 중 너는 몇이나 알고 있느냐?"며 캐물은 아버지는 "읍내 중학교에 진학한 거는 네 삶의 영역이 그만큼 커진 거다. 지금 사는 이곳의 산천과 길을 속속들이 알 듯 읍내 상황도 당연히 알고 있어야 한다. 학교 공부가 다가 아니다. 그 나이 때에 꼭 배워야 할 것 중 지극히 최소한의 것

일 뿐이다"라고 일깨웠다.

　"익숙해지면 타성에 젖게 된다"고 다시 강조한 아버지는 "법률이
나 제도, 관습이나 문화, 과학이나 기술에 이르기까지 인간 사회는 한
번 형성되어 버리면 환경이나 여러 조건이 더 좋게 변경되어도 종래부
터의 내용이나 형태가 그대로 존속할 가능성이 크다"라고 했다. 그때
는 얼른 알아듣지 못했지만, 과거 하나의 선택이 관성 때문에 쉽게 달
라지지 않는 현상이 '경로의존성(經路依存性, path dependence)이다.
과거에 형성된 관행이나 제도, 규격, 제품 등에 익숙해져 이에 의존한
탓에 시간이 지난 후 비효율적인 것으로 밝혀지거나 변화의 필요성이
제기되었을 때도 벗어나지 못하게 되는 사회경제적 현상을 뜻한다.

그날 말미에 "익숙함에서 탈피하기란 익숙하기보다 더 어렵다"라며 든 고사성어가 '파부침주(破釜沈舟)'다. 밥 지을 솥을 깨뜨리고 돌아갈 때 타고 갈 배를 가라앉힌다는 말이다. 살아 돌아오기를 기약하지 않고 결사적 각오로 싸우겠다는 굳은 결의를 비유한다. 진(秦)나라를 치기 위해 군사를 일으킨 항우(項羽)가 거록(鉅鹿)의 싸움에서, 출진에 즈음해 타고 온 배를 가라앉히고 쓰던 솥을 깨뜨렸다는 고사에서 온 말이다. 『사기(史記)』「항우본기(項羽本紀)」에 나온다. 강을 건넌 항우가 갑자기 타고 왔던 배를 부수어 침몰시키라고 명령을 내리고, 뒤이어 싣고 온 솥마저도 깨뜨려 버리고 주위의 집들도 모두 불태워버리도록 했다. 병사들에게는 3일분의 식량을 나누어 주었다. 돌아갈 배도 없고 밥을 지어 먹을 솥마저 없었던 병사들은 결사적으로 싸웠다. 아홉 번을 싸우는 동안 진나라의 주력부대는 궤멸하고, 이 싸움으로 항우는 제장(諸將)의 맹주가 되었다.

"고기가 익으면 뼈는 버린다"라며 익숙함에서 탈피하기를 다시 강조한 아버지는 파부침주를 실행한 항우의 결단력을 배우라고 당부했다. 익숙해지면 쉽게 안주하는 손주들에게도 꼭 물려줘야 할 소중한 인성이다.

전달되지 못한 말은 소리일 뿐이다

둔필승총(鈍筆勝聰)

　　아버지는 필기구를 셔츠 주머니에 꽂았다. 양복주머니에서 꺼내면 늦어진다는 이유에서다. 메모는 생각이 퍼뜩 날 때 바로 적어야한다고 했다. 때로 거꾸로 꽂은 볼펜에서 새 나온 잉크로 옷을 망치기도 해 어머니 잔소리를 들어도 고치지 못했다. 필기구 꽂은 셔츠 주머니가 해져 덧대기도 했지만 막무가내였다. 필기구도 그렇지만 메모지도 닥치는 대로 썼다. 잠에서 깨면 주머니마다 구겨 넣은 메모지를 꺼내 다급하게 휘갈겨 쓴 난필을 해독하며 잡기장에 옮겨적는 게 아버지의 평생 중요한 아침 일과였다.

　　휴가 나왔다가 귀대 인사하러 회사로 찾아갔을 때 아버지는 회의주재 중이었다. 비서가 중간에 보고하자 회의실에 들어오라 했다. 직원들 발언을 아버지는 언제나 그랬듯이 메모했다. 30분 정도 더 지나회의가 끝날 무렵 아버지는 그날 회의의 결론을 지었다. 아버지는 쓰던메모지를 참석자에게 돌려 모두 자기 이름을 쓰고 서명하라고 했다. 내가 의아해하자 전무가 "사장님은 중요한 회의 때는 꼭 저렇게 메모하고 참석자 사인을 받아 바로 품의하라"고 지시한다고 설명했다. 그는 "더 고칠 것도 없어요. 저걸 결재판에 끼우고 정서해서 올리면 바로 결재 나고 시행에 들어가니까요"라고 보충설명도 했다.

모두 나가자 아버지가 덧붙인 말이다. "전달되어야 말이다. 전달되지 못한 말은 소리일 뿐이다. 전달되지 못한 말은 말한 사람의 책임이 더 크다. 말 잘한다는 건 내용도 중요하지만, 상대가 다 알아듣게 하는 게 더 중요하다." 젊은 시절부터 훈련받아 대중연설에 익숙한 아버지는 "1분 넘어가는 메시지는 메시지가 아니다"라면서 "사람들은 네 말에 1분 이상 귀 기울이지 않는다. 열 명이 들으면 두 명만 집중한다. 들은 사람도 25%만 제대로 듣는다. 그러니 네 말을 들은 사람이 다른 네 사람에게 전달하면 네가 한 말은 없어진다"고 했다. 아버지는 회의록을 만들어 사인을 받는 특이한 회의 기술을 그렇게 설명했다.

그날 말씀하신 고사성어가 '둔필승총(鈍筆勝聰)'이다. '둔한 기록이 총명한 머리보다 낫다'는 뜻이다. 아버지는 "천재의 기억력보다 둔재의 메모가 낫다"라는 이 말은 다산(茶山) 정약용(丁若鏞)이 즐겨 썼다고 했다. 다산은 그때그때 떠오른 생각을 즉시 기록해 두는 '수사차록법(隨思箚錄法)'을 썼다. 그가 18년 유배 기간 500여 권에 이르는 위대한 저작을 남길 수 있었던 데는 방대한 메모가 밑거름됐다. 아버지는 "부지런히 기록해야 생각도 건실해진다. 메모는 생각의 실마리와 기억을 복원한다. 본능적으로 써라"라고 당부했다.

아버지는 "말의 전달력은 말로 네 생각을 효과적으로 전달하는 능력이다. 전달력이 뛰어난 사람은 자기 생각을 명확하고 간결하게 표현할 수 있어 듣는 사람의 관심을 끌고 설득할 수 있다"라고 했다. 실제로 미국의 심리학자 메라비언은 메시지 전달에 있어 자세, 태도, 표정 등 비언어적 요소가 무려 55%를 차지하고, 음성, 억양 등 목소리가 38%, 말은 단지 7%만 차지한다고 했다. 비언어적 요소가 말보다 중요하다는 것이다. 아버지는 "총명함에 기대지 마라. 듣는이들을 원망하지 마라. 말은 단순히 소리가 아니라, 의미를 전달하기 위한 거다. 말은 듣는 사람에게 이해되어야 비로소 의미가 있다. 말을 해도 듣는 이가 이해하지 못하면 아무런 의미가 없다. 말의 전달력의 생명은 명료성이다. 그걸 담보하는 게 기록이다. 전달력을 높이는 연습을 꾸준히 하라"라고 그날 말씀을 맺었다.

IMF 외환 위기 시절 뉴욕에서 근무할 때 미국인들과 하는 회의는 고역이었다. 알고 보면 별 거 없는 말도 책임감으로 긴장이 겹치면 제대로 들을 수 없었다. 알아들은 대로 적어 회의 끝나고 이렇게 말한 게 맞냐며 사인하라고 하자 모두 제대로 고쳤다. 다음 회의부터는 그들이 할 말만 했다. 기록이 말의 전달력을 끌어올린 결과다. 손주들이 말을 배우기 시작하면 반드시 분명한 전달력을 갖추게 훈련해야 할 습성이다. 굳어지면 고치기가 배우기보다 더 어려운 게 말버릇이기 때문이다.

정답만 고집하지 말고 해답을 찾아라
수주대토(守株待兎)

숙제는 '일부터 천까지' 써오는 거였다. 초등학교 2학년쯤이었다. 학생 사이를 돌며 숙제를 검사하던 선생님이 내 숙제를 보자마자 앞으로 나가라고 했다. 하나 틀린 거에 한 대씩 손바닥을 내밀게 해 회초리로 때리던 선생님이 앞으로 나와 멀뚱거리게 서 있는 내 뺨을 세게 후려쳤다. 뭐라고 말씀은 했으나 기억나지는 않는다. 넘어졌다가 일어서자 다른 뺨도 세게 쳤다. 선생님은 "넌 앞으로 숙제해오지 마!"라며 뒤에 가서 수업이 끝날 때까지 손들고 서 있는 벌을 내렸다. 그렇게 나는 '숙제를 면제 당한 아이'가 됐다.

벌 설 때가 돼서야 내 숙제가 잘못된 걸 알았다. 영문도 모른 채 뺨부터 맞은 꼴이었다. 나는 일부터 백을 열 번 쓰고 맨 마지막에 아라비아 숫자 천을 써 숙제를 냈었다. 지금 생각해도 왜 그렇게 했는지 이해하지 못하겠다. 그날 밤 잠이 막 들었을 때 술에 취해 돌아온 아버지가 깨웠다. 아버지는 학교 선생님들과 저녁을 하면서 숙제 얘기를 들었다. 어머니에게 아버지가 숙제 얘기를 할 때는 쥐구멍이라도 있으면 숨고 싶을 심정이었다. 뜻밖에도 아버지는 느닷없이 크게 웃으면서 "잘했다 잘했어. 숙제는 그렇게 하는 거다"라고 칭찬했다.

그날 밤이 이슥할 때까지 말씀하신 거는 자세하게 기억나지는 않는다. 며칠 전 어머니께 여쭸다. "그걸 왜 기억 못 하겠냐? 온 동네 소문 다 난 얘기를. 난 그때 이미 얘기를 전해 듣고 가슴 졸이고 있었다. 그런데 네 아버지가 그렇게 호방하게 웃으며 아들 칭찬하는 걸 처음 봤고 의아했다. 술도 못 하시는 분이 그날처럼 취한 건 처음 봤다"라고 똑똑하게 기억하셨다. 어머니는 아버지가 그날 선생님들에게도 같은 말을 했다고 기억했다. 아버지가 그날 인용한 고사성어가 '수주대토(守株待兎)'다. '그루터기를 지키며 토끼를 기다린다'라는 뜻이다.

송(宋)나라 사람이 밭을 매고 있었다. 어디서 나타난 토끼가 뛰어가다 밭 가운데에 있는 그루터기에 부딪혀 목이 부러져 죽었다. 그 광경을 본 농부는 쟁기를 버리고 그루터기를 지키며 토끼가 다시 와 부

딪히기를 바랐다. 그러나 다시는 토끼를 얻을 수 없었고 오히려 사람들의 웃음거리만 되었다. 한비자(韓非子) 오두(五蠹) 편에 나오는 고사다. 한비자는 수주대토의 고사를 빗대어 인의(仁義)와 덕(德)의 정치를 강조하는 당시 유가들의 어리석은 경험주의를 비판하고, 끊임없이 변하는 세상에 발맞추어 그에 걸맞은 이론과 혁신의 사상을 갖출 것을 주장했다. 한비자가 주장한 법은 지금의 성문법과 같은 법률을 포함한 조직을 운영하기 위한 제도나 원칙을 가리킨다.

그날 밤처럼 가끔 아버지는 저 고사성어를 인용했다. 아버지는 "정답만 고집하지 말고 해답을 찾아라. 그날 네가 한 숙제는 명백하게 잘못했다. 그러나 내가 칭찬한 것은 원하는 정답은 아니더라도 목표를 달성하기 위해 해답을 찾으려는 자세에 있다"고 했다. 아버지는 "오래된 관습이나 제도만을 고집할 게 아니라 새롭게 순응하며 변화해 나가야 한다. 어리석은 짓 하지 마라. 사물을 관찰하고 분별하면서 차원을 높여나가야 한다. '눈치 빠른 놈은 절에 가서도 새우젓을 얻어먹는다'라는 속담처럼 말이다"라고 설명했다.

부러지지 않는 유연한 마음이 융통성(融通性)이다. 융통성은 '그때그때의 사정과 형편을 보아 일을 처리하는 재주, 또는 일의 형편에 따라 적절하게 처리하는 재주'라고 정의하는 말이다. 융통성이 없으면 한군데에 머물러 있을 뿐, 변화에 적절히 대응하지 못한다. 내 착각에서 비롯된 숙제를 아버지가 칭찬해주는 바람에 지금 기억해도 떨떠름하지만, 융통성은 빡빡하게 돌아가는 사회에 적응하며 살아가는데 필요한 유연제다. 손주에게도 일깨워줘야 할 심성이다.

준비가 덜 됐으면 섣불리 나서지 마라

삼고초려(三顧草廬)

휴일 새벽 전화벨이 모두를 깨웠다. 은행 다닐 때다. 다급한 전화 목소리는 다짜고짜 부장이 찾는다며 바로 출근하라며 대답을 듣지도 않고 끊어졌다. 머릿속이 복잡했다. 옷을 챙겨입고 나설 때 이미 거실에 나와 앉은 아버지가 "뭔 일이냐?"며 물었다. "짚이는 일이 있을 거 아니냐?"며 말문을 연 아버지의 질문은 집요해 나가려던 나를 눌러 앉혔다. 네 가지 업무 때문인 거 같다고 하자 이내 단답식으로 캐물었다. "상대편이 그렇게 주장하는 진의는 뭐냐? 이편의 입장은 최종 결정인 거냐?"로 시작한 질문은 이제껏 내가 검토했던 대안 이상이었다. 한 시간은 훨씬 지나서야 더는 질문하지 않았다.

새벽 시간인데도 상사 세 분은 내가 올린 보고서를 놓고 늦게 온 나를 세워둔 채 물었다. 바로 좀 전 아버지가 캐물었던 질문 그대로였다. 서슴지 않고 모두 답하고 의견을 제시했다. 부장은 바로 결론 내고 무겁던 긴급회의는 싱겁게 끝났다. 부장이 내 어깨를 두들기고 나간 뒤 아버지가 퍼뜩 떠올랐다. 낱말조차 생소했을 아버지는 마치 그 업무에 정통한 사람처럼 점치듯 다 알고 질문한 게 신기해서다.

퇴근해 아버지가 물어본 것과 같은 질문을 받았다고 했다. 그때 아버지가 하신 말씀이다. "나는 그 업무를 모른다. 네가 얘기해 알았다. 답은 네가 가지고 있었다. 아무것도 모르는 나는 상식적으로 궁금한 걸 물었을 뿐이다. 다만 들떠 있길래 그걸 가라앉혀 주고 싶어서였다"면서 "차분함을 잊으면 논리도 함께 잃는다. 준비가 덜 됐으면 섣불리 나서지 않아야 한다"라고 했다.

그날 길게 인용한 고사성어가 '삼고초려(三顧草廬)'다. 삼국지에서 가장 좋아하는 부분이라고 했다. 삼고초려는 유비가 와룡강에 숨어 사는 제갈량을 만나려고 세 번이나 초가집을 방문한 데서 나온 성어다. 삼국시대 촉한의 유비는 관우, 장비와 의형제를 맺고 군사를 일으켰다. 그의 군은 강했으나 지혜롭게 활용할 책사가 없어 언제나 조조 군에 고전을 면치 못했다. 유비는 제갈량의 식견이 높고 훌륭하다는 소문을 듣고 초가집을 찾아갔다. 제갈량은 집에 없었다. 며칠 후 다시 찾아갔으나 역시 출타하고 없었다. 무례하게 여긴 관우와 장비가 극구 만류해도 유비는 단념하지 않고 다시 찾아가 그를 군사(君師)로 들였다.

아버지는 당시 제갈공명의 나이가 27살이었다며 소설이 지나친 제갈량의 침착한 준비성을 높이 샀다. 크게 배울 점이라고 몇 번을 강조했다. "세 번 찾아오게 한 거는 중국에서 처음 있는 일은 아니다. 공명이 유비의 인물됨을 파악하기 위한 일종의 시험이었다. 백면서생인 자신의 성가를 높일 뿐 아니라 상대를 한 차원 높은 인물로 만든 고도의 처세술이다"라며 극찬했다. "공명은 관우나 장비 같은 이들을 자신의 수족처럼 움직일 방법을 찾는데 막판까지 골몰했을 것이다"라고 했다. 이어 아버지는 "결정은 상식에서 벗어나지 않아야 한다. 기발한 아이디어가 성사될 일은 희박하다. 실행하는 사람들은 나처럼 아무것 도 모르는 사람이기 때문이다. 아까 내가 한 질문은 계획이 실행될 때 얼마나 사람들이 이해할 수 있을까였다"라고 했다. 아버지는 "누구를 만날 때는 첫인사부터 끝맺음 말까지 모두 철저하게 계획하고 준비해 야 서로에게 이익이 된다. 그렇게 준비해야 온전하게 네 인생이 되는 거다"라며 착념해두기를 거듭 당부했다.

그날 이후 시나리오 플래닝은 습관이 됐다. 모든 걸 책상 위에 올 려놓고 면밀하게 조사하고 검토한 다음에야 움직였다. 아버지 말씀대 로 상대의 관점에서 궁금해할 일부터 검토해 서로에게 이익이 되는 말 을 준비했다. 그렇게 한 철저한 준비는 실수를 줄여줬고 차분함을 주 었다. 손주들에게 무엇보다 먼저 깨우쳐줘야 할 성정이다.

지킬 수 있어야 전통이다

가가례(家家禮)

내가 중학교 다니던 때 추석날 아버지와 큰아버지가 상차림을 두고 크게 다퉜다. 끝내 차례를 모시지 못 하는 일이 벌어졌다. 진설된 차례상을 점검하던 큰아버지가 "배는 왜 안 올리느냐?"고 했다. 독촉하는 큰소리가 나자 배 한 개를 담은 접시가 상에 받쳐 들여왔다. 큰아버지는 대뜸 "왜 한 개냐"고 했고, 더 큰소리가 나자 큰어머니가 세 개 중 하나가 썩은 게 있어 빼다 보니 홀수를 맞춰야 해 하나만 올렸다고 설명했다. 큰어머니 말씀이 채 끝나기도 전에 질책하는 더 큰소리가 났다.

아버지가 얼른 중재에 나섰다. "괜찮습니다. 하나면 어떻고 둘이면 또 어떻습니까. 썩은 놈을 도려내려면 배 세 개를 모두 그만큼 도려내고 상에 올리면 되잖아요"라며 말을 거들었다. 큰아버지는 바로 "정신 나간 소리"라고 일축하며 당장 배를 구해다 상을 올바르게 차리라고 했다. 큰아버지는 한 치의 흐트러짐 없이 전통을 지켜야 한다는 의견이지만, 아버지는 전통은 상황에 따라 변해도 된다는 주장이었다. 심지어 아버지가 절충안으로 사과와 배, 감을 모두 한 개씩만 놓자고도 했으나 큰아버지는 "차례는 정성이다. 정성을 들이지 않은 차례는 안 지낸다"라며 건넌방으로 나가버렸다.

화난 아버지는 집에 가자며 따라나서라고 엄명했다. 해가 이제
막 뜨는 동네를 벗어나며 분을 삭이지 못한 아버지는 혼잣말해댔다.
"형편이 닿지 않으면 종이에 '배'라고 써서 올리거나 물만 떠놓고도 지
내면 되는 거다. 배가 안 나는 지방에서는 상에 올리지도 않는다"고
했다. 집에 와서 아버지가 길게 설명한 과일을 상에 올리는 이유다.
'조율이시(棗栗梨柿)'는 대추와 밤과 배와 감이다. 대추는 씨가 하나이
므로 임금을, 밤은 한 송이에 세 톨이 들어있어 삼정승을 뜻하며 후손
이 공경받는 인물로 자라기를 바람을 담아 올린다. 씨가 6개인 배는 6
조 판서를 뜻해 무슨 일을 해도 잘하기를, 감은 씨가 8개여서 8도 관찰
사를 상징한다. 어느 곳에서도 제 뜻을 펴기를 바란다는 뜻을 담아 그
렇게 올리는 속설(俗說)이 있다. 이들 과일이 상에 올리게 된 거는 비
교적 쉽게 구할 수 있었기 때문이다.

아버지는 "주자가례 등 모든 예서(禮書)에 올릴 제물의 구체적
인 명칭이 없다. 지역 산물을 중심으로 제사상을 차린 데서 비롯된 것
이다. 조율이시나 홍동백서 등의 근거 또한 명확하지 않다. 근대 이후
민간에서 생겨난 거다"라며 "선조들이 드시던 음식과 지금 우리가 마
주하는 음식이 다르듯 제례 전통도 바뀌어야 한다"라고 강조했다. 아
버지는 "큰아버지 역정은 십분 이해한다. 우리 집안이 이조판서 후손
이라 배가 상했다는 말에 신경 곤두선 거 같다"고 했다. 이어 옛 얘기
를 들어 이유를 설명했다. 한 선비가 같이 공부하는 친구 집에서 하룻
밤을 묵었다. 마침 제삿날이라 지켜보니 진설한 과일들의 위치가 이상

했다. 선비는 '조율시이'라고 했고, 친구는 '조율이시'가 맞다고 우겼다. 판서 집안 후손은 배를, 관찰사 집안은 감을 먼저 놓는 상차림이 다른 데서 온 촌극이다. 남의 제상에 '감놔라 배놔라 한다'는 속담은 그래서 유래했다.

아버지는 집안마다 진설법이 다르다며 성어 '가가례(家家禮)'를 알려줬다. '가례(家禮)'를 재해석해 약 200종의 예서가 출간된 것을 보면 그만큼 이견이 많았다. 실정에 맞게 재해석해 학파, 집안, 지역에 따라 다른 예법이 존재할 수밖에 없었다. 예서가 행례의 기본 원칙만 기술하고 세부 항목 설명이 없어 집단이나 지역, 학파에 따라 다른 변례(變禮)가 관습이 되고 전통이 되면서 가가례로 고착되었다. 아버지는 "전통은 고정된 것이 아니다. 상황에 따라 변용할 수 있다. 지킬 수 있어야 전통이다"라고 강조했다.

몇 해 전에 한 신문이 추석 차례 설문조사를 했다. 차례를 지내는 집과 지내지 않는 집의 비율이 53대 47이었다. 지내지 않는 집의 21%는 오래전부터 안 지낸다고 했고, 26%는 최근 몇 년 전부터 지내지 않는다고 했다. 용기를 얻어 십여 년 넘게 지내오던 아버지 제사를 없애버렸다. 우리집의 또 다른 가가례다. 준비하는 번거로움도 있긴 하지만 후손의 참석률이 저조해서다. 전통이란 단순한 전승이나 반복에 있는 것이 아니라 끊임없이 이어지는 새로운 탄생과 인격의 형성을 뜻한다는 자각이 있어서다. 고집도 중요하지만 사고의 유연성도 필요하다. 그 또한 손주에게도 물려주어야 할 품성이다.

7

일의 성패는 사소함이 가른다

마음은 얻는 것이지 훔치는 게 아니다

연저지인(吮疽之仁)

저 말은 아버지가 돌아가신 뒤에나 깨달았다. 군 복무를 마치던 때다. 우리 집이 빼꼼히 올려다보이는 길지 않은 골목길에 낯선 아낙네가 아이를 업고 서성거렸다. 가로등이 들어와 어둡지는 않았지만, 싸락눈을 맞으며 우리집 대문을 바라보는 걸 창문으로 내려다보고 있으니 안쓰러웠다. 어머니가 "초인종을 누르길래 나갔더니 아버지 회사 직원 부인이라며 사장님 오실 때까지 밖에서 기다리겠다고 하더라"라고 궁금증을 풀어줬다. 어머니가 "들어와 기다리라고 해도 막무가내로 저렇게 서 있다"라며 불편해했다.

늦은 밤에 귀가한 아버지를 대문 앞에서 붙잡고 그 여인이 얘기했지만, 아버지는 듣지 않고 발길을 돌렸다. 그날 밤 아버지는 집에 들어오지 않았다. 이튿날 퇴근한 아버지가 집 우편함에서 봉투를 꺼내 들고 들어와 어머니와 말씀을 나누는 소리가 났다. 내가 얼른 나가서 "어제 그 부인이 안 돼서 많지는 않은 돈을 넣은 봉투를 드렸으나 한사코 받지 않아 아이 업은 포대기 안에 넣어드렸다"고 자랑스레 말씀드렸다. 아버지는 대번에 "쓸데없는 짓 했다"라며 나무랐다.

방에 불려들어가자 아버지는 어제 그 여인은 김 과장의 부인이라고 말문을 열었다. 김 과장은 내가 몇 번 만난 일이 있는 직원이었다. 은행의 권고로 회사 구조조정을 하면서 십여 명을 감원했다며 김 과장이 포함됐다고 설명했다. 김 과장은 아버지가 가장 신임하고 아끼는 직원이어서 모두 그의 잔류를 의심하지 않았는데 감원명단 맨 앞에 나왔다고 했다. "그 친구는 어느 곳에 가서라도 무슨 일이든 잘 해낼 수 있기에 명단에 첫 번째로 넣었다"고 했다. 이어 아버지는 "그는 회사에 꼭 필요한 직원이지만, 그는 자신도 모를 무한한 능력을 다른 데서 발휘할 수 있게 길을 열어준 거다"라고 했다.

그날 설명한 고사성어가 '연저지인(吮疽之仁)'이다. 사기(史記) 손자 오기열전(孫子吳起列傳)에 나온다. 전국시대 위(魏)나라 장수 오기(吳起)가 자기 부하의 몸에 난 종기를 입으로 빨아서 고쳤다는 고사다. 그는 위나라에 30년 가까이 있으면서 수많은 승리를 이끌고 사방으로 상당한 지역을 개척하는 등 큰 공을 세웠다. 실제 전투 경험을 바탕으로 한 군사 이론으로 중국 역사에서 역대 명장 중 한 명으로 손꼽힌다. 본디 위(衛)나라 사람인 그는 젊은 시절 벼슬자리를 구하기 위해 여러 곳을 돌아다녔으나 가산만 탕진했다. 자기를 비웃는 마을 사람 30여 명을 죽이고 노(魯)나라로 도망가서 증자(曾子)의 문하에 들어갔다. 오기는 문하에서 인정을 받았으나, 재상이 되기 전까지는 고향에 돌아가지 않겠다는 맹세를 지키기 위해 모친의 부고를 받고도 가지 않았다. 결국 증자의 미움을 사 문하에서 쫓겨나게 되었고, 장수가 되기 위해 병법을 공부했다.

　몇 년 뒤 제(齊)나라가 노나라를 공격해오자 오기는 장수가 될 기회를 얻었으나, 오기의 부인이 적국인 제나라 출신인 것이 걸림돌이 되었다. 그는 장수가 되기 위해 부인을 죽였고, 제나라와 전투에서 큰 공을 세웠다. 그러나 노나라 왕은 오기의 성품이 잔인하며, 오기가 위나라에서 큰 죄를 짓고 도망쳐오는 바람에 위나라와의 관계가 껄끄럽게 되었다는 이유를 들어서 그의 병권을 회수해버렸다. 그는 위나라의 문후(文侯)가 현명하다는 말을 듣고 위나라로 돌아갔다.

　오기는 군사적 재능을 인정받아 장군이 되었고, 뛰어난 지휘력과 용병술을 보여주며 수많은 공을 세웠다. 오기는 직위가 가장 낮은 병사들과 같이 먹고 자면서 노고를 함께 나누어 병사들의 신망을 얻었다. 어느 날 심한 종기로 괴로워하는 병사가 있었는데 오기가 직접 종기에 찬 고름을 빨아 주었다. 그러자 그 병사의 어머니가 통곡했다. 남편은 장군이 고름을 빨아 준 뒤로 전장에서 뒤도 안 돌아보고 싸우다가 죽었는데, 이번에 장군이 아들의 고름을 빨아 주었으니 이제 아들이 언제 어디서 죽을지 알 수 없게 되었다는 이유였다.

아버지는 내가 돈 봉투를 준 일은 그 부인의 마음을 훔친 거라고 단정했다. "김 과장 아내가 집에까지 찾아온 절박한 심사는 돈으로 환산할 수 없이 고귀하다. 네 맘 편해지자고 돈 봉투를 건넨 거는 값싼 동정이다. 그 여인의 값을 매길 수 없는 마음을 흥정했다. 남의 마음은 얻는 것이지 훔치는 게 아니다"라고 다시 나무랐다. 그로부터 24년이 지나 돌아가신 아버지 장례식장에 김 과장은 김 사장이 되어 나타나 조문했다. 아버지 회사 직원 중에 문상 온 사람은 그분뿐이었다. 김 사장은 흐느끼며 "감원대상이 된 날은 무척 마음이 아팠는데 한참 지나서야 사장님의 진정성을 느낄 수 있었다"며 울었다.

'진정성'이라는 단어는 원래 국어사전에 없었다. 흔히 '진정으로'라는 표현을 할 때 쓰이는 '진정'에서 파생된 단어로, '참되고 애틋한 정이나 마음'을 뜻하는 진정(眞情)이라는 어근에 '~성'이라는 접사가 붙은 파생어다. 진정성만이 다른 이의 마음을 얻을 수 있다. 살아가며 흠집나기 쉬운 게 진정성이다. 그 또한 손주들에게도 반드시 물려줘야 할 고결한 성품이다.

마음을 열어야 복이 들어온다

수수방관(袖手傍觀)

마루 유리문 깨지는 소리에 놀라 깼다. 건넌방에서 일찍 잠들었던 내가 급히 뛰어나갔다. 안방에 있던 가족들도 모두 놀라 마루로 나왔다. 마당에 불을 켜자 눈 내리는 밤에 늦게 귀가하던 아버지가 계단을 올라오다 미끄러져 웅크리고 있었다. 무릎을 찧어 일어서지 못한 아버지가 불 켜진 안방에 소리를 질렀으나 기척이 없자 돌을 던져 마루 유리문을 깬 거였다. 내가 얼른 부축해 방안으로 옮겼다. 숨돌린 아버지는 "그렇게 소리를 질러도 못 듣느냐"며 심하게 나무랐다.

바로 큰 망치를 가져오라고 한 아버지는 안방 아랫목 벽체를 힘껏 쳐내 구멍을 냈다. 내가 건네준 망치로 구멍 난 벽을 더 내려치자 낡은 한옥이라 쉽게 허물어졌다. 안방에서 마루로 나가는 미닫이문 옆 벽면은 원래 창이 나 있었는지 위아래에 모두 통나무를 건너질러 마감이 돼 있었다. 눈 쌓인 마당이 대문까지 훤히 내다보였다. 찬바람 들어오는 창은 신문지로 가려 막았다. 이튿날 새벽부터 목공소에 주문해 밖으로 열리는 두 쪽 여닫이 창문을 달고 창호지를 발랐다. 부엌으로 통하는 창문 바깥에는 쪽마루도 깔았다. 부엌에서 마루를 통해 안방 미닫이를 열고 들어와야 했지만, 소소한 물건은 창문을 열고 바로 안방에 들여올 수 있게 됐다. 안방에 앉아 창을 열고 부엌에서 일하는 어머니를 쪽마루로 부르는 게 쉬워진 아버지는 흡족해했다. 창 아래 설치된 높은 문지방인 머름(遠音)에 팔을 걸치고 밖을 내다보는 걸 아버지는 무척 즐겼다.

창을 낸 그 날 저녁 아버지는 하루 만에 낸 창을 '눈꼽재기창'이라고 알려줬다. 여닫이 옆에 작은 창을 내 문을 열지 않고도 밖을 내다볼 수 있게 만든 창을 일컫는 순우리말이다. 큰 문을 열지 않고서도 밖에 누가 왔는지 살피는 눈꼽재기창은 창이 작은 것을 눈곱에 비유한 애교스러운 고안이고 표현이다. 격자창 끝의 한 격자에는 유리를 달아 문을 닫아놓아도 밖을 살필 수 있는 진짜 눈곱만한 창을 냈다. 아버지는 "시골집에도 있었다. 한옥에서 가장 멋스러운 부분이다"라며 "안방 아랫목에서 시종이나 노비들의 동정을 넌지시 살피기 위하여 밖을 내다볼 수 있도록 만든 작은 창이다. 밖을 내다볼 때 일일이 미닫이를 여닫는 수고를 덜 수 있다"라고 유익함을 설명했다. "방 안의 사람은 자신을 외부의 시선이나 한기에 노출하지 않으면서도 집 안팎의 동정과 손님의 출입을 파악할 수 있는 쓸모있는 창이다"란 말도 보탰다.

아버지는 "전에 살던 사람이 왜 창을 없앴는지는 몰라도 들어오는 복을 막은 거다"라며 고사성어를 들어 한밤에 벽을 뚫은 일을 정당화했다. 인용한 고사성어가 '수수방관(袖手傍觀)'이다. 군에서 제대해 복학을 기다리던 나는 그때까지 많이 듣던 저 성어가 수수와 관련된 건 줄로 생각했다. 아버지는 눈꼽재기창 옆에 놓인 소반을 끌어당겨 한자로 적었다. 수수방관은 '손을 소매 속에 넣고 옆에서 본다'란 말이다. 아버지는 "방(傍)자는 '곁'이나 '가까이'라는 뜻으로 사람 인(人)자와 곁 방(旁)자가 결합해 '곁에 있는 사람'이라는 뜻으로 만들어졌다"라고 했다. 저 성어는 중국 당(唐)나라의 유명한 문학자인 한유(韓愈, 768~824)가 문체개혁을 함께 했던 친구 유종원(柳宗元)이 죽었을 때 지은 '제유자후문(祭柳子厚文)'에 나온다. 아버지는 원문을 써서 보여 줬다. "나무를 잘 베지 못하는 사람은 손가락에서 피가 나고 얼굴에 땀으로 범벅되는데, 나무를 잘 베는 장인은 오히려 옆에서 쳐다보며 손을 거둬 옷소매 속에 넣고 있다(不善爲斫 血指汗斫 巧匠旁觀 縮手袖間)." 아버지는 "유종원의 명문장이 널리 알려지기 전 떠난 것을 애달파하는" 글이라며 지금은 의미가 많이 변했다고 했다.

이어 아버지는 "내가 열지 않으면 복은커녕 화도 들어오지 않는다"며 바깥의 움직임에 무심함을 지적했다. 이어 "자경(自警)의 뜻으로 착념하라"며 열린 마음을 키우는 데 필요한 인성으로 세 가지를 들었다. 다른 이의 관점에서 이해하고 그의 감정을 이해하고 존중하는 공감력이다. 두 번째는 다른 사람의 생각이나 행동이 자신과 다르더라도 존중하는 힘, 즉 포용력이다. 마지막으로 개방성을 들며 곧 "새로운 것에 대한 호기심과 도전 정신을 갖는 능력이다"라고 했다. 말은 어렵지는 않지만, 망치로 얻어맞은 것처럼 절실하게 깨달아야 하고, 몸에 배게 하자면 오랫동안 애쓰지 않으면 얻기 어려운 성품이다.

뽐내는 글은 읽히지 않는다

긍즉불친(矜則不親)

결혼 준비 때 벌어진 일이다. 예식장을 구하지 못해 안달 내다 지인의 도움으로 가까스로 구했다. 토요일 오후 3시와 4시 결혼식 중간에 3시 30분으로 끼워 넣었다. 30분 만에 결혼식을 끝낸다는 조건이었다. 예식장이 정해지니 일이 한번에 밀려들었다. 맘이 급해 청첩장은 전문업체에 가서 샘플을 보고 그 자리서 직접 문안을 만들었다. '저희 두 사람이 平素 저희를 아끼고 보살펴주시던 여러 어르신과 친지분들을 모시고 한 가정을 이루게 되었습니다. 부디 오셔서 축복해주시면 더없는 기쁨과 격려가 되겠습니다. 아버지의 장남 成權 올림.' 그리고 욕심내 만년필로 글을 쓰고 동판으로 찍어 인쇄했다. 인쇄소는 이렇게 만드는 청첩장은 처음이라며 정성 들여 인쇄했다고 했다.

아버지가 청첩할 지인들을 엄선했다며 300매만 달라고 했다. 인쇄된 청첩장은 드리기 전에 다시 봐도 마음에 들었다. 그러나 청첩장을 받은 아버지는 문안을 보자 바로 "이걸 나더러 보내라는 거냐"고 역정을 내며 내던졌다. 부아가 나서 내뱉은 '남들도 다 그렇게 합니다'란 말 때문에 아버지 말씀만 길어졌다. 아버지는 세 가지를 지적했다. 맨먼저 "자식이 청첩인인 걸 아비가 보낼 수 있느냐?"며 격식성을 문제삼았다. 두 번째는 "청첩장은 속성상 자랑하는 글이다. 그러니 완곡하게 간청하는 문투여야 한다. '우리 둘이 결혼식을 하니 오라'는 데 그치고 말았다. 진실성이 없다"라고 꼬집었다. 아버지는 이어 "'저희를'을 왜 두 번씩이나 썼냐? '平素'를 한자로 쓴 이유는 뭐냐?"고 캐묻고는 대답을 기다리지도 않고 "그게 '글의 여울(灘)'이다. 읽는 이들은 거기서 저항을 느낀다. 글의 맥을 끊고 나아가 사람들을 멀리하게 만드는 교만한 글이다"라며 크게 질책했다.

아버지는 "'자식 결혼식은 부모의 성적표고 아비의 장례식은 자식의 성적표다'라는 말이 있다. 잘 키워 혼인하게 되는 자식의 혼사는 아비에게 큰 자랑거리다. 그래서 살아오며 여러 연을 맺은 지인들에게 모두 보내려 하는 거다"라고 했다. 한 번 더 "네가 제정신이냐?"며 역정 낸 아버지는 "글은 오래 남는다. 적어도 예식장이 나와 있는 글이라 결혼 날까지는 보관할 텐데 저 글은 보존성을 잃었다"라고 평가했다. 한편 부끄럽고 화가 나 도로 들고나온 청첩장은 일일이 모두 찢어 버렸다. 내 청첩장은 그대로 발송했지만, 아버지는 이튿날 거래하는 인쇄소에서 문안을 새로 써 인쇄한 청첩장을 보냈다.

그날 밤 이슥할 때까지 아버지는 여러 고사성어를 인용해가며 전에 없이 심하게 나무랐다. 아버지는 "뽐내는 글은 읽히지 않는다"고 전제한 뒤, '예기(禮記)' 석례편(釋禮篇)에 나오는 "뽐내는 글은 읽는 사람을 멀어지게 한다(矜則不親)"라는 공자가 한 말을 설명했다. 원문은 '군자의 말은 공손하고 예절 바르며, 온화하고 덕이 있으며, 명확하고 문체가 있고, 변론이 옳고 이치가 있는 것이다. 이 다섯 가지가 갖추어진 다음에야 말할 수 있다. 말이 맞지 않고, 시비를 분별하지 못하면, 그 마음은 반드시 자만하고, 그 행동은 반드시 불편하고, 그 말은 반드시 꾸미게 된다. 자만하면 친하지 못하고, 불편하면 믿을 수 없고, 꾸미면 진실하지 못하다'이다.

아버지는 "교만(驕慢)은 자신의 능력이나 지위가 남보다 우월하다고 생각하지 않더라도, 자신의 능력이나 지위를 과시하는 태도지만, 오만(傲慢)은 자신의 능력이나 지위가 남보다 우월하다고 생각해 남을 무시하는 태도다"라고 구분 짓고 내 글은 교만하다고 했다. 이어 "과시욕은 인간의 기본심리다. 그러나 이제 사회생활을 시작하는 떡잎인 데다 서른여섯에 늦장가를 가는 주제에 세상을 다 얻은 듯이 쓴 글은 가관이다"라고 혹평했다. 특히 "글은 독자를 위한 것이다. 겸손해야 한다. 읽히게 써야 한다"고 여러 차례 강하게 말씀했다. 아버지는 "읽히게 쓰자면 쉽게 써야 하고 쉽게 쓰려면 어려운 단어나 표현을 사용하지 않고, 간결하고 명확한 문장을 사용해 읽는 이가 이해하기 쉽게 해야 한다"며 글의 평이성(平易性) 원칙을 지키라고 당부했다.

아버지는 "쉬운 글이라 해서 격이 떨어지는 게 아니다"라며 쉬운 글이라야 이해도와 전달력을 높여 주의력을 끌고, 독자의 마음을 움직일 수 있다고 했다. 아버지는 "글의 객관성을 높이기 위해서라도 쉽게 써야 한다"며 "이는 비단 글뿐만 아니라 일을 추진할 때도 반드시 갖추어야 할 행동 양식이고 그게 성공 비결이다"라고 했다. 지금도 보관하는 청첩장을 다시 꺼내 보며 아버지의 지적을 되새겨본다. 쉬운 글을 쓰기란 결코 쉽지 않다. 이제 글을 배우기 시작하는 손주들에게도 몸에 배도록 오래 연습시켜 물려줘야 할 습성이다.

아버지를 이기려면 열정을 가져라

불초(不肖)

아버지가 47세 생신을 맞았다. 군에서 휴가받아 집에 온 다음 날이다. 아침 생신상을 받은 아버지가 숟가락을 내려놓고 "내가 돌아가신 아버지만큼 살았구나"라며 탄식했다. 상을 물린 아버지가 처음으로 밝힌 가족사다. 내 고조부는 97세, 증조부는 79세로 장수했다. 두 분과 달리 조부는 47세로 단명했다. 내 조부는 고조부가 81세, 증조부가 41세 때 태어났다.

남들이 고손자를 얻을 나이에 손자를 본 고조부의 기쁨은 말할 수 없었다. 젖 뗀 뒤부터는 방을 같이 쓰고 밥 먹을 땐 겸상했다. 고조부는 손자를 서당에 보내지 않고 직접 가르쳤다. 친구를 사귀거나 바깥 출입도 막고 오로지 공부에만 전념케 했다. 그랬던 고조부는 내 조부가 14살 때 돌아가셨다. 돌아가시기 전까지 엄한 훈육을 계속했다. 소학, 사서삼경(四書三經)이 아니라 당신이 좋아하는 글자만 비판적으로 가르쳤다. '내 후손들은 벼슬길에 나서지 말라'는 집안 유훈 때문에 과거에도 나가지 못하게 했다. 아버지는 "그러니 네 조부는 동네 사람들이 미쳤다고 할 만큼 할 줄 아는 게 오직 학문뿐이었다"라고 했다.

아버지는 "네 조부가 형님과 내게 당신의 할아버지가 가르친 방법대로 살아가며 필요한 글자를 모두 직접 가르쳤다. 우물이 떠오르면 관련된 모든 문장을 일일이 써가며 가르쳤다. 당신이 싫어하는 글자는 가르치지 않았을뿐더러 쓰지도 못하게 했다"라고 술회했다. 아버지는 이어 "네 조부는 군에서 다리를 다친 나한테는 집을 떠나 '네가 하고 싶은 대로 살라'는 가르침을 주었다"라며 더 오래 사시지 못한 게 아쉽다고 했다. 아버지는 "아버지가 해준 그 말씀이 나를 살렸다. 내가 아버지 덕에 이만큼 살았다"라며 "아버지가 살아온 시간만큼 살았다. 이제 아버지의 빚을 갚았다. 지금부터의 삶은 아버지가 사시지 못한 날들이다. 아버지 몫까지 살아 당신이 이루지 못한 꿈을 이루어야 하는 부담이 있다"라고 47세 생신의 의미를 새겼다.

그날 아버지는 조부가 자주 인용한 말을 가르쳐줬다. 고사성어 '불초(不肖)'다. '닮지 않았다'라는 뜻이다. '불초 소생'이라고 자주 썼지만, 의미는 그날 처음 알았다. 어리석은 사람을 말하거나 자식이 부모에게 낮출 때 쓰는 말이다. 맹자(孟子) 만장편(萬章篇) 상(上)에 나온다. "요(堯) 임금의 아들 단주(丹朱)는 불초하고, 순(舜)임금의 아들 역시 불초하며, 순임금이 요 임금을 도운 것과 우 임금이 순임금을 도운 것은 오래되었으며, 요와 순임금이 백성들에게 오랫동안 은혜를 베푸셨다." 요임금과 순임금의 두 분 아들이 똑똑하지 못해 왕위를 물려주지 않았다는 데서 유래한다. 요임금은 아들 단주가 현명하지 못함을 알았기 때문에 비록 자식이 억울해할지라도 백성에게는 이익이 되므로 순에 물려준 것이다. 백성을 위한 일이라면 단지 친자식이라는 이유 하나만으로 왕위를 물려주지 않았다는 요와 순임금의 성군(聖君)다운 깊은 뜻이 담긴 고사성어다.

아버지는 "네 조부는 네 증조부의 학문을 높이 샀다. 원래 싫어하셔서 비록 저작은 남기지 않았지만 따라가기 어려웠다고 하셨다. 얼굴이나 행동은 닮았을지 몰라도 학문은 불초하다고 몇 번이나 말씀하셨다"라고 했다. 이어 아버지는 조부의 유언도 처음 말씀했다. 유언은 '열정(熱情)'이다. 아버지는 "네 조부가 불초하지 않으려면 열정을 쏟아부어야 한다고 하셨다. 그러나 '열정은 오래지 않아 식는 게 흠이다'라며 식지 않게 간직하라고 유언하셨다"라고 했다. 불초를 '아버지를 이기는 일'이라고 해석한 아버지는 "네 할아버지 열정은 끓어올랐지만 끝내 펴보지는 못한 불행한 열정이었다"라며 아쉬워했다. 아버지는 "열정은 자신에게 의미 있고 중요하다고 생각하는 것에 대한 깊은 관심과 몰입을 뜻한다. 열정은 타고난 기질도 있어야지만, 애써 키워야 한다"
고 강조했다.

열정을 식지 않게 하는 불씨는 동기다. 동기는 올바른 가치관이나
뚜렷한 신념에서 나온다. 꺼지지 않게 하는 가장 현명한 방법은 내가
하고 싶은 것, 내가 재미있다고 느끼는 걸 배우고, 그걸 스스로 조금
씩 성취해가는 것이다. 이루고 싶은 목표를 먼저 세우고 달성하기까지
의 과정에 온통 집중해야 한다. 자칫 과정에서 좌절감을 느끼고 열정
이 꺼지거나 식어버릴 수 있기 때문이다. 작은 성취감도 놓쳐서는 안
된다. 그런 요소들이 결합해 새로운 아이디어를 떠올리고, 어려운 문
제를 해결할 수 있는 능력이 향상되기 때문이다.

열정만으로 성공하기는 어렵지만, 열정이 없으면 성공하기 어
렵다. 열정은 노력, 실력, 기회 등 다양한 요소들이 결합해 성공을 만
들어낸다. 성공하려면 자신의 열정을 발견하고, 이를 유지하기 위해
다함 없는 노력을 기울여야 한다. 손주가 제 아버지만 못하다는 말을
듣지 않게 하려면 서둘러 일러줘야 할 소중한 인성이 열정이다.

요긴함을 품어야 진정한 풍요다
수작후인정(遂作後人程)

    은행에 근무할 때다. 미국 연수 떠나기 전날 밤 아버지께 출국 인사를 드리자 만년필을 고쳐오라고 했다. 매일 쓰는 파카51 만년필이었다. 1941년에 출시되어 70년이 넘은 지금도 세계적으로 사랑받는 명작이다. 18K 금촉을 쓰는 '파카51 골드 닙'은 뚜껑에 새겨진 로고가 시그니처 디자인이다. 책상에서 뭘 쓰다 손자가 오자 껴안은 아버지는 아이가 만년필을 집어 들 때만 해도 좋아라 했다. 손자가 만년필을 거꾸로 들고 책상 위 유리판에 두어 번 내리찍었다. 제지할 겨를도 없이 눈 깜짝할 새 벌어진 일이었다. 펜촉이 심하게 구부러졌다. 아버지는 손자를 내동댕이쳤다. 손자보다 더 애지중지하는 그 만년필을 그냥 고쳐 쓰는 줄로만 알았다.

    "구부러진 펜촉을 펴기만 하면 될 텐데요. 그게 미국에 있을까요?"라고 하자 아버지는 "몇 번을 고쳐봤는데 전처럼 부드럽지가 않다. 펜촉을 구해 와라. 미국인데 왜 없냐?"라고 했다. 전 세계적으로 유명한 뉴욕 만년필 병원(FPH, Fountain Pen Hospital)은 뉴욕시청 뒤에서 쉽게 찾았다. 만년필 수리 전문업체인 가게는 1917년 설립돼 100년이 넘는 노포(老鋪)다. 만년필을 내밀자 점원은 바로 파카51 골드 닙

브랜드라고 했다. "오오 불쌍하다"며 펜촉을 더는 쓸 수 없어 교체해야 한다고 했다. 점원이 뒤 서랍을 열자 금촉이 그득했다. 그는 지금까지 8억 개나 팔렸다고 자랑하면서 제34대 대통령 드와이트 D. 아이젠하워가 파카51 만년필을 애용해 '아이젠하워 만년필'이라고 불린다고 소개하며 엄지를 치켜올렸다.

귀국해서 바로 찾아뵙고 만년필 병원 얘기 끝에 "미국 참 풍요롭더라고요"라며 고쳐온 만년필을 드렸다. 아버지는 이내 잡기장에 시필(試筆)하며 연신 감탄했다. 그때 하신 말씀이다. "미국에는 없는 게 없다. 동경의 대상을 만나 맹목(盲目)이 된 너는 미국의 풍요를 보았겠지만 나는 요긴함을 읽었다. 언제고 어디서고 누군가에게는 반드시 필요한 것을 충족해주는 게 요긴함이다. 요긴함이 충족되어야 진정한 풍요다. 그걸 모두 갖춘 미국의 힘이 느껴진다"고 설명했다. 이어 "그게 미국 사회의 근간을 이루는 가치관과 신념인 미국 정신이다. 미국 정신의 핵심 가치 중 하나가 '자유와 평등'이다. 독립 선언서에 '모든 사람은 평등하게 창조되었다'고 선언하고 있고, 이는 후손들에게 더 나은 세상을 물려주기 위한 노력을 강조한다"라며 한마디로 미국 정신을 '비축(Reserve)'이라고 정의했다.

아버지는 만년필 병원을 "나는 가보지 못했다만 참 대단하다"며 미국 정신을 녹여내 후세를 위해 요긴함을 갖춘 비즈니스 모델이라고 극찬했다. "미국은 세계 각지에서 온 이민자들이 모여 만든 나라다. 다양한 문화와 배경을 가진 사람들을 포용하고, 함께 살아가는 것을 중요시하는 이민 정신이 있으므로 가능할 수도 있겠다"라고 분석했다.

아버지는 "세상에 널린 사람이 되지 말고 그 일에는 꼭 필요한 요긴한 사람이 돼라"라고 주문했다.

아버지가 만년필로 그날 암송해 써준 시다. 법명 휴정(休靜)이 익숙한 서산대사(西山大師, 1544~1615)의 한시다. "눈 내린 들판을 지나갈 때(踏雪夜中去) 어지러이 걷지 마라(不須胡亂行). 오늘 내 발자국은 (今日我行跡) 마침내 뒷사람의 이정표가 되리니(遂作後人程)." 아버지는 김구(金九) 선생이 해방된 조국의 분단을 막기 위해 38선을 넘으면서 이 시를 읊어 그의 시로도 알려져 있다며 훌륭한 시라고 자경문(自警文)으로 삼으라고 몇 차례 강조했다.

이번에 글을 쓰며 문장을 찾아보니 서산대사의 시가 아니라 조선후기 임연(臨淵) 이양연(李亮淵, 1771~1853)의 시 '야설(野雪)'이다. 그의 문집 '임연당집(臨淵堂集)'에 실려 있다. 답설(踏雪)이 천설(穿雪)로, 금일(今日)이 금조(今朝)로 두 자만 바뀐 채 기록되어 있다. 세종의 다섯째 아들인 광평대군 이여(李璵)의 후손으로, 동지중추부사·호조 참판·동지돈녕부사 겸 부총관 등을 지낸 인물이다. 서산대사의 시는 "밤에 눈을 밟으며 걸어가니 달빛이 옷을 비춘다. 한 폭의 그림처럼 평생을 살아가리라(夜雪踏中去 月明透衣來 一蓑煙雨任平生 任平生任平生)"로 79세의 나이로 임진왜란 후의 혼란스러운 세상을 떠나면서 지었다.

더 찾다 보니 중국의 당나라 시인 이백(李白)이 42세 때 지은 그의 대표적인 시로 나온다. "밤에 눈을 밟고 가는구나, 함부로 걷지 마라. 달은 하얗고 넓고 텅 비었구나, 나는 길을 가는 것도 텅 비었구나. 어

디로 돌아갈지 모르겠구나, 하늘과 땅도 텅 비었구나(踏雪夜中去 不須
胡亂行. 月面白茫茫 我行路亦茫茫. 不知歸向何處去 天地茫茫茫)"그는 밤
에 눈을 밟고 가는 모습을 통해, 세상의 모든 것이 무상함을 표현해 이
양연의 시와는 주제가 다르다.

　아버지는 파카51 만년필을 손에서 놓지 않았다. 돌아가셨을 때 쓰
지는 못하셔도 중풍으로 굳은 오른손에 쥐고 계셨다. 염습할 때 만년
필을 쥔 그대로 해달라고 했다. 오늘 파카51 에어로메틱 잉크주입방식
빈티지를 사겠냐는 제안을 받았을 때, 아버지의 만년필이 문득 떠올
랐다. 그 만년필을 사서 손주들에게 이양연의 시와 함께 저 경구를 꼭
물려주고 싶다.

일의 성패는 사소함이 가른다

난사필작이(難事必作易)

마루의 괘종시계가 멈췄다. 제때 태엽을 감아주지 않아서다. 아버지가 멈춰선 시계를 넘어뜨리자 앞 유리가 바닥에 부딪혀 산산조각이 났다. "우리집이 멈췄다"라며 새벽부터 불같이 화냈다. 대학에 다니던 때다. 건넌방에서 이불을 걷어차고 재빨리 뛰쳐나가 시계를 일으켜 태엽을 감았다. "집안의 시계가 멈추는 일은 삶의 긴장이 느슨해진 거고 게으름을 단적으로 나타낸 것"이라며 아버지는 태엽을 감는 내 머리 위로 역정을 쏟아부었다.

방으로 불려들어가자 아버지는 "집안의 시계가 멈춘 거는 우리집 지킴이의 죽음이다"라고 크게 의미를 부여해 태엽을 감아주지 못한 일이 무척 큰일이라고 확대했다. 이어 "시계태엽을 감아주는 일을 하찮게 여기는데 끝나지 않고 습관으로 굳어지는 일이 두렵다"라며 우려했다. 아버지는 "순간이 모여 시간이 된다"며 길게 시간을 이렇게 설명했다.

때와 때 사이가 시간이다. 시간(時間)의 '간(間)'은 원래 문(門) 안에 달 월(月)을 넣어 '틈 한(閒)'이었다. 틈새란 뜻이다. 어두운 밤 문틈으로 달빛이 새어 들어온 모습을 그렸다. 밝은 낮에는 보이지 않고 어두운 밤이 되어야 달빛을 통해 문틈이 벌어진 것을 알 수 있으니 '틈새'라는 뜻을 잘 표현했다. 시간에 틈이 있어 한(閒)이 '한가하다'란 뜻으로 쓰이자 날 일(日)자를 써 지금의 틈새를 대신하는 말이 되었다.

아버지는 "시계의 삶과 죽음의 연결고리가 태엽이다. 세상의 모든 것은 연결되어 있고 연결된 모든 것에는 틈이 있다. 시간은 물론 인간, 일간(日間), 천지간, 막간(幕間), 산간, 부모 · 자식 간처럼 둘의 연결에는 틈이 있다. 틈은 시간이 지나면 벌어진다. 그 틈을 메우는 아교 같은 접착제가 '적다'란 뜻의 사소(些少)함이다"라고 했다. 이어 "사소함은 눈에 쉽게 띄지 않는다. 그래서 소홀하기 쉽다. 큰일 우선순위에서 처진다. 단순반복적이어서 귀찮고 성가시다고 여긴다. 내가 이미 해본 일이라는 데서 오는 익숙함이 안이함을 낳는다. 신선함마저 떨어지니 무관심해지고 부주의를 부른다"며 세심한 주의를 가지기를 당부했다.

아버지는 사소한 것을 소홀히 해서는 안 되는 이유를 큰 문제로 이어질 수 있기 때문이라고 설명했다. 사소한 약속을 지키지 않으면, 상대방에게 신뢰를 잃을 수 있고 습관이 될 수 있기 때문이다. 습관이 되면 더 큰 일도 소홀히 하게 될 가능성이 커지는 점을 우려했다. 아버지는 "사소한 것들이 모여 큰 결과를 낳을 수 있다. 매일 아침 5분 일찍 일어나면 일주일이면 35분, 한 달이면 21시간, 일 년 후에는 2,555시간을 더 일찍 일어나게 된다"고 구체적으로 예를 들었다.

그날 아버지가 "사소함을 쉬운 것으로 치부하지 않아야 한다"고 거듭 당부하며 인용한 고사성어가 '난사필작이(難事必作易)'다. '어려운 일은 반드시 쉬운 일에서 생긴다'는 말이다. 곧 '쉬운 일은 조심해서 하면 어려운 일은 일어나지 않는다'라는 뜻이다. "세상의 어려운 일은 반드시 쉬운 일에서부터 시작되고 세상의 큰일은 반드시 작은 일에서부터 일어난다(天下難事 必作於易 天下大事 必作於細)." 노자(老子) 도덕경(道德經) 제63장에 나오는 말이다.

아버지는 "작은 일에도 최선을 다하면 정성스럽게 된다. 정성스러우면 겉으로 배어 나오고, 겉으로 드러나면 이내 밝아지고, 밝아지면 남에게 감동을 주고, 감동을 주면 이내 변하게 되고, 변하면 생육된다. 그러니 오직 세상에서 지극히 정성을 다하는 사람만이 나와 세상을 변하게 할 수 있다"라는 중용(中庸) 23장의 말로 사소한 일에 정성을 기울일 것을 강조했다. 아버지는 "일의 성패는 사소함이 가른다. 소심하면 일을 그르칠 수 있지만 세심하면 일을 성사시킬 수 있다"라며 사소함에 세심한 주의와 정성을 몇 차례 더 당부했다.

아버지가 강조한 말씀은 요즘 말로는 '작은 디테일이 큰 차이를 만든다'는 뜻이다. 며칠 가지고 놀던 장난감에 익숙해져 싫증 난 손주들을 보며 세심함 또한 서둘러 깨우쳐줘야 할 품성이라는 생각이 그때 아버지 질책처럼 떠오른다.

책은 숨 쉬듯 읽고 또 읽어라

위편삼절(韋編三絶)

아버지 앞으로 책이 우편으로 왔다. 펴보지 않고 만지기만 하다 책상에 올려놓았다. 아버지는 봉투를 건네주며 책값을 우편환으로 끊어 보내라고 했다. 때로 선물이 들어오면 아버지는 같은 품목으로 사서 꼭 보냈다. 그러나 책 선물은 처음이었다.

며칠 지나도 책상 위의 책은 펴보지 않은 채 그대로 있었다. 한 달쯤 지나 책을 보니 물에 불은 듯 두꺼웠다. 선물 받은 책은 군데군데 볼펜으로 끝도 없이 메모가 되어 있었다. 여백이 없는 데는 메모한 종이를 덧대 여러 장을 겹쳐 붙여 본래 보다 두 배는 두꺼웠다. 책값을 보낸 이유를 짐작할 수 있었다. 책을 만지는 걸 본 아버지가 하신 말씀이다. "읽기 전에 생각하고, 읽으면서 생각하고, 읽고 나서도 생각해라. 쉽게 읽은 책은 쉽게 빠져나간다. 책 읽기도 마찬가지다. 여러 번 읽을 책을 찾아 읽어라."

아버지는 철저하게 발췌독(拔萃讀)했다. 닥치는 대로 읽는 남독(濫讀)이지만, 따로 읽어야 할 책은 바로 펼치지 않았다. 아버지는 그 제목으로 책을 쓴다면 어떻게 쓸까를 먼저 생각해본다고 했다. '다리'를 예로 들어가며 설명했다. "소재의 일반성을 먼저 생각해본다. 집 앞의 징검다리부터 금문교, 오작교까지를 떠올린다. 그런 다음 다리의 원관념, 즉 '건네준다'를 생각하면 우체부에서 지식을 전달하는 선생님까지를 떠올릴 수 있다. 다리를 '이편에서 저편의 더 너른 공간을 차지하려는 인간의 욕망이 빚은 산물'로 보고 내가 겪었든 겪지 않았든 상상해보며 저자만이 경험한 '특수성'을 염두에 둔다."

아버지는 내가 이미 알고 있거나 생각한 부분은 빠르게 읽고 미처알지 못한 부분은 정독하며 생각을 메모했다. 반드시 완독(完讀)했지만자연스레 속독(速讀)했다. 아버지는 "독서는 내가 그 책을 통해 나를돌아보고 내 지식을 점검하고 그가 생각한 걸 취하는 일이다. 그가 진정으로 말하고 싶어서 하는 거는 완독해야 알 수 있다. 엄밀하게 얘기하면 띄엄띄엄 가려서 읽는 적독(摘讀)이다"라고 당신의 독서법을 알려줬다. 그날 이후 내 평생의 독서법이 됐다.

대학 다니는 아들 방에 들른 아버지는 앞의 몇 장만 읽은 책을 밑동이 위로 가게 거꾸로 꽂아 놓았다. 개강하면 휴강이 이어지는 당시에는 완독한 책이 없었다. "끝까지 읽지 않으면 숲에 들어가지도 않고겉에 있는 나무만 보는 것과 같다. 그렇게 읽었다고 쌓아두고 과시하는 적독(積讀)은 졸렬하다"라고 말한 아버지는 남에게 몇 개 나무 이름만 외워 얘기하는 알량한 내 공부를 지적했다.

그날 '생각 없는 독서'를 싫어한다며 꺼내온 고사성어가 '위편삼절(韋編三絕)'이다. 책을 묶은 가죽끈이 세 번이나 끊어졌다는 뜻이다. 책이 닳고 닳을 때까지 여러 번 읽을 만큼 학문에 열중한다는 말이다. 사기(史記) 공자세가(孔子世家)에서 유래했다. "만년에 '주역(周易)'을 좋아한 공자가 정리하며 읽느라 가죽끈이 세 번이나 끊어졌다." 대나무 조각을 가죽끈으로 엮어 만든 죽간(竹簡) 책을 읽은 공자는 셀 수 없을 정도로 읽어 책 묶은 끈을 새것으로 바꾼 것이 여러 번이었다. 이 정도로 열심히 공부하고도 공자는 "내가 몇 년 더 살 수 있다면 주역의 내용을 완벽히 장악할 수 있을 텐데"라며 아쉬워했다.

아버지는 "독서는 없어지지 않을 거다. 독서는 사람을 가리지 않는다. 누구에게나 열려 있다. 부지런하면 누구나 만날 수 있는 게 독서다. 문명이 발달할수록 사람들의 관점이 다르니 반드시 읽어야 너의 창의성과 상상력을 자극할 수 있다. 삶을 더 나은 방향으로 이끌 독서 습관을 들여야 한다"고 했다. 아버지는 "세종 임금은 어린 시절 같은 책을 백번씩 읽었다고 한다. 다산 정약용은 책 한 권을 제대로 읽으려면 널리 배우고, 질문하며, 생각하고, 아는 것을 실천하는 '일권오행(一卷五行)'이 필요하다고 했다. 반드시 생각하는 독서여야 한다. 글자 너머에 담긴 의미를 해석해야 한다"며 숙독(熟讀)하기를 당부했다.

아버지는 "고기도 오래 씹어야 맛있듯이 책 읽기도 오래 음미해야 맛을 느낄 수 있다. 생각거리를 주는 좋은 책을 골라 숨 쉬듯 꾸준히 읽고 또 읽어라"라고 다시 강조했다. 독서는 습관이다. 어느 때 어느 곳에서라도 책 읽는 습성(習性)은 배우고 익혀야 버릇이 든다. 손주들이 글을 깨우치지 않았더라도 일찍 가르칠수록 좋다.

천재로 태어난 아이, 둔재로 키우지 마라

요조숙녀(窈窕淑女)

결혼하던 해 아들을 얻고 삼 년 뒤에 딸을 얻었다. 직원 회식 중에 아내의 출산 소식을 들었다. 축하 잔을 물리치지 못해 만취한 채 아내가 입원한 산부인과에 갔다. 몸을 일으키려 힘들어하는 아내를 보니 안쓰러워 머뭇거리자 어머니가 느닷없이 "왜? 딸 낳아 서운하냐?"고 물었다. 얼떨결에 "네"라고 대답했다. 며칠 지나 아버지가 호출했다. 같이 앉은 어머니가 아버지께 말씀드렸다고 눈짓했다. 아버지는 내가 방에 들어서자 "바보 같은 놈"이라고 역정부터 냈다.

아버지는 "세 여인에게 상처만 주는 못난 짓을 했다. 사내답지 못하다"라며 당신이 기대했던 자식의 행동을 일일이 제시했다. 바라지하는 어머니에게 고마운 인사를 먼저 해야 했다. 아내의 건강을 살피고 애썼다는 말을 했어야 옳다. 아이를 안아준 뒤 순산(順産)을 축하하고 소중한 딸을 얻게 돼 '기쁘다'라는 표현을 반드시 해야 했다. 다음에는 의사나 간호사들에게도 고마운 인사를 하기를 바랐다. 아버지는 "병원 가는 길에 도대체 그런 생각을 하지 않고 뭘 생각한 거냐?"며 나무랐다.

아버지는 "'서운하다'라는 말은 실망할 때 쓰는 말이다. 아들을 바랐던 거냐?"고 물었다. 이어 "서운한 감정은 부질없다. 그건 신의 영역이기 때문이다"라며 딸을 낳아 서운해하는 이유가 잘못임을 일일이 설명했다. '대를 이어야 한다'는 기대에서 온 남아 선호사상은 헛된 거다. 아들을 더 중요하게 여기는 것은 잘못이다. 딸은 아들보다 약하고, 결혼해 남편의 가족에게 넘어가야 한다는 걱정은 고정관념이다. 주위 사람들의 시선에 부담감을 느끼는 거는 사회적 편견이다. 아버지는 "너같이 지각없는 행동을 하는 아들을 나는 물론이고 세상은 바라지 않는다"고 야단쳤다.

이어 "앞으로 네 딸이 마주칠 세상은 지금 세상과는 다를 거다. 딸은 감수성이 풍부하고, 공감 능력이 뛰어나다. 관계를 유지하는 데도 능숙하다. 그런 딸의 장점을 발견하고, 인정해야 한다. 사람들의 시선에 흔들리지 않고, 딸을 낳아도 행복하다는 것을 보여주는 게 아비인 네가 할 일이다"라고 했다. 수천 년 전에 선조들도 같은 고민을 해 나온 고사성어라며 '요조숙녀(窈窕淑女)'를 제시하면서 "이 성어에 답이 나와 있다"고 했다. 요조숙녀는 고요할 요(窈), 으늑할 조(窕), 맑을 숙(淑), 여자 녀(女)다. 고요하고 맑은 마음씨를 가진 여성, 얌전한 모습과 아름다운 자태를 지닌 여성을 뜻한다. 시경(詩經) 관저(關雎) 편에서 유래했다. "꾸륵꾸륵 우는 저구(雎鳩) 새/ 하수(河水)의 모래섬에 있도다/ 요조한 숙녀(窈窕淑女)라야/ 군자(君子)의 좋은 짝이로다." 저구는 '물수리' 새다. 군자의 짝(逑)으로서 요조숙녀란 깊고 아름답고 그윽한 심성을 가지고 전쟁과 정사에 지친 남자의 마음을 헤아릴 줄 아는 여자를 뜻한다.

아버지는 "선조들이 찾아놓은 해답은 '짝을 찾아주는 일'이다. 그러기 위해 부모가 해야 할 일은 딸이 그런 성정을 지니도록 보살펴주는 데 있다"고 의미를 새겼다. 그날 아버지가 강조한 말씀은 내내 지켜왔다. "생명은 존엄하다. 최고의 가치다. 그 아이가 생명을 얻어 너에게 왔다는 것만으로도 네게는 큰 기쁨이다. 그 아이는 짝을 만나 우리 곁을 떠나면 더는 못하게 되니 자라면서 더욱 이쁜 짓을 많이 할 거다. 네가 정작 서운해할 일은 그 아이가 짝을 만나 우리 가족과 헤어지며 익숙함을 버리고 낯선 환경을 겪어야 하는 고통을 애틋하게 여겨주는 일이다. 그러나 걱정하지 마라. 시경에도 나와 있듯 그건 사랑이 치유해 줄 거다"라고 했다.

아버지는 "아들도 마찬가지지만, 딸은 짝을 만나야 완전체가 된다. 키우면서 아들과 절대로 차등을 두지 마라. 더 잘해 주려고도 하지 마라. 그게 차등이다. 그 아이가 커서 장차 무슨 일을 할지 우리는 모른다. 내가 손녀를 지켜보니 어린 데도 더할 나위 없이 본능처럼 이쁜 짓만 골라 한다. 하늘이 그 아이에게 그런 재능과 소명을 주었다. 서운해하는 것 자체가 잘못 키우는 아둔한 자세다. 아이의 길을 막지 마라"라고 한번 더 꾸짖으며 "천재로 태어난 아이 둔재로 키우지 마라"고 당부했다. 생명의 존엄성(尊嚴性)은 아들과 딸을 가리지 않는다. 존엄성은 말귀를 알아들을 무렵이면 손주가 만나는 다른 아이들도 소중하게 여기도록 서둘러 가르쳐 줘야 할 숭고한 인성이다.

친구는 울타리다

송무백열(松茂柏悅)

    학교에 신고 간 노랑 고무신을 잃어버렸다. 초등학교 고학년 때다. 서울 다녀온 아버지가 사다 준 노랑 고무신은 그때가 처음이었다. 검은색과 흰색 고무신만 보았던 나는 학교에는 신고 가지 말라고 어머니가 당부했지만 듣지 않고 이튿날 바로 신고 갔다. 아이들도 처음 보는 노랑 고무신을 모두 만져보기도 했다. 수업이 끝나 집에 갈 때 텅 빈 신발장을 보고서야 잃어버린 걸 알았다.

    여자 친구가 되돌아와 같은 반의 남자아이를 지목하며 품에 뭔가 숨기고 수업이 끝나기 전에 운동장을 가로질러 뛰어가는 걸 봤다고 알려줬다. 맨발로 집에 돌아온 나를 어머니가 심하게 나무랐다. 여자 친구가 귀띔해준 얘기를 하자 어머니가 나를 끌고 신발을 찾아 나설 때 들어오는 아버지를 만났다. 사정을 들은 아버지는 가지 말라며 내게 "그 친구가 가져간 걸 네 눈으로 본 게 아니면 의심하면 안 된다. 그 친구가 가져간 게 설사 밝혀지더라도 절대 내색하지 말라"고 엄명했다.

    그렇게 잊힌 노랑 고무신을 소환한 건 아버지다. 고등학교 다닐 때다. 고향 큰집에서 추석 차례가 끝나자 아버지가 불쑥 그 친구를 만나느냐고 물었다. 중학교 졸업한 뒤로는 만나지 못했다고 했다. 아버지가 전에 살던 옛집에 가보자고 앞장섰다. 옛집의 뒷담 구실을 하는 소나무와 잣나무를 한참 둘러본 아버지가 둔덕에 앉아 꺼낸 고사성어가 '송무백열(松茂柏悅)'이다. 중국 서진(西晉)의 문학가 육기(陸機)가 쓴 탄서부(歎逝賦)에 나온다. 그가 "참으로 소나무가 무성하매 잣나무가 기뻐하고, 아! 지초가 불타자 혜초가 탄식하네(信松茂而柏悅 嗟芝焚而蕙歎)"라고 쓴 데서 따온 말이다. 벗이 잘되는 것을 기뻐해 함께 축하해 준다는 말이다.

아버지는 "고사가 생각나 여기 와 확인해보니 송무백열은 사실과 다르다. 잘 자란 소나무에 비해 잣나무는 잘 크지 못했다"고 했다. 두 나무는 모두 어릴 때 응달을 좋아하는 음수(陰樹)로 소나무가 좀 무성

해 빛을 가려주면 훨씬 편하게 자란다. 좀 크면 소나무는 키 크고 잎이 많아 잣나무가 햇빛을 받기 어렵고, 뿌리가 더 깊이 자라는 소나무 때문에 잣나무가 물을 충분히 얻기 어렵다. 아버지는 "송무백열은 문학적으로 바람을 표현했을 뿐이다"라고 평가했다. 이어 "사람은 또래에게 가장 많이 배운다. '친구는 하는 데 난들 못할까'라는 시샘이 많은 것을 배우게 한다. 소나무와 잣나무는 그런 눈에 띄지 않는 은근한 경쟁 관계다"라고 설명했다.

그날 말씀한 아버지의 교우관(交友觀)은 이랬다. '친구(親舊)'는 한자어 '친고(親故)'에서 왔다. 친(親)은 친척, 구(舊)는 '오랜 벗'을 뜻한다. 우리나라에서는 친척의 의미가 빠지고 '벗'의 의미로 한정해 쓴다. 벗은 '비슷한 나이로 서로 친하게 사귀는 사람'이다. 우리말 '벗기다'에서 유래했다. 친구는 함께 즐거워하고, 함께 슬퍼하고, 함께 고민하고, 함께 성장한다. 유사성에 끌리고 친밀성에 사귀고 불변성에 마음을 주는 관계다. 그 관계는 남이 잘되는 것을 샘하는 마음인 시기심에서 비롯한다.

연구에 따르면, 인간은 뇌 용량이 150명 정도의 정보를 처리할 수 있어 평생 150명의 친구를 사귄다. 200명을 사귀면 성공한 삶이라는 속설도 있다. 친구는 우리에게 정서적 지지를 제공하고, 새로운 경험을 할 수 있도록 도와주고, 삶의 어려움을 극복하도록 도움을 준다. 친구가 많을수록 더 행복하고 성공적인 삶을 살 수 있다. 그러나 친구는 숫자가 아니라 관계의 질이 더 중요하다.

서울로 오는 기차 안에서도 아버지 말씀은 계속됐다. "친구는 울타리다. 울타리는 안에서도 밖이 내다보이고 밖에서도 안이 훤히 들여다보이며 다만 경계의 역할만 하는 거다. 돌담처럼 막히지 않아야 한다"고 울타리에 비유해 친구를 정의한 아버지는 "울타리는 허술해도 상관없고 없어도 된다"고 단정 지었다. 아버지는 "사귀는 친구 중 보통 5~10명의 친한 친구를 사귄다. 오직 진정한 친구는 서로를 이해하고, 존중하고, 지지하는 사람이다. 서로 비밀과 약속을 지키고 위로하고, 격려하고, 성장시켜야 한다"며 "진정한 친구를 직위, 학식, 빈부차를 벗어던진 '벗'이다"라고 한정했다. 벗은 '나 아닌 또 다른 나 속에 새로운 나'라고 엄격하게 규정했다.

　　아버지는 "나는 벗으로 여기지만, 친구는 나를 벗으로 생각하지 않을 수 있다. 성격이나 기대치, 경험과 가치관 등이 서로 다르기 때문이다"라고 했다. 이어 "그때 그 아이는 너를 친구로 생각하지 않은 거다. 노랑 고무신은 떨어져 나간 울타리에 준 거쯤으로 여겨라"라고 주문했다. 아버지는 유대인 격언을 인용해 결론지었다. "친구는 세 종류다. 음식 같은 친구에게 매일 빠져서는 안 된다. 약 같은 친구는 이따금 있어야만 한다. 병 같은 친구는 피하지 않으면 안 된다." 건강한 시샘이 싹틔워 깊게 사귀는 우정은 손주들에게도 꼭 물려줘야 할 소중한 인성이다.

힘 있는 말은 간명하다

거두절미(去頭截尾)

평소와 다르게 아버지는 소파에서 등을 떼고 내 말을 경청했다. 군 복무 중 포상휴가를 받아 아버지 회사에 들렀을 때다. 비서 안내를 받아 사장실로 들어가자 아버지는 놀란 표정이었다. 아버지가 전에 없이 내 말에 관심을 보이자 신나서 여러 얘기를 했다. 아무나 포상휴가를 받지는 않는다. 비록 일등병이지만 군에서 인정받고 있다는 증거다. 주로 하는 일은 군의 작전계획이다. 그러나 아버지가 내 말에 귀를 기울이자 더는 말할 게 없었다. 휴가 중에 쓸 용돈이나 얻으러 들렀으나 그 말은 꺼내지도 못했다. 말을 마치자 아버지가 "네가 말하려는 게 뭐냐?"고 물었을 때 나는 대답도 못 했다.

아버지는 "삶은 전쟁이다. 집이 아닌 내 삶의 전쟁터 같은 직장으로 찾아왔으면 특별히 할 말이 있을 줄 알았다. 네가 한 말은 전장에서 할 게 아니다"라고 야단쳤다. 이어 아버지는 "목적 없는 말은 힘이 없다. 힘없는 말은 맥쩍다. 힘 있는 말은 간명하다"라며 "지금까지 우리나라에서 최고 브리핑은 송요찬 수도사단장이 전쟁 중 미 대통령 당선인 신분으로 방한한 아이젠하워에게 한 영어 브리핑을 꼽는다"라고 예를 들었다. 토씨 하나 빼지 않고 아버지가 말씀하신 송 사단장의 전황 브리핑은 이랬다. "이게 대한민국 지도입니다. 이쪽이 일본과 접한 동쪽, 중공과 접한 이쪽이 서쪽, 소련과 맞댄 북이 중공군과 남으로 침공했습니다. 각하가 있는 곳은 여깁니다. 적과 대치한 여기가 38선입니다. 현재 아군 사기는 100%, 계속 진군 중입니다."

아버지는 "말은 때와 장소를 가려 해야 한다. 브리핑은 듣는 사람이 듣고 싶은 말을 해야 한다"며 "아이젠하워는 브리핑받고 송 장군에게 '내 군 생활 중 가장 잘한 브리핑이다'라며 칭찬했다"라고 설명했다. 이번에 당시 기사를 검색해보니 사실이다. 기사는 '아이젠하워 당선자는 1952년 11월 21일, 수도사단의 전방 지휘소인 백석산 정상에 도착해 수도사단장으로부터 전황을 청취하고, 한국군의 사기를 북돋웠다. 아이젠하워 당선자는 한국군의 용기를 칭찬하고, 승리를 위해 미국이

최선을 다할 것을 약속했다. 이러한 아이젠하워의 방문은 한국군의 전투 의지를 높이고, 전쟁에서 승리할 수 있다는 자신감을 심어주었다. 약속대로 미국의 한국 지원 확대로 이어졌고 한국군의 전투력 향상에 크게 기여했다'

언론에 공개된 그 날 영어 원문브리핑 내용은 아버지 설명과는 조금 차이가 났지만 크게 다르지는 않았다. 극찬을 받은 송 사단장의 브리핑은 매우 간결하면서도 핵심을 잘 짚어낸 것으로 평가했다. 기사는 이어 '당선자는 한국전쟁의 조속한 종결을 위해 노력하겠다고 약속했다. 이러한 그의 약속은 전쟁에 지친 한국 국민에게 희망을 주었다'라고 논평했다.

아버지는 이어 고사성어를 인용했다. '거두절미(去頭截尾)'다. 쓸데없는 군더더기는 빼고 핵심만 취한다는 말이다. 사기(史記) 진시황본기(秦始皇本紀)에 나온다. 진(秦)나라 재상 이사(李斯)가 보고 중에 한비자(韓非子)의 법치주의 논리를 설명하려 하자 진시황이 이를 제지하고 본론만 말하라고 한 데서 유래했다. "거두절미하고 본론만 말하라! 머리와 꼬리를 떼어버리고 핵심만 취하라! 너희들은 법을 알면서도 어기거나 왜곡하는 것이다. 법을 준수하지 않으면 처벌받을 것이다." 진시황은 일찍이 한비자의 저서를 읽고 크게 감동해 중용하려 했으나 동문수학한 이사가 모함해 그를 자결하게 했다.

아버지는 "중요한 말은 빼놓고, 군더더기만 늘어놓다 보면 진짜 하고 싶었던 말은 놓쳐 버리기 쉽다. 부연설명만 길게 늘어놓으면 들는 사람이 곧 싫증 내고 만다. 핵심이 되는 요소만 짧고 명확하게 뜻을 전달해라. 그만큼 효과적인 말도 없다"고 했다. 이어 "인간의 주의 집중 지속시간은 평균 25분이지만, 5분 넘는 말은 경청하지 않는다. 주의력이 산만해지기 때문이다. 말에 간명성을 갖춰라. 주의를 집중시키고, 상대의 관심을 끌고, 논리적인 사고를 유도해야 한다면 귀납법이어야 한다"고도 주문하며 "인생도 마찬가지다. 복잡할 필요가 없다. 간명하게 해야 한다"며 마무리했다. 도망치듯 문을 나섰다. 밖에서 아버지의 큰소리를 다 들었을 직원들이 일제히 쳐다봤다. 포상휴가였어도 결국 집에 들르지 못했다.

아버지가 지적한 간명성은 타인과의 소통을 원활하게 하고, 신뢰를 쌓는 데 도움이 되는 중요한 인성이다. 간명성을 훈련하기 위해서는 꾸준한 노력이 뒤따라야 한다. 제 뜻을 표현해 말을 하기 시작하는 손주에게도 꼭 물려줘야 할 소중한 품성이다.

8

인생은 요령이다

기억하지 못하는 날은 삶이 아니다

부화뇌동(附和雷同)

    고등학교 다닐 때다. 저녁 먹다 아버지가 느닷없이 "며칠 전 종로 2가에는 왜 갔느냐?"고 물었다. 찔끔했다. 당시에 여러 명이 제과점과 음악감상실을 들르며 무교동, 명동 일대를 늦게까지 우르르 쏘다니는 게 유행이었다. 갔던 거는 분명하다. 왜 그렇게 말했는지는 지금 돌이켜봐도 모르겠다. 아버지에게 "잘 기억나지 않는다"고 대답하고 나서야 아차 싶었다. 아니나 다를까 아버지는 숟가락을 소리 내 탁자에 내려놓고 나를 꿇어 앉혔다.

    "기억하지 못하는 날은 삶이 아니다"고 말문을 연 아버지는 오래 나무랐다. "그날 예닐곱 명이 교복 입고 크라운제과점에 들어가는 걸 내 눈으로 봤다. 멀리서 봤지만, 내 자식이어서 얼른 눈에 들어왔다. 거짓말이야 그렇다 치고 기억도 못 하는 날을 보내는 네가 한심하다. 주는 밥 먹고 아무 데나 뒹굴다 잠이나 자는 개나 돼지와 다를 게 뭐냐?"며 질타했다. "그건 다만 살아있는 거지 사는 게 아니다. 의미 없이 보낸 날은 삶이 아니다. 생존이지 인생이 아니다"라고 했다.

    아버지는 '의미'를 먼저 설명했다. "'뜻 의(意)'자는 '소리 음(音)' 자와 '마음 심(心)'이 합쳐진 글자다. '뜻'이나 '의미', '생각'이라는 뜻을 가졌다. 곧 '마음의 소리'라는 뜻이다. 생각은 머리가 아닌 마음에서 나온다. '의미 없는 날'은 네 삶에 어떤 의미도 부여하지 않고 보낸 날이다. 뜻이 있으면 훗날에 반드시 기억나야 한다. 의(意)자는 훗날 기억, 회억이란 말에도 고루 쓰여 그 뜻을 확실하게 해준다. 의미 없이 보낸 날은 무기력하고, 지루하고, 낭비된 거다"라고 정의했다. 아버지는 이어 "매년 오는 12월 31일과 1월 1일은 네가 의미를 주지 않으면 그저 같은 날일 뿐이다. 그렇게 살았다면 당연히 기억나지 않는다. 오늘은 네가 어제 그렇게 살았기 때문이고 오늘도 그렇게 무의미하게 지낸다면 내일의 네 인생이란 기억조차 없을 거다"라고 했다.

아버지가 그날 더 크게 질책한 말씀은 평생 내 머리를 붙잡는다. "너는 어디 있느냐?"고 물은 아버지는 대답을 기다리지 않고 예외 없이 '부화뇌동(附和雷同)'이란 고사성어를 인용했다. 부화뇌동은 우렛소

리에 맞춰 천지 만물이 함께 울린다는 뜻으로, 자기 생각이나 주장 없이 남의 의견에 동조한다는 말이다. 번개 칠 때 퍼져나가는 소리가 천둥이다. 한자어 천동(天動)에서 온 천둥의 순우리말이 우레다. '울다'에서 온 말이다. '우뢰(雨雷)'는 틀린 말이다. '뇌동'은 우레가 울리면 만물도 이에 따라 울린다는 뜻이다. 다른 사람의 말에 대해 옳고 그름을 판단하지도 않고 부화하는 것을 비유한다. 부화(附和)는 주견 없이 경솔하게 남의 말을 따르는 것을 말한다. '예기(禮記)'의 곡례편(曲禮篇)에 나온다. 원문은 "다른 사람의 의견을 자신의 의견인 것처럼 생각하지 말고, 다른 사람의 의견에 동조하지 말라. 옛 성현들의 행동을 모범으로 삼고, 선왕의 가르침에 따라 행동해야 한다"라고 경고하고 있다.

아버지는 "우레가 치면 만물이 따라 울리니 휩쓸릴 수 있다. 따라 울리는 게 동조성(同調性)이다. 그럴 때일수록 나를 찾아야 한다. 그 울림 안에서 나는 어떻게 해야 하는지를 옳게 판단해 의미 있게 행동해야 한다. 네가 없는 인생은 그들이나 저들의 인생이지 네 인생이 아니다. 그래야 한 번뿐인 네 인생이 뜻 있게 되고 당연히 기억에 남는다. 부화는 네 인생에 대한 모독이다. 기억하지 못하는 삶의 낭비는 죄악이다. 뇌동은 하되 부화하지 마라"며 다짐받고 나서야 그날 밤 꾸지람을 끝냈다.

경쾌한 노래에 맞춰 제 또래들보다 더 마음껏 뛰노는 손주들을 보면 급격하게 자란 동조성에 안도한다. 그러나 까다로운 아버지의 가르침을 어떤 식으로 설명해 물려줄지는 고민이다. 기억이 시작될 나이 때부터 익히게 해야 할 성품이니 말이다.

기회는 누구에게나 온다

수도선부(水到船浮)

집에 새가 날아들었다. 대학 다닐 때다. 문 열린 마루로 들어온 새가 안방에서 건넌방으로 날아다녀 소동이 벌어졌다. 동생이 안방으로 새가 다시 들어오자 얼른 문을 닫아 가뒀다. 새가 이 벽 저 벽을 타고 날아다닐 때 들어온 아버지가 문을 열라고 했다. 문이 열리자 새는 방 안을 두서너 바퀴 돌다 밖으로 훨훨 날아갔다.

집 주위에서 흔히 보는 새는 아니었다. 회갈색에 흰 줄이 선명한 날렵하게 생긴 새였다. 참새나 딱새보다는 크고 까치보다는 작지만, 날렵하고 매끄러운 데다 경쾌한 울음소리를 냈다. 이튿날 그 새가 다시 집에 왔다. 마루 문은 열려 있었지만, 안으로 날아들지는 않았다. 오동나무에 앉았던 새는 측백나무로 단풍나무로 몇 번을 옮겨 다니며 때로 밝은 울음소리를 냈다. 사흘째 그 새는 집에 찾아왔다. 오래 머물지는 않았지만, 새 울음소리가 특이해 온 줄을 금세 알아차릴 수 있었다. 나와 동생들은 먹이를 부리나케 준비해 마당에 흩뿌려 두었지만 새는 눈길도 주지 않았다. 그렇게 사흘 정도 집에 들른 새는 더는 오지 않았다.

더는 새가 집을 찾아오지 않던 날 밤에 아버지가 불렀다. 아버지는 "그 새가 아무래도 심상찮다. 그 특유의 울음소리가 마치 뭔가를 얘기하는 것 같았다"라고 했다. 이어 "옛날 네 할아버지가 하신 말씀이 생각난다. '조상님네들이 간혹 미물들의 몸을 빌려 후손들에게 나타나 깨우침을 주기도 한다'며 느닷없이 나타난 저 새가 뭔가 우리 집안에 앞으로 일어날 일을 귀띔해주는 거 같다. 혹 짚이는 게 없느냐?"고 물었다.

동이 트기 전 건넛방의 아버지가 소리 질러 모두 깼다. 마당에 천막 쳐 만든 연구실에 불을 켜고 아버지는 콩기름 병 주둥이를 알코올 램프로 녹여 손으로 모양을 잡아나갔다. 당시 아버지는 '흐르지 않는 병마개'를 발명하려고 몇 개월째 실험 중이었다. 한참 병 주둥이를 만지던 아버지가 굳기를 기다렸다 콩기름을 넣고 따랐다. 몇 번 콩기름을 따라내던 아버지는 "해냈다 해냈어. 바로 이거다!"라며 탄성을 내질렀다. 아버지는 그렇게 '흐르지 않는 병뚜껑'을 발명했다.

아버지는 "지금까지 기름이 흘러내리지 않는 병뚜껑을 만드는 일에만 몰두했다"라고 말씀을 꺼내면서 어머니에게 고마움을 표시했다. 어머니가 다 쓴 콩기름 페트병을 수집해 온 것만도 마당에 그득했다. 일일이 씻어 기름을 제거해 아버지 실험 재료로 썼다. 아버지는 알코올램프로 병 주둥이를 녹여가며 모양을 수도 없이 바꾸며 연구에 몰두했지만 허사였다. 몇 달째 씨름하던 아버지가 포기할 지경에 이르렀을 때 그 새가 나타났던 거다. 아버지는 "그 새가 뭔가 얘기하는 거 같아 '기름이 흐르지 않게 따르는 방법'을 연구해 성공했다. 그 새가 그걸 귀띔해줬다. 그래서 새벽에 깨 실험했다. 발명하고 보니 아주 간단한 걸 놓치고 있었다"라고 했다.

결국, 아버지는 병 주둥이를 조금 넓혀 따르는 양을 많이 하면 표면장력에 의해 기름이 병 주둥이를 타고 흐르지 않는 원리를 발명했다. 이튿날 국내외 특허를 출원했다. 지금의 '알뜰 마개'는 아버지의 발명으로 세상에 나왔다. 그날 아버지는 고사성어 '수도선부(水到船浮)'를 인용했다. '물이 불어나면 큰 배가 저절로 떠오른다'라는 뜻으로 실력을 쌓아서 경지에 다다르면 일이 자연스럽게 이루어짐을 이르는 말이다. 주자전서(朱子全書) 32권 답장경부(答張敬夫) 편에 나온다.

주희(朱熹)가 문인을 훈도할 때 자주 쓴 말이다. '물이 모이면 도랑이 이루어진다'라는 '수도거성(水到渠成)'과 같은 뜻으로 쓰인다. 아버지는 "누구나 할 수는 있지만 아무나 할 수는 없다. 차근차근 인내하며 준비된 자에게만 기회는 온다"라며 "기회는 누구에게나 온다. 다만 준비하지 않아 기회를 알아채지 못할 뿐이다"라고 했다.

아버지는 "물이 차면 배는 떠오른다. 어려움과 고난을 이겨내며 실력을 쌓다 보면 언젠가는 뜻을 이루게 된다. 물이 불어나면 큰 배가 저절로 떠오르듯이 준비된 자에게는 언젠가는 기회가 온다"라고 강조했다. 준비성은 키우기 쉽지 않지만, 꾸준한 노력을 통해 누구나 키울 수 있는 덕성이고 성품이다. 서둘러 반드시 손주에게도 깨우쳐 물려줘야 할 소중한 인성이다. 특히 어려움에 직면했을 때 포기하지 않고, 꾸준히 노력하는 끈기를 키우는 일이 중요하다.

나잇값이 무겁다
비육지탄(髀肉之嘆)

손주가 태어난 이듬해 아버지가 환갑을 맞았다. 아버지가 바라던 대로 결혼해 첫 아이를 낳은 때라 회갑 잔치를 잘해드리고 싶었다. 동생들과 협의해 시내 호텔에 식장을 예약했다. 준비가 거의 끝나 아버지를 찾아뵙고 환갑잔치 준비상황을 처음으로 알려드리며 초대할 지인들을 말씀해달라고 했다. 잠자코 듣던 아버지가 눈시울을 적시며 "그만두라"라고 했다. 잘못 들었나 싶어 다시 말씀드리자 "그만두라고 하지 않았냐"고 화냈다. 머뭇대자 "당장 예약 취소하라"라고 해 그 자리서 바로 취소했다. 영문 몰라 하는 내게 한참 지나 아버지는 "고맙다"고 한 뒤 "보잘것없는 삶이어서"라는 이유를 댔다. 아버지는 회갑연에 으레 밝히는 "약력이라고 소개할 게 없어서다"라고 덧붙였다.

아버지는 "나이는 '가지다'가 아니라 '먹는다'고 쓴다. 오래전부터 그렇게 써왔으니 선인들의 비유와 경계가 놀랍고 두렵다"고 했다. 이어 아버지는 나이를 '먹는다'고 비유한 이유를 이렇게 유추해 설명했다. 첫째 나이가 사람의 생명 에너지 소비와 관련 있기 때문이다. 태어날 때부터 사람은 성장하고 발달하며, 이 과정에서 많은 에너지를 소모한다. 그 에너지를 보충하기 위해 음식을 먹는다. 둘째 나이가 사람의 경험 축적과 관련 있기 때문이다. 경험은 마치 음식을 먹는 것과 같이 지식과 정보를 흡수하는 과정이다. 마지막으로 시간을 소모했다는 뜻이다. 시간을 먹었다는 얘기다.

아버지는 "'먹는다'가 문제가 아니라 먹으면 그에 상응한 결과가 없어서다"라며 "음식은 먹은 만큼 소화해 성장하며 잔여물은 배설한다"라고 했다. 소화불량이거나 토해내거나 해서 먹은 나이만큼의 결과가 없음을 탓했다. "개나 돼지 등 여타 짐승들도 먹은 값을 한다"며 아버지는 "헛살았다"고 표현하며 심하게 자책했다. 아버지는 "값을 매길 수 없는 게 나잇값이다. 나잇값이 무겁다. 먹은 만큼은 성장했어야 나잇값을 하는 거다. 손주까지 태어났으니 하늘과 조상은 물론이려니와 손주에게도 부끄러운 삶이 됐다"라고 했다. "2남 4녀 자식을 낳고 불편한 몸을 이끌고도 여러 주목받고 박수받을만한 일을 해온 지난 삶의 역정(歷程)은 같은 길을 걷는 다른 이들에게도 귀감이 될 수 있다"는 내 말에 "귀에 거슬린다"며 "나이를 헛먹었다"고 다시 한탄했다.

아버지는 "나이 60세의 비유적인 표현이 공자가 말한 이순(耳順)이다"라며 '귀가 순해진다'는 뜻이라고 설명했다. "예순에는 남의 말을 듣기만 하면 곧 그 이치를 깨달아 이해하게 되었고(六十而耳順)"라는 말에서 유래했다. 아버지는 "귀가 순해져 사사로운 감정에 얽매이지 않고 모든 말을 객관적으로 듣고 이해할 수 있는 나이가 바로 60세, 즉 이순이다"라며 "네 말이 거슬리는 걸 보니 아직 환갑잔치할 나이가 아니다"라고 설명했다.

여지없이 그날도 고사성어 '비육지탄(髀肉之嘆)'을 인용했다. 보람 있는 일을 하지 못하고 헛되이 세월만 보내는 것을 한탄함을 비유한 말이다. 할 일이 없어 가만히 놀고먹기 때문에 넓적다리에 살만 찐 것을 한탄한다는 뜻이다. 중국 삼국시대 유비(劉備)가 한 말이다. 신야(新野)의 작은 성에서 4년간 할 일 없이 지내던 유비가 유표(劉表)의 초대로 연회에 참석했을 때 변소에 갔다가 자기 넓적다리에 유난히 살이 찐 것을 보게 되었다. 순간 그는 슬픔에 잠겨 눈물을 주르르 흘렸다. 그 눈물 자국을 본 유표가 연유를 묻자 대답한 말에서 비롯했다. "나는 언제나 몸이 말안장을 떠나지 않아 넓적다리에 살이 붙을 겨를이 없었는데 요즈음은 말 타는 일이 없어 넓적다리에 다시 살이 붙었습니다. 세월은 사정없이 달려서 머지않아 늙음이 닥쳐올 텐데 아무런 공업(功業)도 이룬 것이 없어 그것을 슬퍼하였던 것입니다."

그때 아버지의 고심을 온전히 이해하지는 못했지만, 가족이 모여 점심을 함께하는 것으로 회갑연은 마쳤다. 아버지는 몇 술 뜨지 않았다. 환갑 지나 아버지는 바로 "나잇값을 해야 한다. 삼국지(三國志)를 새로 써야 한다"며 묵혀뒀던 집필에 들어갔다. 이젠 내 나이가 칠순을 넘었다. 아버지가 육순에 하신 말씀들이 칠순이 되어서야 새롭게 떠오른다. 손주들에게 일찍이 깨우치도록 물려줄 인성은 뭘까? 그게 자신의 삶에 대한 책임감이다. 아버지가 울음 섞어 깨우쳐주려고 한 '나잇값'이다.

너 스스로 인재가 돼라

모수자천(毛遂自薦)

전방부대 후반기 교육대는 논산 신병훈련소에 시설이나 교육 운영이 미치지 못했지만, 군기는 더 셌다. 이번에 입소한 병력은 모두 접적 지역 최전방부대 소총수로 배치된다는 얘기가 돌았다. 자대 배치 날짜가 다가오면서 초조했다. 몇몇은 쉬는 시간에 교육대 철조망을 통해 먹을 것들을 사 먹으면서 은밀하게 편지를 집으로 보내 달라고 했다. 나도 최전방부대로 가지 않게 해달라는 인사청탁 편지를 써 집에 보냈다.

훈련 동기 여럿이 중부 전선 전방부대에 배치되었으나 나는 연대 본부대 행정병으로 남았다. 편지로 집에 알렸으나 답장은 없었다. 얼마 안 있어 후임병이 전입해오자 막내 신세를 면할 때쯤 첫 외박을 나왔다. 아버지 회사에 먼저 들렀다. 결재를 기다리는 직원들과 접견실에 같이 앉았을 때 사장실에서 아버지 전화 통화가 들렸다. 집안사람의 인사청탁을 거절하는 내용이었다. 아버지가 "안 됩니다"라고 단호하게 거절하는 큰소리가 나면서 통화는 끝났다.

결재를 마친 아버지가 불렀다. 방에 들어서 모자를 벗고 인사하자 아버지는 모자 쓰고 거수경례하라고 했다. 앉아서 거수경례로 인사받은 아버지는 내가 앉자마자 대뜸 "군대도 사람 사는 동네다. 네가 힘들면 다른 사람들도 힘들다. 내가 좀 편해지자고 하면 같이 있는 사람들은 두 배로 더 힘들게 된다. 그런 결정을 윗사람이 할 리 없다"라며 청탁을 넣어달라는 내 부탁 편지는 그렇게 무시했다고 했다. 좀 전에 친척과 통화한 내용과 비슷한 맥락에서 내가 편지를 집에 보낸 일을 '바보 같은 짓'이라며 꾸짖었다.

사람 뽑는 일이 조직을 운영하는 사람이 가장 신경 쓰는 일이라며 공자가 한 말을 소개했다. "사람의 마음은 산천보다 더 험하고, 하늘을 아는 것보다 더 알기 어렵다. 자연은 봄, 여름, 가을, 겨울의 사계절과 아침, 저녁의 일정한 주기가 있지만, 사람들은 외모의 가면 안에 속마음을 감추고 있다. 겸손한듯해도 교만한 사람이 있고, 뛰어난 듯해도 못난 사람이 있고, 신중한 듯해도 경박한 사람이 있고, 강인한 듯해도 유약한 사람이 있고, 여유로운 듯해도 조급한 사람이 있다. 목마른 사람처럼 의(義)를 추구하다가도, 뜨거운 걸 피하듯이 의를 내던지기도 한다."

"공자가 아홉 가지 조짐(九徵)을 살펴보면, 누가 못난 사람인지를 알게 될 것이다"라는 말을 이어서 인재 알아보는 법을 설명했다. "군자는 멀리 보내서 충성스러운지, 가까이 두고 공경하는지, 까다로운 일을 시켜 유능한지, 갑작스럽게 질문해 지식을 갖췄는지를 살펴본다. 급하게 일을 시켜 믿을 수 있는지, 재물을 맡겨 심성이 어진지, 위급함을 알려서 절개가 있는지, 술에 취하게 해서 행동거지가 바른지를 살

펴본다. (남녀가) 함께 지내게 해 색을 밝히는지를 살펴본다." 장자(莊
子) 열어구(列御寇) 편에 나오는 말이다.

아버지는 이날도 고사성어를 인용하며 "자리에 합당한 실력을 갖
추는 게 먼저다. 지원자는 실력이 비슷하다. 실력을 갖추었다면 청탁
하지 마라. 인사권자는 비슷한 사람 중에 '하고 싶어서 하는' 사람을 선
택한다. 그러니 너 스스로 인재로 나서라"라고 강조했다. 덧붙여 자세
하게 설명한 성어가 '모수자천(毛遂自薦)'이다. 자신을 스스로 추천한다
는 뜻이다. 사기(史記) 평원군열전(平原君列傳)에 나온다. 중국 전국시
대 조(趙)나라 혜문왕(惠文王)의 동생인 평원군 조승(趙勝) 집에 손님
의 수가 수천 명에 이르렀다. 진(秦)나라가 쳐들어와 조나라의 수도 한
단을 포위했다. 조나라는 평원군을 초(楚)나라에 보내 합종연횡(合從連
橫)으로 연합하고자 했다.

평원군은 함께 갈 인물 20명을 뽑으려 했으나 한 사람이 모자랐다. 이때 모수(毛遂)가 자천(自薦)했다. 평원군이 "어진 선비의 처세란 마치 송곳이 주머니 속에 있는 것과 같아서 그 끝이 주머니를 뚫고 밖으로 나오듯이 금방 세상에 드러나는 것이오. 그런데 선생은 내 집에서 3년 동안이나 기거하셨지만, 주변에서 선생을 칭찬하는 말을 나는 한 번도 듣지 못했소"라고 했다. 모수는 "그러니 이제라도 저를 주머니 속에 넣어주시기를 청하는 것뿐입니다. 만약 일찍 저를 주머니 속에 넣어주셨다면 단지 송곳 끝만 보였겠습니까? 송곳의 자루까지 모두 내보여드렸을 것입니다"라고 응수했다.

평원군은 모수를 데려갔다. 평원군과 빈객들이 초나라 왕 설득에 실패하자 모수가 칼자루를 잡고 나서서 협박하는 한편 뛰어난 언변으로 설득에 성공했다. 훗날 평원군은 "내 다시는 선비의 관상을 보지 않겠다. 모 선생조차 제대로 알아보지도 못했으니 말이다. 모 선생의 무기는 단지 세 치의 혀였지만 그 힘은 정말 백 만의 군사보다도 더 강한 것이구나"라며 모수를 상객(上客)으로 모셨다는 고사에서 이 말은 유래했다.

선발되려면 강한 의지를 보이는 방법만 한 게 없다. 자천은 내 의지를 상대에게 강력하게 보일 유일한 도구다. 책임감은 강한 의지력의 기초다. 의지력을 가지기 위해 손주들에게도 일찍부터 키워줘야 할 인성이 책임감이다. 자신의 행동이 어떤 결과를 초래하는지 이해시키고, 책임감을 느끼고 행동하도록 훈련해야만 갖출 수 있는 품성이다.

모방은 창조의 어머니다

법고창신(法古創新)

손주를 보러 온 부모님이 애들 재롱에 빠져 즐거워할 때 전화가 왔다. 전 부서 직원과 통화하던 내가 "그러면 그건 백지화(白紙化)하라"고 하자 아버지가 "전화 끊으라"고 호통쳤다. 손주들이 놀라 품에서 달아나자 아랑곳하지 않은 아버지는 백지화를 "자인하기 싫어 교묘하게 포장한 실패"라고 규정했다. "치졸하다"고 책망한 아버지는 세 가지를 지적했다. 하나는 "전 부서에서 네 손을 떠난 계획을 백지화하라는 말은 월권(越權)이다"라고 했다. "또 살펴보니 전 부서에서 계획한 자료들을 가져왔던데 그건 실행에 옮기지 않은 아이디어라도 그 조직의 재산이다. 그걸 임의로 들고나온 건 엄연한 범법행위다"라고 꾸짖었다. 이어 "전 부서, 전 직장을 욕하는 이가 제대로 된 삶을 사는 걸 못 봤다. 친정 흉보는 거 아니다"라고 아버지는 나무랐다.

아버지는 "네 대답을 듣고 싶지 않다만 혹여라도 '나도 고생했으니 후임자들도 고생해봐라'라는 생각으로 그렇게 했다면 크게 잘못한 일이다"라며 크게 염려했다. 백지화는 '모든 것을 처음부터 다시 시작하거나 초기 상태로 돌려놓는다'라는 뜻이라고 정의해 설명했다. 첫째 계획이나 프로젝트가 중단되거나 취소되어 처음부터 다시 시작해야 할 때, 둘째 합의나 결정이 뒤집히거나 무효로 하여 다시 논의해야 할 때, 셋째 기존 시스템이나 구조가 폐지되고 새로운 시스템이나 구조를 구축해야 할 때를 제외하면 백지화는 엄밀한 의미에서 실패다. 아버지는 "18세기 프랑스 혁명 정부는 봉건 시대의 모든 법률과 제도를 폐지하고 새로운 사회를 건설하기 위해 백지화 정책을 추진했다"라고 유래를 설명했다.

그런 경우가 아니면 백지화는 절대 해서는 안 된다며 시간과 자원 낭비, 불안정성과 갈등 야기, 신뢰를 잃는 문제점들이 있다고 했다. 아버지는 "너 같은 전임자가 백지화한 프로젝트를 되살려 성공하는 예도 많다"며 전임자가 가지지 못한 후임자의 역량에 따라 성공한 것이라고 평가했다. 아버지는 "실패하면 포기한다. 포기하는 것도 습관 된다"라며 "실패에 대한 두려움, 부족한 자신감과 목표의식, 긍정적 사고 부족을 언제나 경계해야 한다"고 강조했다.

아버지가 실패를 경고한 여러 말씀은 이제 다시 찾아보니 유명인사들의 경구였다. "실패는 지연일 수는 있어도 패배는 아니다. 일시적으로 돌아가는 것이지 막다른 골목은 아니다. 실패는 두려워해야 할 것이 아니다. 새로운 시도를 할 때나 큰 성공을 향해 나아갈 때 불가피하게 찾아올 수 있는 것이 실패다"라는 말씀은 동기부여전문가 토드 던컨이 한 명언이다. "성공은 실패라고 불리는 99%의 산물로부터 얻어지는 1%의 결과물이다"라는 혼다 창업주 혼다 소이치로(本田宗一郎)가 한 말이다. 아버지는 "포기해야겠다는 생각이 들 때야말로 성공에 가까워진 때이다"라는 말로 격려했다.

백지화가 새로운 것을 창조하기 위한 필수적인 과정이라고 한 아버지는 실패로 인식하기보다는 새로운 시작을 위한 기회로 생각해야 한다고 강조했다. 토머스 에디슨의 명언 "실패는 성공의 어머니이다"를 원용해 "창조는 모방에서 나온다. 모방은 창조의 어머니이다"라고 뜻을 새겼다.

이어 공자가 말한 온고이지신(溫故而知新)과 유사한 뜻인 '법고창신(法古創新)'을 인용했다. 아버지는 "온고지신은 옛것을 아는데 머물고 있다면 법고창신은 새로운 것을 창조한다"고 차이점을 일러줬다. 옛것을 본받아 새로운 것을 창조한다는 뜻인 법고창신의 원문은 "옛것을 모범으로 삼되 그것을 변화시킬 줄 알고 새것을 만들어 가되 법도를 지켜야 한다(法古而知變 創新而能典)"이다. 조선시대 실학의 태두인

연암(燕巖) 박지원(朴趾源)의 '초정집서(楚亭集序)'에 나온다. 연암이 초정 박제가(朴齊家)에게 '글은 옛것을 본떠 써야 하나, 새로운 것을 써야 하나'를 문제 제기한 뒤 '글은 옛것에서 새것을 만들어내는 것이다'라고 쓴 글이다. 조직의 전통과 규칙을 따르되 새로운 변화를 알고 조직에 새 바람을 일으키며 새로운 것을 창출하되 전통이나 규칙에 어긋나지 않게 한다는 말이다.

화가 풀리지 않은 아버지는 며느리가 차린 밥상을 물리고 떠나버려 지금도 기억이 생생하다. 전임자가 백지화한 실패를 딛고 일어서 성공하기란 결코 쉽지 않다. 하지만 인류가 지금 같은 성장을 이룰 수 있었던 건 변화에 성공했기 때문이고 그 성공보다는 훨씬 많은 실패를 딛고 일어선 결과다. 아버지는 "백지화에 변화를 얹으면 창조가 된다"고 말씀을 마쳤다.

백지화해야 할 어려움에 맞닥뜨릴 때 꺾이지 않고 다시 일어서는 힘이 탄력성이다. 변화를 읽는 중요한 인성이다. 희망을 버리지 않고 긍정적인 사고방식을 유지하는 게 탄력성을 키우는 비결이다. 그 어떤 것보다 손주들에게도 먼저 물려줘야 할 소중한 성품이다.

비뚠 자세가 병을 키운다
신체발부수지부모(身體髮膚受之父母)

왼팔이 며칠 새 저리고 아파서 퇴근길에 한의원에서 침을 맞았다. 저녁 약속을 취소하고 곧장 집으로 갔다. 은행에 다닐 때다. 일찍 귀가한 나를 본 아버지가 대뜸 왼쪽 팔이 아프냐고 물었다. 어떻게 아셨느냐고 되묻자 "왼쪽 어깨가 처지지 않았느냐? 네 눈에는 보이지 않느냐. 거울에 비춰봐라. 한눈에 봐도 어깨가 내려앉은 게 보인다"라며 아픈 왼쪽 어깨를 쳤다. 팔이 떨어져 나갈 듯이 아파 눈물이 났다.

아버지는 서랍을 열어 흰색 알약을 하나 꺼내주면서 바로 먹으라고 했다. 의자에 앉자 아버지는 양손으로 손깍지를 껴보라고 했다. 오른손 엄지가 편하게 위로 올라왔다. 손을 바꿔 왼손 엄지가 위로 올라오게 깍지를 껴보라고 했다. 어색했다. 이번에는 팔짱을 껴보라고 했다. 자연스럽게 오른손이 위로 올라왔다. 왼손이 위로 올라오게 반대로 팔짱을 껴보게 했다. 역시 어색했다. 이어 다리를 평소대로 꼬아보라고 했다. 오른쪽 다리가 익숙하게 왼쪽 다리 위로 올라가자 그 반대로도 해보라고 했다. 왼쪽 다리가 오른쪽 다리 위로 올라오는 건 둔했다.

아버지는 "거울에 비춰봐서 알아챘겠지만, 네 몸은 눈에 띄게 왼쪽으로 기울었다. 중증이다"라며 간단한 검사를 통해서도 알 수 있듯 어제오늘에 생긴 질환이 아니라고 단정 지었다. "비뚠 자세가 병을 키운다. 삼십수 년을 그렇게 미세하지만 바른 자세를 취하지 않아 병이 생긴 거다. 바른 자세에서 건강이 나온다. 네 몸 네가 망친 거다"라고 질책했다. 아버지가 벼루를 내줬다. 양말을 벗고 발에 먹물을 묻혀 흰 종이 위에 앉았다가 일어서라고 했다. 난생처음 풋 프린트(Footprint)를 찍었다. 오른쪽 발은 안쪽으로 반밖에 찍히지 않았다. 왼발은 바깥쪽으로 반만 찍혔다. 양쪽 발 모두 뒤꿈치 자국은 희미했다.

아버지는 "기어 다니던 인간이 직립보행하면서 자세가 흐트러졌다. 무거운 머리는 일곱 개 목뼈가 받치고 있다. 몸의 중심축 역할을 하는 척추 24마디는 골반이 받친다. 골반이 튼튼해야 몸의 중심인 척추가 바르게 된다. 골반이 틀어지면 여러 장기가 뒤틀리거나 눌려 소화기에도 문제가 생길 수 있다"라며 "원인을 모르는 병을 안고 있을 것이다"라고 했다. 이어 "다리는 땅의 지반이고 골반은 인체의 초석, 척추는 대들보다. 다리와 골반의 어긋남으로 인해 등골이 비뚤어지고 척추가 변형된다. 신체균형 파괴는 물론 모든 질병은 거기서 시작된다"라고 했다. 아버지는 "히포크라테스도 '걷기는 인간에게 가장 좋은 약이다'라고 했다. 기울어진 자세로 걸어 다니고 있으니 스스로 병을 키우고 있는 거다"라며 자세를 바로 할 것을 주문했다.

아버지가 왼팔을 들어보라고 했다. 아프지 않았다. 아버지가 준 약을 먹고 얼마 지나지 않아 통증이 신통하게 사라졌다. 지금 생각해

보니 그 알약은 전상을 입어 다리를 절단한 아버지가 상비약으로 가지고 있던 강력한 진통제였던 거 같다. 아버지는 이내 똑바로 앉고 일어서고 걷는 연습을 한참 동안 시켰다. 왼팔이 아프지 않으니 시키는 대로 따라 하는 데 불편하지 않았다. 내 몸이 왼쪽으로 기울어졌던 걸 확연하게 느꼈다. 이어 아버지는 "곧은 자세와 균일한 보폭으로 걸어라. 무게중심을 뒤에 두고 허리와 등을 쭉 펴고 어깨를 조금 뒤로 젖히는 자세가 좋다. 목과 팔로 이어지는 어깨 통증은 근육이 과도하게 오랜 시간 수축해 있을 때 나타난다. 어깨 힘을 빼라. 양쪽의 균형을 맞춰라"라며 구체적으로 지시했다.

아버지는 "바른 자세도 1시간 이상이면 독이다. 몸을 자주 풀어줘야 한다. 오랜 시간 같은 자세를 유지하는 것은 근육과 관절이 긴장하기 때문에 좋지 않다. 오늘 연습한 것을 반드시 기억해 수시로 교정해라. 인간은 편한 대로 몸을 쓰게 되므로 잠시 방심하면 이전의 비뚤어진 자세로 이내 돌아간다"라며 주의를 당부했다.

고사성어 '신체발부수지부모(身體髮膚受之父母)'를 인용했다. '신체와 터럭과 살갗은 부모에게서 받은 것이다'라는 말이다. 부모에게 물려받은 몸을 소중히 여기는 것이 효도의 시작이라는 뜻이다. 효경(孝經) 개종명의(開宗明義)장에 실린 공자(孔子)의 가르침이다. 공자가 제자 증자(曾子)에게 "무릇 효란 덕의 근본이요, 가르침은 여기서 비롯된다. 사람의 신체와 터럭과 살갗은 부모에게서 받은 것이니, 이것을 손상하지 않는 것이 효의 시작이다(身體髮膚受之父母 不敢毁傷 孝之始也). 몸을 세워 도를 행하고 후세에 이름을 날려 부모를 드러내는 것이 효의 끝이다. 무릇 효는 부모를 섬기는 데서 시작하여 임금을 섬기는 과정을 거쳐 몸을 세우는 데서 끝나는 것이다"라고 설명한 말에서 나왔다.

비록 전쟁 중에 다쳐 오른쪽 다리를 잃긴 했지만, 아버지는 "내 몸 하나 올바로 간수 못 했다. 부모님께 죄책감을 평생 느낀다"며 불효자라고 자책했다. 아버지는 "내 몸 하나 제대로 돌보는 작은 책임도 감당하지 못하면서 어떻게 직장의 여러 큰 책임을 뻔뻔하게 맡을 수 있겠냐"고 묻고 몸가짐을 바르게 할 것을 주문했다. 이어 "네 몸은 네 것이지만, 네 몸을 준 내 분신이기도 하다. 네 몸이 아프면 나는 더 아프다. 함부로 굴려서는 안 된다. 흔한 감기도 걸려서는 안 된다. 몸을 준 부모가 걱정하지 않게 몸을 돌보는 일은 너의 책임이다. 부모에게 걱정을 끼치지 않게 하려는 마음이 효심이다"라며 책임감을 강조했다. 손주들에게도 일찍이 일깨워 물려줘야 할 최고의 인성이다.

상사에게 가장 먼저 생각나는 사람이 돼라

오청이윤(五請伊尹)

포상휴가 나왔을 때다. 친구들을 만나고 잠자러 집에 오자 아버지가 마루에서 기다리다 "왜 인제 오느냐? 부대에서 '급한 일이니 전화해 달란다'는 전화가 왔었다"라고 했다. 인사드리고 난 뒤 부대에 전화했다. 상황실 당번병이 받아 "내일 군단에서 높은 분이 방문하신답니다. 부대가 난리입니다. 나중에 포상휴가 다시 보내준다며 바로 복귀하시랍니다. 브리핑 차트 밤새워 만드셔야 합니다"라고 했다. 아버지께 통화 내용을 말씀드리자 "얼른 들어가라"면서도 꺼낸 말씀이 "그렇게 상사에게 가장 먼저 떠오르는 사람이 되어라"였다.

아버지는 "네가 상사에게 인정받고 있다는 확실한 증거를 보았다"며 기분 좋아 길게 말씀했다. 그렇게 인정받기까지 네가 겪었을 숱한 노력이 눈에 선하다. 잘 자라준 모습이 고맙고 자랑스럽다는 칭찬도 모처럼 했다. "군대는 명령과 복종이 생명이다"라고 한 아버지는 "군대 생활의 신조는 '상사 만족'이다"라고 단정하며 너를 찾는 것이 그 증거라고 다시 강조했다. 이어 "상사가 일을 시킬 때 가장 먼저 떠오르는 직원은 업무 능력, 책임감, 협력성, 성장 가능성, 상사와의 관계 등을 종합적으로 고려하여 선택된다"면서 사회 직장에서도 마찬가지라고 설명했다.

아버지는 "상사가 일을 시킬 때 가장 먼저 떠오르는 부하가 되자면 능력과 경험이 중요하다"고 하며 방법 몇 가지를 일러줬다. 업무를 수행하는데 필요한 지식과 기술을 갖추고, 과거에 그 일을 성공적으로 해낸 경험이 상사의 신뢰를 얻고 일을 맡길 가능성이 크다. 예상치 못한 문제나 어려움이 발생했을 때, 스스로 해결책을 찾아낼 수 있는 능력 또한 중요하다. 일을 꼼꼼하게 수행하고, 실수를 최소화하는 노력은 상사에게 좋은 인상을 준다. 새로운 기술을 빠르게 습득하는 능력은 미래의 성장 가능성을 보여주며, 상사에게 긍정적인 인식을 심어줄 수 있다.

아버지는 "여러 실력 중에 상사가 가장 먼저 떠올리는 부하는 '마감 시간 준수'다"라며 "맡은 일을 약속한 시간 안에 완료하는 책임감이 그 무엇보다 앞선다"라고 했다. 아버지는 "결국 네 상사도 그 일을 한정된 시간 내에 마무리 지어야 하니 '완벽하게 책임지고 일을 끝낼 부하'를 먼저 떠올리게 된다"고 강조했다. 아버지는 이어 "네 브랜드는 '무슨 일을 맡겨도 맡은 바 임무를 충실하게 이행해내는 부하'가 되어야 한다"고 결론지었다. 그러면 상사는 매번 같은 부하에게만 일을 주게 된다고 분석하면서 이때 더욱 조심하고 겸손할 것을 주문하며 잡기장을 뒤적여 한 장을 찢어서 내줬다.

아버지의 메모에는 '상사가 일을 맡길 때 가장 중요하게 생각하는 요소는 성과(52%), 책임감(48%), 팀워크(46%)'라는 실증 자료가 적혀 있었다. 아버지는 메모를 보며 설명한 '왕이 신하를 다스리는 데 사용하는 일곱 가지 술책'은 흥미로웠다. 첫째 많은 증거를 모아 대조하는 것, 둘째 형벌을 내려 위엄을 밝히는 것, 셋째 포상해서 능력을 다하게하는 것, 넷째 신하의 말을 하나하나 듣고 실적을 묻는 것, 다섯째 왕의 명령을 의심하는 신하를 꾸짖는 것, 여섯째 왕은 알고 있지만 모르는 척하고 질문하는 것, 일곱째 일부러 반대되는 말을 하고 거꾸로 일을 행해 신하를 살피는 것을 말한다. 『한비자(韓非子)』 내저설 상편에 나온다. 아버지는 "세상의 모든 걸 가진 왕도 왕권을 유지하기 위해 끊임없이 신하를 시험했다"며 "차이는 있겠지만, 누군가의 아랫사람인 네 상사도 너의 능력을 언제나 시험할 것이다"라고 했다.

이날도 어김없이 인용해 설명한 고사성어가 '다섯 번 이윤을 초청했다'는 '오청이윤(五請伊尹)'이다. 왕을 도와 사람들을 다스리는 이인자가 재상(宰相)이다. '재(宰)는 요리를 하는 자', '상(相)은 보행을 돕는자'란 뜻이다. 부족국가 초기의 재상은 요즘 말로는 쉐프다. 기록에 남는 첫 재상 요리사가 상(商)나라의 이윤(伊尹)이다. 이윤의 명성을 흠모한 탕왕(湯王)이 다섯 차례나 출사를 간곡히 청했다고 한다. 아버지는 "한참 훗날 유비가 제갈량을 모시려고 찾아간 삼국지에 나오는 삼고초려의 원전이다. 상탕은 이윤을 찾아가 결국 그를 모셔왔다"고 했다. 이윤은 탕왕에게 정치를 요리에 빗대 설명했다. 그는 탕왕에게 하(夏)나라 걸(桀)왕을 정벌해 천하의 백성을 구하라며 생선의 가시를 바르듯세심하게 계획을 짜 걸왕을 멸망시켰다. 이후 탕왕과 그의 아들이 태평성대를 이룩하는 데 큰 역할을 했다.

아버지는 이윤을 "자신이 할 일과 때를 알았던 최초의 명재상"이라며 왕보다 더 큰 책임감을 가진 인물이라고 몇 번 강조했다. "이윤은 벼슬하지 않는 선비였는데 탕왕이 사람을 시켜 맞아들이려 했으나, 다섯 번이나 거절한 뒤에야 탕에 가서 따랐다(伊尹處士 湯使人聘迎之 五反然後肯往從湯)"라는 말은 사기(史記) 은본기(殷本紀)에 나온다.

책임감은 '맡아서 해야 할 임무나 의무를 중히 여기는 마음'이다. '책(責)'자는 '조개 패(貝)'자와 '가시 자(朿)'자가 결합해 '가시가 돋친 돈'이라는 뜻이다. 남에게 빌린 돈을 갚지 못하면 재촉당하거나 책망당한다는 뜻에서 '꾸짖다'나 '나무라다'를 뜻하게 되었다. 아버지는 "임무에 책임감을 느껴야 남 앞에 설 수 있다"라며 말씀을 마쳤다. 손주들에게도 꼭 물려줘야 할 소중한 덕성이다. 어머니가 "밥 차려놨으니 그만 밥 먹으라"고 몇 번이나 들락거렸는데도 말씀을 끝낸 아버지는 "밥이 무슨 대수냐. 바로 귀대하라"고 해 집을 나섰다.

인생은 요령이다
요령부득(要領不得)

    오랜만에 아버지가 불러 뜬금없이 "인생은 요령이다. 요령껏 살아라"라고 했다. 연일 야근하느라 한집에 살아도 뵌 지 오래됐다. 은행에 들어간 걸 탐탁지 않아 한 아버지는 자식의 직장 일에 대해 이제껏 말씀이 없었다. 아버지는 전화 통화를 우연히 엿들었다며 "계수계획은 잘 만들었냐"고 묻고는 대답을 기다리지도 않고 느닷없이 "상사의 말에 토를 달지 말라"고 지적했다. "토를 달면 거역하거나, 반박하거나, 따르지 않는 것을 뜻한다"면서 "자칫하면 명령에 불복종하는 행위로 상대가 받아들일 수 있다"고 주의를 당부했다.

    문제 된 건 본부에서 준 보고 서식을 무시해서였다. 제시된 보고양식이 단발적이고 예측이 자의적이라고 판단했던 때문이다. 다음 해 계수계획 작성 지시를 받고 처음 하는 일이라 학교에서 배운 대로 했다. 시계열 자료로 추세치를 상관분석해 수요예측을 했다. 거기에다가 고객변동 등 외부환경요인을 더해 시장 예측을 해 보고서를 작성했다. 보고서를 본 상사가 전화해 "양식을 바꾸면 안 된다"고 한 데서 설명이 길어져서였다. 아버지께는 상사가 지적한 대로 잘 마무리했다고 말씀드려 안심시켰다. 그 말에 아버지는 "산 중턱에 올라간 상사가 이제 막 산행을 시작해 잘못된 길로 오르는 너를 본 거다"라며 "부딪치는 난관을 극복해가며 정상에 도달할 수 있겠지만, 앞서간 이를 따르는 게 현명한 처신이다"라고 강조했다.

이어 아버지는 평소처럼 '요령(要領)' 한자를 파자해가며 설명했다. '중요할 요(要)'자는 허리에 손을 올린 여인으로 무희가 춤추는 모습을 본뜬 글자다. 본래는 '허리 요(要)'였으나 몸에서 가장 중요한 부위라는 의미가 확대되면서 '중요하다', '요긴하다'로 바뀌었다. '거느릴 영(領)'자는 '영령(令)' 자와 '머리 혈(頁)' 자가 합쳐진 글자다. 대궐 앞에서 명령을 내리는 군주를 그린 것으로 사람의 목이 중심이 됨을 나타내 '옷깃 영'으로도 쓴다.

아버지는 "옛날에는 죄인을 사형에 처할 때 무거운 죄는 허리를 베고 가벼운 죄는 목을 베었다"라며 요령에 대한 설명을 보탰다. 삼국시대에는 목을 베는 참수(斬首)와 허리를 베는 참결(斬決), 참요(斬腰)가 있었다. '요령'은 옷의 허리띠와 깃을 말한다. 옷을 들 때는 허리띠 있는 곳과 깃이 있는 곳을 들어야만 옷을 제대로 들 수 있다. 여기에서 허리띠와 깃이 요긴한 곳을 가리키는 말로 변하게 되었다.

아버지는 "경찰이 범인을 체포할 때 몸의 중심인 허리띠를 잡는다. 움직임을 효과적으로 제압할 수 있어서다. 격렬하게 저항하더라도 허리띠를 잡고 있으면 쉽게 도망갈 수 없다"라고 예를 들었다. 이어 "'체포 및 연행 업무 지침'에는 없지만, 범인을 안전하고 효율적으로 체포하는 데 효과적인 방법으로 흔히 쓴다"고 소개하며 "그게 바로 요령이다"라고 했다. 아버지는 "대체로 요령은 업무 지침에는 잘 나오지 않는다. 오직 상사가 도제식(徒弟式)으로 전수할 뿐이다"라며 그 때문에 상사의 방식에 토를 달지 말라고 다시 강조했다.

아버지는 "요령은 문제를 해결하거나 목표를 달성하기 위해 사용하는 효율적이고 간단한 방법이다. 숙련도, 경험이나 지식을 통해 습득되는 실용적인 기술이다. 똑똑하고 효과적으로 일하는 능력과 직결된다"라고 했다. "요령은 시간과 노력을 줄이고 더 많은 일을 더 빨리 쉽게 이뤄내 효율성과 생산성을 향상시킨다. 한마디로 일 처리를 세련되게 한다"며 그로 인해 자신감을 얻을 수 있다고 요령의 장점을 들었다.

아버지는 "요령은 고사성어 '요령부득(要領不得)'에서 왔다"라며 "'사물의 중요한 부분을 잡을 수 없다'라는 말이다. 말이나 글의 핵심을 파악하지 못하는 것을 뜻한다"라고 했다. 사기(史記) 대원전(大宛傳)에 나온다. 한무제(漢武帝)가 흉노 침략에 대비하기 위해 서역과의 교류를 강화하고자 장건(張騫)을 파견했다. 장건은 흉노의 포로가 돼 10여 년을 억류 생활하며 아내를 얻어 자식까지 낳았다. 흉노가 안심했을 때 도망쳐 대월지국에 갔으나 교섭에 실패했다. 귀로에 또 흉노에게 붙들려 1년여를 억류되어 있다가 무려 13년 만에 한나라로 돌아왔다. 사관은 이 일을 '장건은 사명으로 그 요령을 얻지 못했다(騫不得其要領)'라고 적었다.

아버지는 "인생은 요령이다"라며 "맹목적인 노력보다는 효율적인 방법을 통해 원하는 목표를 달성하는 것이 중요하다"라고 했다. 똑같은 노력을 기울여도, 영리한 전략과 요령을 활용하면 더 큰 성과를 얻을 수 있기 때문이라고 설명했다. "요령껏 살라"고 한 아버지는 유연성을 기르기를 당부했다. 익숙하지 않은 방식으로 사고하는 게 유연성을 기르기에 좋다는 의견도 제시했다. 손주들에게도 물려주어야 할 소중한 인성이다.

총명은 갈고 닦아야 빛난다

이총목명(耳聰目明)

중학교 다닐 때 IQ(intelligence quotient) 검사를 했다. 며칠 뒤 담임선생님이 결과를 발표했다. 130점 넘는 학생이 1명, 120점과 110점 대는 네다섯 명쯤 불렀다. 나머지는 개별적으로 점수를 알려줬다. 나는 108점이었다. 선생님은 점수 발표보다 더 많은 시간을 들여 아이큐 테스트를 설명했다. "이 지능지수(知能指數) 검사는 지능의 발달 정도를 나타내는 거라 상대적이다. 잠재력을 나타내는 거니만큼 점수에 상관없이 노력이 중요하다"라는 점을 강조했던 것으로 기억한다.

집에 돌아와 아버지께 말씀드렸다. "다른 학생들은"이라고 하자 말을 끊은 아버지는 "다른 학생들 점수는 중요하지 않다. 네가 중심이다. 괴금(塊金) 이로구나"라며 큰소리 내 웃었다. 곧바로 "괴금이란 덩어리 상태의 금이란 말이다. 그거면 됐다. 사람들이 고대로부터 가장 귀하게 여기고 좋아하는 원소가 금이다. 머리가 비상하구나. 할아버지와 아비를 닮았으니 그럴 거다"라고 흡족해했다. 기분 좋은 아버지는 너털웃음을 웃으며 "그런데 하필이면 108이냐? 하긴 인생이 온통 백팔번뇌(百八煩惱) 덩어리긴 하다"고 해 기억이 생생하다. 이어 "네가 받은 그 점수는 금덩어리를 깎은 정도를 뜻한다. 지능이 완전히 발달한 성취물이 아니라 무한한 잠재력을 확인한 수준이다. 앞으로 연금술을 써서 가공해야 한다. 금반지를 비롯해 장신구를 만드는 이외에도 치과, 의료 등 여러 분야에 요긴하게 쓰일 거다. 뭐로 만들어질지 아무도 모른다. 다만 귀한데 쓰일 머리다"라며 내 머리를 쓰다듬었다.

마침 손님이 오자 절을 시킨 뒤 "큰아들입니다. 자식 자랑 같지만, 애가 머리가 비상합니다. 그런데 제 머리만 믿고 공부는 안 하고 딴짓만 합니다"라고 소개했다. 저 말씀은 내게 직접 한 일은 없고, 내가 듣게 다른 이들에게만 수도 없이 했다. 그게 자식을 칭찬하고 공부를 다그치는 아버지의 학업 독려법이란 걸 깨달은 건 한참 자라서였다. 그날 아버지는 다시 불러 "총명은 갈고 닦아야 빛난다. 갈고 닦지 않으면 흙에 묻힌 채 나뒹구는 돌덩어리에 불과하다"라며 고사성어 '이총목명(耳聰目明)'을 인용했다.

아버지는 "예수보다 300살은 많은 중국의 성현 순자(荀子, 기원전 313~238)가 공부의 비법이 눈과 귀에 달려 있음을 밝힌 명언이다. 한 가지에 몰두하는 게 중요함을 참으로 잘 그려냈다. 그 명언을 줄인 말이 이총목명이고 더 줄인 말이 바로 총명(聰明)이다"라고 했다. '한 번에 한 가지'에 집중하는 것이 중요함을 지적한 저 성어는 순자의 권학(勸學) 편에 나온다. "눈은 한꺼번에 두 가지를 똑똑히 볼 수 없고, 귀는 한꺼번에 두 가지를 똑똑히 들을 수 없다(目不能兩視而明 耳不能兩聽而聰)."

훗날 아버지는 "귀 밝을 총(聰)자는 파자하면 귀 이(耳)자와 총명할 총(悤)자가 결합한 말이다. 총(悤)자는 사람의 머리와 심장을 같이 그렸다. 거기에 귀 이(耳)를 합해 '귀가 밝다'라는 뜻으로 만들어졌다. 이해력이 빨라 '말귀를 잘 알아듣는다'라는 뜻이다"라고 자세하게 설명했다. 이어 아버지는 "눈이 아무리 좋아도 두 가지를 한 번에 볼 수는 없다. 귀도 마찬가지다. 총명을 갈고 닦는 최고의 연금술이 공부다. 공부 잘하는 비결은 주목(注目)이다. '눈길을 한 곳에 쏟아야 한다'는 뜻이다. 한눈팔아서는 안 된다. 입은 닫고 귀는 열어라. 주목은 몰두(沒頭)해야 얻을 수 있다"라고 강조했다.

내가 몰두하지 못하는 이유도 설명했다. "목표가 불분명하다. 그러니 당연히 도전적이지 않다. 도전적이지 않으면, 그 일에 몰두하기가 어렵다. 또 중간에 끊고 다른 일을 시작하는 것이 습관이 되어 있으면, 한 가지 일에 몰두하기 어렵다"라고 지적했다. 이어 "집중하려면 끈기가 있어야 한다. 끈기는 하루아침에 키워지는 게 아니다. 꾸준한 노력과 실천을 통해 키울 수 있다"라고 했다. 끈기 있게 추진하는 방법으로 "'그 공부는 언제까지 마친다'라는 시간제한을 두는 게 좋다"는 의견을 제시했다. 비단 공부뿐만이 아니라 일이 성사되자면 추진에 필요한 게 끈기다. 그 또한 한참 자라는 손주들에게도 서둘러 물려줘야 할 소중한 인성이다.

환경 탓하지 마라

동천년노항장곡(桐千年老恒藏曲)

언덕에 지은 집으로 이사했다. 대학 다닐 때다. 이삿짐 오기 전에 먼저 온 아버지는 지붕만 빼고는 모두 꼼꼼하게 살폈다. 문이란 문은 다 여닫아보고 수도꼭지는 물이 잘 나오는지를 살폈다. 집 감정하는 사람처럼 물을 부어 가며 하수구들도 빼놓지 않고 점검했다. 집 뒤 좁은 골목까지 둘러본 뒤, 이중으로 된 비탈진 텃밭을 살피던 아버지가 밖으로 나갔다. 집 오른쪽으로 흘러내리는 실개천 옆의 담벼락도 유심히 보았다. 한참 지나 아버지가 밖에서 불렀다.

아버지는 지팡이로 실개천을 건너는 나무뿌리를 가리켰다. 개천 바깥쪽으로 몇 가닥 나무뿌리가 드러나 보였다. 나무뿌리는 줄기가 되어 담벼락을 뚫고 집 안으로 들어갔다. 안에 들어와서야 그게 오동나무인 줄 알았다. 사람 키를 훌쩍 넘는 큰 나무여서 마당 한쪽을 넓은 이파리로 그늘을 만들었다. 의자를 갖다 놓고 앉자마자 아버지는 "참 멋진 벽오동(碧梧桐)이다"라고 확인하며 "봉황은 벽오동에만 둥지를 튼다고 해 조선 시대에 왕의 상징으로 많이 심었다"라고 했다.

아버지가 "화투에서 '똥'이라 부르는 건 오동나무 잎이다. 화투가 일본에서 넘어오면서 오동잎을 완전히 검게 칠해 못 알아볼 뿐이다. '똥광'의 새도 닭이 아니라 봉황이다"라고 설명했던 기억은 아직도 생생하다. 설명은 계속됐다. 나뭇결이 아름답고 습기와 불에 잘 견딜뿐더러 가벼우면서도 마찰에 강해 가구를 만드는 좋은 목재다. 예전에는 딸을 낳으면 오동나무를 심어 혼수를 대비하기도 했다. 소리를 전달하는 성질이 뛰어나 악기를 만드는 데에도 쓴다. 가야금은 오동나무를 통째로 깎아 만든다. 거문고나 아쟁 앞판은 오동나무, 뒤판은 밤나무로 제작한다.

아버지는 "오동나무가 빨리 성장할 수 있는 것은 넓은 잎 덕분이다. 어른의 얼굴보다 큰 오각형의 잎은 훨씬 더 많은 햇빛을 받을 수 있고 그만큼 더 많은 영양분을 만들어낸다"며 "잎이 크니 바람에 흔들리지 않으려고 뿌리도 아까 본 것처럼 길게 뻗었다. 햇빛을 많이 받으려고 개천을 건너고 담벼락을 뚫고 저렇게 무성하게 자랐다. 무서운 생명력이고 경탄할 순응력이다"라고 했다. 회사 부도나고 어렵게 장만한 집으로 이사한 것을 의식해서인지 이어 강한 어조로 "마치 여기 놓이고 저기 놓일 수 없는 유한적 존재자인 인간처럼 척박한 환경 속에서도 잘 자랐다. 저 벽오동이 우리 조상의 현신처럼 지켜줄 거다. 환경 탓하지 마라. 우연히 온 이 집 이름은 벽오당(碧梧堂)이다"라고 명명하며 "앞으로 우리에게 큰 복이 있을 거다"라고 의미를 부여해 낡은 집을 쳐다보던 가족의 투정을 잠재웠다.

아버지는 즐겨 쓰던 한시를 암송했다. "오동나무로 만든 악기는 천 년을 묵어도 자기 곡조를 간직하고(桐千年老恒藏曲), 매화는 일생에 추워도 그 향기를 팔지 않으며(梅一生寒不賣香), 달은 천 번을 이지러져도 본바탕은 변치 않으며(月到千虧餘本質), 버드나무 가지는 백번 꺾여도 새 가지가 돋아난다(柳經百別又新枝)." 조선 선조 때 4대 문장가인 상촌(象村) 신흠(申欽, 1566~1628) 선생의 수필집 '야언(野言)'에 수록된 시라고 했다. 퇴계(退溪) 이황(李滉)은 '매화는 추워도 그 향기를 팔지 않는다'는 말을 평생의 좌우명으로 삼았다고 했다. 아무리 어려운 상황에 부닥치더라도 원칙을 지키며 의지와 소신을 굽히지 않겠다는 뜻이 담겨있는 말이라는 설명도 곁들여서 했다. 뒤의 3, 4구절은 백범 김구 선생도 좋아해 서거 4개월 전에 휘호를 썼다고도 했다.

시간만 나면 아버지는 오동나무 그늘에서 쉬며 한시에 곡을 붙여 장구를 치며 시조를 읊었다. 꽤 비쌌던 판소리용 소고(小鼓) 북을 사다

드리자 오동나무를 얼른 키워 거문고를 만들어야겠다고 다짐하며 "원하는 것보다 원치 않는 환경에서 어려운 선택을 더 많이 해야 한다. 여기 서서 다른 곳만 쳐다본다고 내 환경이 달라지지 않는다. 내 것으로 받아들이는 게 우선이다. 그게 순응성이다. 내 것이 되면 소중해진다. 저 오동처럼 자연의 이치에 순응하는 힘을 기르라"라고 당부했다. 순응성은 타고나는 것이 아니라, 노력을 통해 키울 수 있는 능력이다. 마음에 들지 않는 환경을 먼저 배워 툴툴대는 손주들에게 얼른 가르쳐 물려줘야 할 소중한 덕성이다.

이 글을 쓰며 원전을 찾아봤다. 평생의 좌우명으로 삼았다는 퇴계 이황(1502~1571)과 상촌 신흠(1566~1628)은 생존 시기가 다르다. 신흠이 5살 때 퇴계가 작고해 잘못 알려진 것 같다. 원전으로 알려진 신흠의 수필집 야언에 저 한시는 나오지 않는다. 추측건대 신흠보다 더 빼어난 미상의 작자가 지은 시로 보인다.

9

천년은 갈 일을 해라

남의 눈에 눈물 나게 하지 마라

거필택린(居必擇隣)

'남의 눈에 눈물 내면 제 눈에는 피눈물이 난다.' '남에게 악한 짓을 하면 자기는 그보다 더한 벌을 받게 됨'을 비유적으로 이르는 속담이다. 피눈물을 쏟으면서 저 말을 배웠다. 은행에 다닌 지 오래지 않아 내 이름으로 집 매매계약을 했다. 아버지께 말씀드리자 "돈은?"하고 빤히 쳐다봤다. 집 담보로 대출해준 기업체가 부도나 연체됐다. 취급한 지 채 1년이 안 돼 승진을 앞둔 윗분들이 경매 넘기기 전에 내가 매입해 연체 정리를 하는 게 좋겠다고 해 인수했다고 자랑스럽게 설명했다. "대금은 은행 대출을 받아 처리할 거다"란 말을 하는 중에 아버지가 담배 재떨이를 내던졌다. 정수리에서 바로 피가 났고 눈물도 났다. 그때 피눈물을 흘리는 내 머리 위로 아버지가 쏟아낸 말이다.

부도로 경영하던 기업을 은행이 강권해 넘긴 경험이 있는 아버지는 옛일을 떠올리며 "그게 은행이 욕먹는 이유다"라며 그때 하지 못했던 험한 말들을 마구 퍼댔다. 지금도 생생하게 기억나는 아버지의 질타다. "은행원이 옹졸하다. 잔혹하기 그지없다. 야비한 집단이다. 협잡꾼들 집합소다. 편협하기 이를 데 없다. 상처 난 데 소금 뿌리는 놈들이다. 시장에서 장사하는 사람들도 그렇게는 안 한다. 지네들도 장사하는 놈들인데 상도(商道)란 게 없다"라며 그런 걸 강요하는 직장이라면 당장 그만두라고 했다.

내가 손수건으로 피눈물을 찍어내는 걸 개의치 않고 야단치던 아버지는 "집은 제2의 옷이다"라고 정의했다. 설명을 이어나갔다. "집은 단순한 공간이 아니다. 거기 사는 그 사람의 모습을 보여주며 그가 누구인지를 알려주는 곳이다. 사람의 삶과 정체성을 형성하는 중요한 의미를 지닌 곳이다. 특히 편안하고 안락한 그 안식처 안에서 가족, 친구, 추억 그리고 미래의 꿈도 꾸는 공간이다"라며 집에 대한 설명을 길게 했다. 아버지는 "집은 함부로 사는 게 아니다. 그런 둥지를 작당해서 마련한들 거기서 어떻게 안심하고, 무슨 꿈을 꾸겠느냐"고 질책했다.

"더 큰 문제는 이웃이다"라고 한 아버지는 "집은 울타리로 지키는 것이 아니라, 사람으로 지키는 것이다"라고 했다. "골목에 사는 이웃은 네가 그 집을 어떻게 사들였는지를 모두 알고 있을 텐데 어떻게 편안한 삶을 그 집에서 살 수 있겠느냐"고 반문하면서 인용한 고사성어다. '거처를 정함에 반드시 이웃을 가리라'는 '거필택린(居必擇隣)'이다. 안자춘추(晏子春秋)에 나오는 고사에서 유래했다. 중국 남북조시대 송계아(宋季雅)라는 고위관리가 정년퇴직을 대비해 자신이 살 집을 보러 다녔다. 그는 지인들이 추천해준 집은 모두 마다하고 집값이 현시세로 백만금(百萬金)밖에 되지 않는 집을 천백만금(千百萬金)을 주고 사서 이사했다. 이야기를 들은 이웃집 여승진(呂僧珍)이라는 사람이 이유를 묻자 그가 한 대답이다. "저는 평소 여선생님의 훌륭한 인품을 존경하고 흠모해 죽기 전에 선생님 가까이에서 살아보는 것이 소원이었습니다. 백만금은 집값으로 지급했고(百萬買宅), 천만금(千萬金)은 선생님과 이웃이 되기 위한 값(千萬買隣)으로 썼지만, 전혀 아깝지가 않습니다."

좋은 이웃과 함께 사는 것이 삶의 질을 높여준다고 강조한 아버지는 "남에게 해를 끼치면 결국 자신에게 해가 돌아온다"는 점을 일깨워주었다. 이튿날 바로 계약을 내가 깼다. 계약금은 고스란히 위약금으로 쓰여 돌려받지 못했다. 아버지께 파약(破約)했다고 했지만, 한동안은 아침 인사도 받지 않았다. 아버지는 집을 매입한 경위나 사정보다도 그런 걸 아무렇지도 않게 받아들인 내 '마음'을 문제 삼았다. 그 후에도 여러 차례 "나이 30이 넘어 반평생을 살았는데도 그 정도로밖에 자라지 못했냐"며 걱정했다.

혼자 사는 세상이 아니다. 말없이 서 있는 집마저도 이웃이 있다. 그런 이웃을 내 삶 속으로 끌어들이는 힘은 당당함에 있고, 당당해지려면 공정해야 한다. 속 보이는 얕은꾀와 수작으로 얻을 수 없는 게 공정심(公正心)이다. 공평하고 올바른 마음인 공정심을 나는 피눈물을 흘려 깨달았지만, 피나게 노력해 다져놔야 할 소중한 인성이다. 40년이 지나 내 딸 결혼식장에, 그때 해약했던 집 주인은 베어링 업계 큰 기업 회장이 돼 비서를 보내 축하해줬다. 거동 못 하는 그는 '눈물을 닦아준 은행원'으로 나를 수소문해 소식을 들었다고 했다.

말을 삼가라

삼함기구(三緘其口)

이름이 바뀐 걸 안 건 내가 고등학교 입학해서다. 종례 시간에 담임 선생님이 내 이름을 불러 서무실(지금의 행정실)에 호적등본을 제출하라고 했다. 아버지께 말씀드리자 "아 그거 때문에 그러는구나"라며 대수롭지 않게 여겼다. 며칠 뒤 고향의 면사무소에서 우편으로 보내온 호적등본에는 중학교 졸업장에 나와 있던 내 한자 이름 조성권(趙誠權)이 조성권(趙成權)으로 가운데 자가 '정성 성(誠)'자에서 '이룰 성(成)'자로 바뀌어 있었다. 호적등본을 앞에 놓고 주역(周易)에 밝은 아버지는 그리 길지 않게 바꾼 경위를 설명했다.

설명하기 전에 아버지는 "그 입을 다물라. 말을 삼가라"라고 주의부터 줬다. "한양조씨 26세손은 항렬자가 성(誠, 成)이다. 네 사주는 오행(五行)이 모두 들어있다. 흔치 않게 고루 갖춘 사주다. 어느 글자를 취하더라도 이름이 사주를 뒷받침하는 데 문제 될 게 없었다. 자식의 이름을 지으며 고심하다 살아가는 데 더 긴요할 것이라는 생각에서 정성 성(誠)자를 택했다. '사람은 이름을 따라간다'는 신념은 지금도 변함없다. 자라는 너를 지켜보니 내가 기대했던 것과는 크게 달랐다"면서 먼저 말을 문제 삼았다. 패가망신할 말과 말하는 태도까지 5적(五

賊)이라는 표현까지 써가며 나무랐던 게 이거다.

첫째 지적이 거짓말이다. 아버지는 거짓말을 싫어했다. 자식은 물론이고 다른 이들의 말에 거짓이 드러나면 심하게 책망하고 절교하거나 거래를 끊었다. 몇 번 들키지는 않았지만, 송충이처럼 싫어하는 거짓말이 탄로 날 때면 아버지는 불같이 화를 내고 그에 맞는 벌을 줬다. 두 번째는 말이 많은 다언(多言)을 추궁했다. 실언과 변명했던 몇 가지 일을 들어 책망하며 고사성어 '다언삭궁(多言數窮)'을 인용했다. 다언삭궁은 노자의 도덕경(道德經) 제5장에 "말이 많을수록 자주 궁색해지니 속을 지키는 것만 못하다(多言數窮 不如守中)"라는 구절에서 나온 것이다. 자기가 내뱉은 말로 스스로 곤경에 빠지는 일이 없게 말을 신중히 해야 한다는 경계의 뜻을 담고 있다.

세 번째로 아버지는 "모르면서 아는 척 말하는 못된 버릇이 들었다"고 크게 질책하며 이미 습관으로 굳어졌다고 했다. 그래서 서둘러 '말씀 언(言)' 자를 빼 이름을 바꿨다고 했다. 굳이 말을 하지 않더라도 경청하는 태도와 표정만으로도 얼마든지 소통할 수 있다면서 예를 든 고사성어가 '삼함기구(三緘其口)'다. '입을 세 번 봉하다'라는 뜻이다. 입을 다문다는 함구(緘口)는 여기서 유래했다. 주(周)나라의 전설적 시조 후직(后稷)의 태묘(太廟)를 방문한 공자가 사당 오른쪽 섬돌 앞에 금으로 만든 동상을 봤다. 입이 세 바늘이나 꿰매진 동상의 등에 새겨진 글귀다. '옛사람의 경계의 말이라 경계하고 또 경계하라. 말을 많이 하지 말라. 말이 많으면 일을 그르친다(古之愼言人也 戒之哉 無多言 多言多敗).' 공자가어(孔子家語) 관주(觀周)편에 나온다. 신언(愼言)에

대한 특별한 각성에 영향받은 공자는 훗날 말조심을 당부하는 언행을 많이 남긴다.

네 번째는 말만 앞세우는 태도가 못마땅하다고 했다. 아버지는 "'선행후언(先行後言)'. 먼저 실천하고 그다음에 말하라"라면서 "이 짧은 한마디는 공자가 번드르르한 말로 자신의 능력을 뽐내는 제자 자공(子貢)을 꾸짖은 말이다"라고 일러줬다. 마지막으로 남을 흉보는 나쁜 버릇을 꼽았다. 그럴 시간이 있으면 차라리 낮잠을 자라며 "그 사람 앞에서 할 수 없는 얘기를 그 사람 없는 데서 절대 하지 말라"고 엄명했다.

이름만 바뀐 게 아니다. 호적을 정리한 면서기가 단기(檀紀) 4287년생에서 고조선을 세운 기원전 2333년을 빼면 서기 1954년생 될 텐데 지금도 이해 못 할 실수를 해 1955년생으로 내가 태어난 해도 바뀌었다. 두 살 터울인 남동생이 어느 날부터 연년생이 되었다. 아버지는 웃으면서 "남들은 하나밖에 없는 사주를 너는 두 개나 가졌다. 언제나 좋은 쪽으로 해석하고 받아들이라"고 했다. 돌이켜보면 두 사주는 내가 그렇게 해석해서인지 자신을 긍정적으로 평가할 수 있는 기분인 '자기 긍정감'을 키워줬고, 나는 그에 따랐다.

말은 입을 떠나면 책임이라는 추가 달린다. 말은 품은 생각을 드러내는 마음의 표현이다. 생각부터 신중해야 하는 이유다. 고사성어 '삼사일언(三思一言)'이 그 뜻을 잘 설명하고 있다. '세 번 생각해 한번 말한다'라는 뜻이다. 말을 막 배우는 손주들에게도 저 고사성어와 함께 고스란히 물려주어야 할 고귀한 품성이 신중성이다. 말을 삼가는 구체적 실천방안이다.

베풀 수 있어야 강자다

녹명(鹿鳴)

제천역에 기차를 내리자마자 동생과 함께 서둘러 시발택시를 탔다. 시발(始發)택시는 당시 유행하던 지프를 개조한 우리나라 최초의 택시다. 동생이 초등학교 1학년, 내가 4학년 때다. 택시를 탄지 10분도 채 되지 않아 내렸다. 둘이 뛰어서 중국집에 들어갔다. 자장면을 처음 먹어보는 동생은 면을 입에 가득 물고 연신 맛있다며 좋아했다. 내가 더 좋았다.

며칠 뒤 저녁 먹을 때 어머니가 얘기를 꺼냈다. "얘들이 제천에 기차 타고 가서 택시를 탔답디다. 장에 가던 동네 사람들이 봤다면서 '애가 되바라지다'고 수군댄다고 얘기를 전해주더라구요"라고 했다. 아버지는 왜 택시를 탔냐고 물었다. 아버지가 내게 그렇게 했던 것처럼 동생에게 자장면을 사주기 위해 빨리 가려고 탔다고 했다. 말이 채 끝나기도 전에 아버지는 들고 있던 숟가락으로 밥상을 세게 내리치며 "참 잘했다. 잘했어. 앞으로도 꼭 그렇게 해라"라고 했다. 그리고는 더 말씀이 없었다.

몇 년 뒤 중학교 다닐 때 아버지와 그 중국집에 갔다. 식사를 마칠 즈음 그날을 떠올리며 아버지가 처음 칭찬해줬다고 말씀드렸다. 아버지는 "칭찬받을 일을 했다. '동기간에 우애가 있어야 한다'고 명령한다고 따르지 않는다. 가르치기란 더더욱 어려운 일이다. 스스로 깨우쳤으니 마땅히 칭찬받을 일이다"라고 했다. 아버지가 이어 가르쳐준 고사성어가 '녹명(鹿鳴)'이다. 녹명은 먹이를 발견한 사슴이 다른 사슴을 찾아 부르는 울음소리다. 중국 시가집 시경(詩經) 소아(小雅) 편에 나오는 말이다. 원문은 '유유녹명 식야지평(呦呦鹿鳴 食野之苹)'. 사슴이 기쁜 울음소리를 내 먹이 있는 곳을 알리면 그 소리에 다북쑥을 뜯어 먹으러 몰려든다는 뜻이다. 여느 짐승들은 먹이를 발견하면 혼자 먹고 남는 것은 숨긴다. 사슴만은 오히려 울음소리를 높여 배고픈 동료들을 불러 먹이를 나눠 먹는 습성에서 나온 말이다.

아버지는 "사슴은 임금을 상징하는 동물이다. 신라 왕의 금관도 사슴뿔을 형상화한 거다. 그만큼 실천하기 어려운 덕목이다. 그래서 고귀하다. 세상은 홀로 사는 게 아니라 더불어 살고자 하는 마음이 전제되어 있어야 하기 때문이다"라고 했다. 더불어 사는 이치를 아버지는 "저승에는 젓가락이 너무 길다. 지옥 간 사람들은 음식을 자기 입에 넣을 수 없어 먹지 못한다. 천당 사람들은 내 입에 넣을 생각을 하지 않고 남에게 먼저 먹여주기 때문에 서로가 배부르다고 한다"고 설명하며 "이승에서도 마찬가지다"라고 덧붙였다.

아버지의 그 날 말씀은 밥 먹는 시간보다 훨씬 더 길었다. 식탁을 치운 종업원이 새로 가져다준 엽차를 두 번이나 더 시켜 먹었다. "먹이를 발견한 사슴이 강자(强者)다. 녹명을 듣고 달려온 사슴이 약자(弱者)다. 강자는 약자가 있어 강자가 된다. 강자가 베푸는 거다. 베풀 수 있어야 강자로 남는다. 강자가 앞장서기에 약자는 배우고 따라 강자가 되는 거다"라고 아버지는 녹명을 풀이했다. 아버지는 내가 동생에게 자장면을 사준 일을 두고 "베풀면 내 마음이 좋다. 내가 좋아하는 마음으로 하면 안 될 일도 된다. 그런 게 쌓여 일이 성사되기 때문이다. 일은 내 힘만으로 이루어지지 않는다. 베푸는 그 마음은 결국 자신을 위하는 길이다"라는 결론을 끌어냈다. 까칠한 내 성정을 고치려는 아버지의 뜻이 담긴 녹명은 평생 좌우명으로 지니고 산다. 그래서 제천에 갈 때면 70년이 다 된 그 노포(老鋪)에 꼭 들른다.

사람은 누구나 타고난 재주가 따로 있다

각자무치(角者無齒)

사직서를 아버지께 들켰다. 신혼 시절 부모님과 한집에 살 때다. 입사 동기 중 하나가 불러 "입행 동기지만 난 대리다. 다른 대리들이 뭐라 한다. 존댓말을 써라"라고 했다. 아래 직급인 계장 중에서는 내가 선임이라 그동안 언행에 각별히 신경 써왔는데 그런 소리를 들으니 뜻밖이었다. 일이 손에 잡히지 않았다. 엘리트라고 자부하는 선임부서의 대리 수준이 이 정도냐는 생각에 이르자 난생처음으로 사직서를 써 양복 안 주머니에 넣었다. 비로소 진정돼 그날 일을 마쳤지만 여러 집을 오가며 혼자 술을 마셨다. 밤이 이슥하도록 마셔 집에 돌아온 건 열두 시가 넘어서였다.

평소 집에 돌아오면 그날 입었던 옷 주머니에 든 소지품을 모두 꺼내 놓는다. 양복은 분무기로 물을 뿌려 걸어두고 다음 날은 다른 옷으로 갈아입는 버릇이 있다. 그날도 그랬다. 그러나 술에 취해 안방인 줄 착각하고 소지품을 거실 탁자 위에 놓았었다. 새벽잠 없는 아버지가 거실에 나와 그 사직서를 먼저 봤던 거다. 출근하는 나를 앉히고 연유를 물었다. 솔직하게 말씀드리자 아버지가 하신 말씀이다. "은행장과 의견이 맞지 않아 사직서를 낸다면 몰라도 겨우 대리에게 한 소리

들었다고 사표를 내냐? 사나이 배포가 그 정도면 뭔 큰일을 하겠느냐. 겨우 그 정도밖에 안 되는 인간이냐"며 나무랐다.

영문을 모르는 어머니와 아내가 합석하자 아버지는 더 큰소리로 야단쳤고 말씀은 더 길어졌다. "모름지기 직장에서는 상사 만족이 우선이다. 상사는 화투 쳐서 딴 직위가 아니다. 그도 노력해서 얻은 자리다. 앉아서 볼 때와 일어서면 달리 보이듯 한 계단 높은 데서 보면 보는 게 다르다. 그걸 인정 않으려는 네가 잘못이다" 아버지는 언성을 더 높여 "승진하려면 네 상사가 차상급 직위자에게 핀잔듣지 않게 해줘야 하는 거다. 사람은 누구나 타고난 재주가 따로 있다. 그도 너와는 다른 재주가 있는데 그걸 인정 안 하려는 네가 문제다"라며 역정을 냈다.

그날도 어김없이 인용한 고사성어가 '각자무치(角者無齒)'다. '뿔이 있는 짐승은 이빨이 없다'라는 뜻이다. 아버지는 "모든 생물은 장단점, 강점과 약점을 가지고 있다. 날카로운 뿔을 가진 동물에게 이는 필요 없다. 적과 싸울 때 뿔이면 충분하기 때문이다. 날카로운 이를 가진 동물 또한 뿔은 필요 없다. 그래서 한 사람이 모든 재주를 갖출 수는 없다"라고 의미를 설명했다. 이 성어는 '송자대전(宋子大全)'에 나온다. 그 이전에도 한나라의 엄준(嚴遵)이 쓴 노자지귀(老子指歸)에도 나온다.

늦게 출근한 그 날부터 윗사람에게 깍듯하게 예우했다. 아버지 말씀이 큰 힘이 됐다. 진심으로 상대를 존대하니 그렇게 마음 편할 수 없어 이젠 버릇이 되었다. 술 마시지 않고 돌아온 그날 저녁 아버지는 다시 불러 조선 시대 고상안(高尙顔) 시인의 시 '관물음(觀物吟)'을 일러 줬다. "소는 윗니가 없고/ 호랑이는 뿔이 없으니/ 하늘의 이치는 공평하여/ 저마다 마땅함을 주었구나/ 이것으로 벼슬길의 오르내림을 볼 때/ 오르지 못했다 개탄할 게 없고/ 쫓겨났다 슬퍼할 게 없도다."

다른 이의 사정이나 형편을 잘 헤아려 주는 마음이 이해심(理解心)이다. 이성적인 이해력(理解力)과는 좀 다르다. 이해력이 없는 이해심은 공허하고 이해심이 없는 이해력은 무의미하다고도 한다. 남을 진정으로 이해하기 위해서는 이해심을 바탕으로 이해력을 높이려고 노력해야 한다. 이해심 또한 서둘러 손주들에게도 깨우쳐주어야 할 중요한 인성이다.

설명할 수 없는 행동은 하지 마라
여세추이(與世推移)

어둠이 내린 신작로를 따라 걸을 때 지나던 트럭이 저만치 가다 멈췄다. 어둠 속에서도 트럭이 뱉어낸 흙먼지가 자욱했다. 운전사 쪽 문이 열리며 타라고 했다. 중학교 1학년 다닐 때다. 기차 타러 가다 같이 통학하는 친구들이 짜장면을 먹고 가자고 했다. 그날따라 만두가 먹고 싶어 나만 빠졌다. 만두를 시켜 먹고 부리나케 역으로 달려갔지만, 막차는 이미 떠난 뒤였다. 하는 수 없이 30리 넘는 길을 걸어오다 중간에서 트럭을 만난 거다.

아버지 석재공장 트럭이었다. 차에 타자 아버지가 "왜 혼자 걸어가느냐?"라고 물었다. 사정을 얘기하자 아버지는 "왜 짜장면이 먹고 싶지 않았냐?"고 또 물었다. 달리 할 말은 없었다. 굳이 따지자면 같이 통학하는 친구 중에 싫어하는 친구가 끼어 있어 같이 가기 싫었던 건데 그런 설명은 하지 않았다. 아버지는 바로 "설명할 수 없는 행동을 하면 같이 가는 친구들은 의혹을 품게 되고 자칫하면 오해를 낳는다. 설사 만두가 그렇게 먹고 싶더라도 짜장면을 같이 먹지 않는 이해할 만한 이유를 친구들에게 설명해 줄 수 없다면, 그렇게 행동해서는 안 된다"고 했다.

공장으로 차를 보내고 마을이 보이는 갈림길에서 내려 집으로 오는 동안 아버지 말씀은 계속됐다. 눈치챈 건지는 모르지만, 아버지는 집요하게 물었다. 짜장면을 먹으러 간 친구들은 누구누구냐. 이름이 뭐냐. 같은 동네 친구가 아니면 그 애는 어디 사느냐고 캐물었다. 특히 애들 하나와 나와 어떻게 지내는지를 세세하게 물었다. 늦은 저녁을 먹고 나서 아버지는 "그 친구들을 내일 만나면 하나하나 모두 만나 설명해줘라. 만두 먹은 얘기 빼고 아버지 편지 심부름을 깜박 잊어버린 게 생각나 전해드리러 갔었다고 둘러대라"라고 구체적으로 일러줬다.

다음날 학교에서 돌아오자 아버지가 불러 "시키는 대로 했느냐? 친구들이 네가 한 독자 행동에 대해 의혹이 가져겼느냐"고도 세세하게 묻고 답을 들었다. 아버지는 중국에서 선인들이 인간을 표현하는 한자를 만들 때 지구상에 가장 오래 사는 동물이라 세 개의 '열 십(十)'을 이어 '인간 세(卋)'자를 만들었다. 훗날 인간의 수명이 늘어나자 나뭇가지에서 뻗어 나온 새순을 상형화해 다시 만들었다. 나뭇잎을 본떠 만든 게 지금의 '인간 세(世)'자다. "그런 인간들이 사는 동네를 '세상(世上)'이라 이른다. 사람들과의 관계는 마치 나뭇잎을 오므려 물을 마시듯 그저 지나치리만큼 조심조심해야 한다"고 설명했다.

그날 이후 이제껏 지킨 고사성어가 '여세추이(與世推移)'다. 세상의 변화에 맞추어 함께 변화해간다는 뜻이다. 중국 전국시대 초(楚)나라 굴원(屈原, BC 343?~BC 278?)이 지은 '어부사(漁父辭)'에서 비롯된 말이다. 한때 삼려대부(三閭大夫)의 지위까지 올랐던 그는 제(齊)와 동맹해 강국인 진(秦)에 대항해야 한다고 주장했으나 정적들의 모함을 받아 좌천되고 유배되었다. 굴원이 강가를 거닐면서 시를 읊조릴 때 그를 알아본 어부가 묻자 "온 세상이 모두 혼탁한데 나만 홀로 깨끗하고, 뭇 사람이 모두 취해 있는데 나만 홀로 깨어 있어 추방을 당했소이다"라고 했다.

저 성어는 그때 어부가 한 말에서 유래했다. "성인(聖人)은 사물에 얽매이거나 막히지 않고 능히 세상과 추이를 같이 한다오(聖人 不凝滯於物 而能與世推移). 세상 사람들이 모두 혼탁하면 어찌 그 진흙을 휘저어 흙탕물을 일으키지 않고, 뭇 사람들이 모두 취해 있으면 왜 그 술지게미 배불리 먹고 박주(薄酒)나마 마시지 않고 어찌하여 깊은 생각과 고상한 행동으로 스스로 추방을 당하셨소?" 어부는 빙그레 웃고는 배의 노를 두드려 떠나가며 "창랑(滄浪)의 물이 맑으면 내 갓끈을 씻고, 창랑의 물이 흐리면 발이나 씻으리라"라고 노래했다.

아버지는 "나뭇잎이 변해가듯 사람 사는 시대나 세상은 변한다. 그래서 함께해야 한다. 변화에 융통성 있게 적응해가는 옛 성인(聖人)들도 저렇게 법도를 지키고 사는 걸 어부도 안다"라고 새겼다. 아버지가 그냥 넘어가도 될 일을 이틀에 걸쳐 길게 설명한 이유는 사회성이 쉽게 길러지지 않는 인성이기 때문이다. 사회성은 건강한 인간관계를 형성하는데 필요한 기본적인 소양이다. 사회성은 거저 얻어지는 인성이 아니다. 꾸준하게 스스로 터득해 몸에 배어야 하는 자율성에서 비롯하기 때문이다. 사람이 사람들과 부딪히며 살아가는 데 변하지 않는 게 인성이다. 서둘러 세심하게 손주에게도 물려줘야 할 소중한 성품이다.

술을 이기지 못하면 술이 너를 이긴다

불위주곤(不爲酒困)

한밤에 누가 대문을 심하게 두드렸다. 대문 밖에서 모르는 사람이 아버지가 다리에서 떨어졌다고 소리쳤다. 어머니와 부리나케 뛰쳐나갔다. "면사무소에서 오는 길에 있는 섶다리 아래 개울에 사람이 떨어져 있었다. 자전거를 타고 다리에서 떨어진 거 같았다"며 단숨에 얘기한 그분은 "술이 많이 취해 건져 올리긴 했지만, 모시고 오려 했으나 막무가내여서 두고 왔다"라고 알려줬다. 중간쯤에서 만난 아버지는 불편한 다리를 이끌며 컴컴한 밤길을 걸어오고 있었다. 자전거는 앞바퀴가 휘어져 탈 수 없었다. 아무 말씀도 하지 않았다. 그날부터 아버지는 평생 술을 입에 대지 않았다.

초등학교 3학년 때 기억을 되살린 건 내가 대학 다닐 때였다. 술취한 나를 친구들이 부축해 밤늦게 골목에서 노래 부르며 집에 들어왔다. 마당에다 먹은 술과 음식을 토해냈다. 어머니가 방으로 데리고 들어가는 걸 막아선 아버지는 마루에 꿇어앉으라고 했다. 옆으로 쓰러질 때마다 대나무 막대기로 마룻바닥을 내리쳐 바로 앉으라고 했다. 필기구를 내주며 아버지는 "오늘 술 먹은 일을 빠짐없이 적으라"고 했다. 썼다가 지우고, 옆으로 쓰러졌다가 아버지가 대나무로 바닥 치는 소리에 놀라 일어나기를 수 없이 반복했다. 날이 밝을 때쯤에야 몇 장짜리 소위 술 먹은 그날의 보고서가 그렇게 만들어졌다.

아버지는 읽지는 않고 내가 쓴 종이를 들고 "보태고 뺄 얘기가 더 있느냐"고 물었다. 정신이 돌아온 내가 "없습니다"라고 하자 하신 말씀이다. "이기지 못할 술이면 마시지 마라. 술이 너를 이긴다. 술은 기호식품(嗜好食品)이다. 좋아하는 음식이니 즐길 줄 알아야 하고 절제할 줄 알아야 한다"고 했다. 아버지는 십수 년 전 다리에서 떨어진 그날을 떠올렸다. 몸이 성치 않은 사람이 술에 취해 추태를 부린 일이 후회돼 그날부터 더는 술을 마시지 않았다고 기억을 떠올렸다. 아버지는 "음주는 일시적인 자살이다. 음주가 갖다 주는 행복은 단순히 소극적인 것, 불행의 일시적인 중절(中絶)에 지나지 않는다"고 했다. 평생 기억해 지켜온 저 말을 이번에 찬찬히 찾아보니 버트런드 러셀이 한 말이다. 이어 "네가 쓴 이게 너의 음주 성적표다. 절제해야 할 정도(程度)를 나타낸 거다. 오늘을 기억해 그 주량을 가늠해라"라고 가르쳤다.

아버지는 "공자백호(孔子百壺)라고 들어봤을 거다, 공자가 술을 무척 즐겨서 백 병 술을 기울였다는 말이다. 그러나 이 말은 그가 말한 '술을 마실 때는 일정한 양이 없었는데 어지러운 지경에 이르지 않았다 (唯酒無量不及亂)'라는 말에서 꾸며 낸 전설일 뿐이다"라고 했다. 공자의 일상생활을 기록한 논어(論語) 향당편(鄕黨篇) 8장에 나온다. 아버지는 "저기서 비롯된 고사성어 '유주무량(唯酒無量)'이야말로 공자의 '어지러운 지경'에 이르지 않을 음주 정도를 밝힌 거다"라며 절제(節制)를 강조했다. 이어 아버지는 "좋아하는 음식을 먹고도 저런 추태를 보이는데 싫어하는 음식을 먹을 땐 어떨까 하는 평가를 남들이 하게 해서는 안 된다"며 자제를 당부했다.

술에 취해 정신없이 말하거나 행동하는 추태를 '주정(酒酊)'이라고 한 아버지는 선을 넘지 말라고 했다. 이어 공자가 말한 '주곤(酒困)'은 '술을 마셔 마음이 산란해지는 상태'라고 해석했다. 그리고 '괴로울 곤(困)'을 파자해 "'나무 목(木)'이 '우리 구(口)' 안에 갇혀 자라지 못하고 난처하게 된 모양이다"라고 설명했다. 그날도 어김없이 인용한 고사성어가 '불위주곤(不爲酒困)'이다. 술이 곤드레만드레 되어 난폭한 짓을 하지 않는다는 말이다. 술 때문에 곤경을 겪는 일을 하지 않는다는 뜻의 이 말은 논어(論語) 자한편(子罕篇)에 나온다. 공자가 말한 원문은 이렇다. "나가서는 벼슬 높은 이를 섬기고, 들어와서는 어른들을 섬기며, 상을 당했을 때는 감히 정성을 다하지 않음이 없고, 술 마시고 실수하지 않는 일(不爲酒困)과 같은 것은, 나에게 무슨 문제가 있겠는가."

정도를 넘지 않게 조절해 욕구를 제한하는 절제는 자제력에서 나오고, 자제력을 키우는 방법은 자기 훈련뿐이다. 아버지는 "자기 훈련은 자신의 욕구나 습관을 조절하고, 목표를 달성하기 위해 노력할 수 있도록 돕는다"라며 명심하라고 했다. 자제력은 인내심에서 나온다. 오랫동안 연습하지 않으면 쉽게 얻을 품성이 아니다. 가까이 있는 술이 유혹하는 삶을 살아가야 하는 손주들에게도 꼭 물려줘야 할 소중한 인성이다.

연습이 손맛을 만든다

절차탁마(切磋琢磨)

서울 종로1가에 있는 음식점 주방에서 허드렛일을 했다. 고입 재수 시절 때다. 물 퍼 나르고 쓰레기 버리고, 그릇 닦고 바닥 청소하는 아르바이트였다. 주방 일 배우는 이들에겐 가혹한 환경이지만, 막일하는 주방 막내에겐 배불리 먹는 밥만큼이나 기분 좋은 곳이었다. 마지막 주문받은 음식이 경쾌한 종소리와 함께 손님상에 나갈 즈음에 서울에 일 보러 온 아버지가 음식점에 예고 없이 들렀다. 마침 그 시간에 한 달 전에 예고된 새 주방장을 뽑는 시험이 시작됐다.

시험에는 두 보조주방장이 응시했다. 과제는 콩나물국을 정해진 시간에 끓여내는 거였다. 제시한 재료는 콩나물과 소금 그리고 물, 세 가지. 둘은 고개를 끄덕이는 주방장의 시작 신호에 맞춰 음식을 장만했다. 둘만 바삐 움직이고 지켜보는 이들은 모두 정지한 긴장된 순간이었다. 두 응시생의 음식이 앞서거니 뒤서거니 주방장 앞에 놓이자 고개를 다시 끄덕이는 신호에 따라 경쟁이 끝났다. 주방장이 콩나물국을 두 번 번갈아 맛보고 난 뒤 그중 나이가 더 든 남(南)씨 성을 가진 보조에게 칼을 내주면서 시험은 끝났다.

주방장을 만난 아버지는 "철없는 아이를 맡아줘 고맙다"라는 말과 함께 "호되게 야단쳐주세요"라고 부탁하며 인사했다. 광화문을 거쳐 현저동 집까지 걸어올 때 시험을 모두 지켜본 아버지가 "나는 남 씨가 이길 줄 알았다"라고 했다. 이어 "그는 소금을 볶았다. 그는 한 번에 소금을 집어넣는데 다른 응시자는 두 번 나눠 넣더라. 거기서 실력 차가 나겠구나 했다"라면서 "사람 기억 중에 맛에 대한 기억이 가장 오래 간다. 남 씨는 주방장의 맛을 그려낸 거다. 아마 지금 다시 해도 집어넣는 소금의 양이 같을 거다. 그건 오로지 맹렬한 연습 덕분이다. 연습만이 손맛을 만든다"라고 했다.

군 재활병원에서 조리법을 익혔다는 아버지는 소금국을 예로 들어 설명을 이었다. 소금국은 소금만 넣어 끓인 국이다. 간이 심심하고 담백해 여름철 해장국으로 좋다. 조리법에 따라 열한 가지 맛을 낸다. 끓는 물에 소금을 넣고 끓인 맛, 찬물에 끓인 맛, 소금을 볶아 끓인 맛, 한소끔 끓인 물에 소금을 넣고 끓인 맛 등이 모두 맛이 다르다. 그 어느 조리법이나 소금의 양이 맛을 좌우한다. 재료 선도가 우선이지만, 맛은 소금이 낸다. 양을 조절하는 게 손맛이다. 아버지는 "손맛은 음식의 맛을 결정하는 중요한 요소다. 손맛은 단순히 조리법이 아니라, 요리사의 재능과 경험이 축적된 결과물이다. 손맛이 좋은 음식은 재료의 맛을 잘 살려내고, 그 사람만의 독특한 맛을 지니고 있다"라고 보충했다.

그날도 고사성어를 인용했다. '절차탁마(切磋琢磨)'다. 옥 가공을 말한다. 옥 원석을 모양대로 자르는 절. 필요 없는 부분을 줄로 없애는

302

차, 끌로 쪼아 원하는 모양대로 만드는 탁, 윤이 나도록 숫돌로 갈고 닦는 거마다, 학문을 닦고 덕행 수양을 비유한다. 시경(詩經) 위풍(衛風) 기욱편(淇澳篇)의 시구에서 유래했다. "저 기수 강 모퉁이를 보니, 푸른 대나무가 무성하도다. 아름다운 광채 나는 군자여. 잘라놓은 듯 하고 간 듯하며 쪼아놓은 듯하고 간 듯하다(有斐君子 如切如磋 如琢如磨 瑟兮僩兮) 엄밀하고 굳세며 빛나고 점잖으니, 아름다운 광채 나는 군자여 끝내 잊을 수 없다." 원래 군자를 칭송한 말이다. 학문과 인격을 끊임없이 갈고닦아 겉모습까지 완성된 것을 푸른 대나무에 빗댄 말이다. 공자 제자 자공이 이 말을 끌어와 "군자의 인격도 예술품을 만들 듯 이렇게 다듬어가야 한다"라는 뜻으로 사용해 스승에게 크게 칭찬받았다.

아버지는 "양념만 듬뿍 넣어 주재료가 무슨 맛인지를 없애버린 음식은 음식이 아니다"고 했다. 이어 절차탁마가 조리에도 의미를 두는 성어라면서 "재료의 본래 맛을 살려내 음식 전체의 풍미를 더 해주는 손맛은 오직 피나는 연습에서 온다. 세상의 모든 일을 요리하는 탄탄한 손맛은 거저 얻어지지 않는다"라고 강조했다. 연습은 인내심이 밑천이다. 인내심은 하루아침에 길러지지 않는다. 누구나 가질 수 있지만, 꾸준히 노력하지 않으면 아무나 가질 수 없다. 서둘러 손주에게도 물려줘야 할 덕성이다. 인내심을 길러줘야 손주의 손맛을 기대할 수 있다.

잘못한 일은 반드시 바로잡아라

과즉물탄개(過則勿憚改)

아버지가 경영하던 회사가 부도났다. 대학에 다닐 때다. 집에 온 나를 본 어머니는 떨리는 손을 마주 잡으며 "아버지가 한양대병원에 입원하셨대. 비서가 사람을 시켜 은밀히 알려줬다. 난 발이 안 떨어져 못 가겠다"라고 했다. 영문을 모르는 어머니는 눈물만 흘렸다. 곱돌아 골목길을 빠져나가는 아들을 어머니는 오래 지켜봤다.

서둘러 병원에 도착했으나 아버지 이름으로 입원한 환자는 없었다. 다행히 회사의 낯익은 직원 눈에 띄어 건장한 청년 몇이 문을 지키는 특실에서 환자복으로 갈아입지 않은 아버지를 만났다. 멀리 한강과 관악산을 붉게 물들인 저녁노을이 지고 야경으로 바뀔 때까지 눈을 마주치지 않는 아버지는 선 채로 말씀하셨다. 때로 흥분해 소리치기도 했지만, 그날 들은 몇 가지는 지금도 기억이 생생하고 두고두고 새길 말씀을 많이 했다.

창동 공장에서 플라스틱 용기를 생산하는 을지로 본사는 귀대인 사차 딱 한 번 들렀을 때 '아버지 회사로구나' 하는 인상을 지울 수 없을 만큼 규율이 엄격했다. 안내받아 지나며 만난 직원들은 목인사를 했고 사무실은 멀리서 봐도 정갈했다. 창업이 누구에게나 어렵지만 유독 어렵게 일군 아버지 회사는 1차 예금 부족으로 쉽게 부도가 난 데이어 며칠 뒤 최종부도 처리됐다. "박 전무 그 친구 내가 그렇게 잘 봐줬는데 배신했다. 친동생보다 더 믿고 모든 걸 맡겼는데"라고 말문을 연 아버지는 "회사 자금을 빼돌려 개인적으로 유용했다"라며 부도에 이른 경위를 설명했다.

아버지는 "소인이 허물을 범하면 여러 가지 핑계를 대고 허물을 덮으려 꾸민다. 바로 들통 날 거짓을 스스럼없이 하는 자들을 많이 봐온 내가 사람을 잘못 본 거다. 사람 욕심 강한 내가 내 눈을 스스로 가린 때문이다"라고 개탄했다. 그날도 인용한 고사성어가 '과즉물탄개(過則勿憚改)'다. 허물이 있으면 고치기를 꺼리지 말라는 뜻이다. 공자가 한 말이다. 논어(論語) 학이편(學而篇)에 나온다. "군자는 중후하지 않으면 위엄이 없어 학문을 해도 견고하지 못하다. 충과 신을 주장으로 삼으며, 자기보다 못한 자를 벗으로 삼으려 하지 말고, 허물이 있으면 고치기를 꺼리지 말아야 한다(君子不重則不威 學則不固 主忠信 無友不如己者 過則勿憚改)."

아버지는 "잘못이 있는데 고치기를 주저하면 같은 잘못을 다시 범할 위험이 있고 잘못은 또 다른 잘못을 낳게 되므로 잘못을 고치는 데 꺼리지 말고 바로 고치도록 최선을 다하라"라는 뜻이라고 길게 설명했다. 아버지는 "몇 번 눈에 거슬렸지만, 사정(私情)에 끌려 눈감아줬다"면서 "회사 사규가 엄연한 데 내가 지키질 못했다. 내가 책임지고 수습하겠다"고 했다. 문을 나설 때 아버지는 "사람은 언제고 변한다.

이미 쓴 사람은 믿어야 하지만 끝까지 믿지는 말라"고 다짐을 두셨다.

골목에서 서성이며 집을 기웃거리는 낯선 이들이 사라진 건 사흘 뒤였다. 다음 날 아버지는 자가용으로 퇴근하던 그 골목을 걸어서 귀가했다. 아버지는 "이제 우리 회사는 없다. 그렇지만 살 집은 있다"며 쓸쓸하게 웃으셨다. 그 뒤 몇 번 회사 경영을 맡아달라는 요청을 아버지는 적임자가 아니라며 고사했다. 그때마다 아버지는 내가 알아들었다는 데도 굳이 과즉물탄개를 되새기며 저 말을 되풀이했다.

훗날 직장에 다니며 내가 직접 겪었다. 결코, 지키기 쉽지 않은 말씀이지만 손주들에게도 물려줄 고사성어임엔 틀림없다. 과즉물탄개는 인성으로 따지자면 도덕성, 규범성, 책임성을 담고 있다. 하루아침에 외운다고 얻어지는 게 아니다. 나를 스스로 이겨야 하는 힘겨운 노력이 오래 따라야 한다.

조바심이 졸속을 부른다

교지졸속(巧遲拙速)

중학교 진학해서는 집에서 30리 떨어진 읍내까지 기차통학을 했다. 잠꾸러기에게 새벽 기차 타는 일은 여간 고역이 아니었다. 어머니가 챙겨주는 책가방을 들고 기차 기적이 들려야 뛰어가 간신히 타는 일이 빈번했다. 때로는 먼저 타고 온 여학생들이 나서서 뛰어오는 나를 가리키며 열차 출발을 지연시키기도 했다. 여중 3학년 누나 둘이 유독 챙겨줬다. 모자를 바로 씌워주기도 하고 교복 단추도 끼워줬다. 열린 가방을 알뜰하게 닫아주기도 했다. 속으로 키 큰 누나, 예쁜 누나로 불렀다. 자장면을 사주기도 했고, 숙제도 가르쳐줬다. 기차가 기다려졌다. 집에도 놀러 와 자고 가기도 하고 나도 두 누나들 집에 가서 자고 오기도 했다.

2학년 여름방학 때 고등학교 1학년이던 두 누나가 읍내에서 자취하기로 해 기차에서는 만나지 못하게 됐다고 했다. 키 큰 누나가 같이 자취해도 된다고 했다. 부모님께 말씀드리자 어머니는 펄쩍 뛰었다. 아버지는 "생각 좀 해보자"라고만 했다. 저녁을 거르고 버티자 아버지가 불러 "조바심내지 마라. 조바심낼 일이 아니다"고 했다. 아버지는 조바심을 "조마조마해 졸이는 마음이다"라며 길게 설명했지만, 귀에 들어오지는 않았다. '바심'은 타작을 뜻하는 말이다. 곡식 이삭을 비비거나 훑어서 낟알을 털어내는 탈곡(脫穀)을 뜻한다. 조 이삭을 털어내는 일이 조바심이다. 조는 이삭이 질겨서 잘 떨어지지 않아 비비고 문지르면서 애써야 간신히 좁쌀을 얻을 수 있다. 조바심할 때는 당연히 힘만 들고 좀체 뜻대로 되지 않아 마음이 조급해지고 초조해진다는 데서 이 말은 유래했다. 아버지는 "조바심은 시간이 걸려야 한다"고 설명했고 나는 아버지가 시간을 벌려고 한다고 생각했다.

해뜨기 전 아버지가 불러 허락했다. 어머니는 "네 빨래는 집으로 가지고 오라"는 조건을 달았다. 두 누나는 어머니보다 더 참견이 심했다. 3학년 올라가서 일이 터졌다. 제보가 있었다며 학생지도 주임인 담임선생님이 불러 물었다. "내 방은 언제나 열려 있고 상담내용은 비밀을 보장한다"라던 선생님은 내 얘기를 듣고 중대 사고로 규정해 긴급회의를 요구했다. "우리 학교 학생이 엑스(X) 누나인 여고생 둘과 동거한다"라고 공표해 문제를 키웠다. 누나들이 다니는 여고에서는 학생들이 원해 자율에 맡겼다고 했으나, 담임선생님은 징계를 주장했다. 끝내 아버지가 나서 가깝게 지내던 교장과 교감 선생님에게 "책임지고 자취를 끝낸다"고 약속하는 선에서 마무리 지었다.

집에 돌아온 아버지는 "누나가 없는 남자들은 환상을 가지는 경우가 매우 많다. 그래서 위로 누이를 둔 사람들을 부러워하기도 한다. 형제자매 대부분이 그렇듯 부러워할 것은 아니다"고 전제하며 "맏이인 네가 부모의 엄청난 관심과 사랑을 받았어도 동생들에게 이권이나 사랑을 뺏겼다는 질투심 때문에 벌인 일 같다는 의견이 있어서 조심스러웠다"라고 했다. 훗날 아버지는 "이제껏 키우며 가장 어려운 순간이었다"라고 술회했다. 아버지는 "시간 지나면 자연히 사그라질 일이다. 막으면 누나들을 보호해야 한다는 남자 본능이 작동해 덧날 수 있다"는 주위의 조언이 있는 데다 "사춘기인 네가 조바심내는 게 보기 안쓰러워 졸속하게 결정한 거지만, 후회된다"고 했다.

그날 설명한 고사성어가 '교지졸속(巧遲拙速)'이다. '교지는 졸속만 못하다'라는 뜻이다. 뛰어나지만 늦는 사람보다, 미흡해도 빠른 사람이 더 낫다는 말이다. 손자(孫子) 작전편(作戰篇)에 나온다. 사전은 '교지'는 전쟁에서 교묘한 전략만 따지다가 때를 놓치는 것을 말하고, '졸속'은 전략이 완벽하지 않더라도 때를 놓치지 않고 속전속결 하는 것이

라고 풀이한다. 원문은 이렇다. "병법에서는 완벽하지는 않더라도 속전속결 한다는 말은 들어봤어도, 교묘한 전략으로 지구전을 펴는 것은 본 적이 없다(故兵聞拙速 未覩巧之久也)." 전쟁 준비에 다소 모자란 점이 있더라도 속전속결로 결판내야 한다고 주장하는 이유는 지구전을 치를 때의 폐단을 명확히 알기 때문이다. 장기전은 적군뿐만 아니라 아군 피해도 만만치 않으므로 빨리 끝내면 끝낼수록 좋다는 뜻이다.

이후에도 여러 차례 아버지는 "너에게서 비롯했지만, 내 일생에 가장 후회되는 결정이었다"라며 "준비하지 않으면 조바심 나고 조바심이 졸속을 부른다. 모든 일은 이루어지기까지 시간이 걸린다. 조바심낼 일이 아니다"고 강조하며 "여유와 신중성(愼重性)을 가지라"고 당부했다. 신중성은 자신의 미래 상황에 대해 깊게 생각하고 행동해 불필요한 위험이나 후회를 미리 예방하는 태도와 능력이다. 버릇이 들지 않으면 쉽게 얻어지는 인성이 아니다. 서둘러 손주에게도 물려주어야 할 소중한 성품이다.

천년은 갈 일을 해라

생일사불약멸일사(生一事不若滅一事)

종합기획실 발령을 받고 출근하기 전날 밤은 쉽게 잠들지 못했다. 눈치챈 아버지가 어머니를 시켜 아래층으로 호출했다. 그제야 발령받은 걸 말씀드렸다. "걱정도 되겠지"라며 아버지는 술 한 잔을 따라 주며 마시라고 했다. 이어 "걱정은 내가 할 수 없을 때 생긴다. 내가 할 수 있다고 여기면 걱정은 사라진다. 할 수 없는 사람을 발령내는 건 인사권자가 걱정할 일이다"며 "해야 할 일은 하고 하지 말아야 할 일은 안 하면 된다"고 간단히 정리했다. '다만'이라고 허두를 잡은 아버지가 한참 뜸을 들이다 내놓은 말이다. "낯선 곳에 가면 고개를 숙이고 자세를 낮춰라. 그러면 떨어진 휴지나 문방구가 보일 게다. 그걸 줍는 일부터 시작하면 된다. 숙이면 보이고 낮추면 쉽게 주울 수 있다."

아버지는 "어느 회사든 기획실은 그 조직의 핵심부서다"라고 전제한 뒤 '기획'이 뭐냐고 불쑥 물었다. 머뭇거리자 아버지의 설명은 이랬다. 기획(企劃)과 계획(計劃)은 둘 다 일을 이루기 위해 미리 생각하고 세우는 것을 의미하지만, 엄연하게 다르다. 기획은 큰 그림을 그리는 것이고, 계획은 세부적인 실행 방안을 수립하는 것이다. 기획은 어떤 일을 이루기 위한 목적과 목표를 설정하고, 전략과 방향을 제시

한다. 계획은 기획의 목표를 달성하기 위한 구체적인 실행 방안을 수립하는 것이다. 아버지는 이어 "기획의 기(企)자는 '꾀하다'나 '도모하다', '발돋움하다'라는 뜻이다. 파자하면 사람 인(人)자와 발 지(止)자가 결합한 모습이다. '지'는 사람의 발을 그린 것으로 '발'이라는 뜻이다. 무엇인가를 시작하기 위해 크게 '발돋움한다'라는 뜻을 표현했다. '기'는 발돋움해서 멀리 바라본다는 뜻이다"라고 정의했다.

획(劃)자는 '긋다'나 '계획하다'라는 뜻이다. 그림 화(畵)자와 칼 도(刀)자가 결합했다. 붓을 잡고 그림을 그리는 모습으로 '그림'이라는 말이다. '자국을 내다'는 뜻을 나타내는 글자 획(畫)에 칼 도자가 붙어 '칼자국을 내서 나누다'의 뜻을 지닌다. 그렇게 설명한 아버지는 "기획은 새로운 것을 창조해야 하니 창의성과 상상력이 중요하지만, 계획은 이미 정해진 목표를 달성하기 위한 과정이어서 논리성과 합리성이 중요하다"고 했다. "또 기획은 미래에 일어날 수 있는 다양한 상황을 고려해야 하므로 유연성이 중요하지만, 계획은 목표를 달성하기 위한 구체적인 실행 방안을 수립하는 것이니 확실성이 무엇보다 중요하다"라고 구분지었다.

"자세가 정해졌으면 부탁 하나 하겠다"면서 아버지는 "천년은 갈 일을 해라"라고 당부했다. 천년 갈 일을 하는 법을 구체적으로 제시했다. "첫째, 일 년도 못 갈 일은 하지 마라. 일이 년 갈 일이면 선험자들이 고심해 만든 길을 따라가라. 특히 전임자들이 만들어놓은 고민을 백지화해서는 안 된다. 백지화는 계획이나 정책의 일관성을 잃어 신뢰를 떨어뜨리고, 불확실성을 증가시킨다. 이미 투입된 비용의 낭비도 문제지만 집행하는 이들의 기대감만 갉아먹는다. 다른 계획의 집행력마저 약화할 우려가 있다"며 길게 폐해를 설명해 경고했다.

둘째, 기획자인 네 이름을 반드시 남겨 책임지라고 했다. 아버지는 "서울 성곽은 천년은커녕 아직 600년도 안 됐는데 상당 부분이 무너졌다. 그러나 그걸 쌓은 이들의 이름이 들어간 축석은 고스란히 남아있다"며 책임성을 강조했다. 셋째는 기획한 일이 집행될 현장에 반드시 가볼 것을 주문했다. "책상에 앉아서 상상만으로 채울 수 없는 간극은 집행 현장에서만 느끼고 답을 구할 수가 있다"고 했다. 마지막으로 아버지는 "감당하기 어려우면 언제든 그 자리를 떠나라. 능력이 안되면서 자리에 앉아 있는 건 너나 조직을 위해서도 불행하다"고 못박았다.

아버지는 야율초재(耶律楚材)를 불러내 "유목국가에 불과한 몽골을 칭기즈 칸의 참모가 돼 세계제국으로 발돋움시킨 인물"이라고 칭송했다. 오고타이 칸이 "아버지께서 대제국을 남겨주셨고, 나는 그것을 개혁하려고 한다. 그대는 좋은 방법이 있는가?"란 질문에 야율초재가 답한 말을 새기라고 일러줬다. "한 가지 이로운 일을 시작하는 것은, 한 가지 해로운 일을 제거하는 것보다 못합니다. 새로운 제도로 백성을 번거롭게 하는 것보다는 기존의 불합리한 것을 제거하십시오(與一利不若除一害 生一事不若滅一事)."

아버지는 "천 년은 갈 일을 하기는 쉽지 않다"며 큰 그림을 그리고, 기본을 탄탄하게 다지고, 끊임없이 노력해야 한다고 했다. 그게 어렵다면 야율초재처럼 불합리한 것을 없애는 일이라도 매진하라며 내 걱정을 덜어줬다. 천년 넘은 구조물은 서울엔 없다. 옛 선인들이 개성을 오가던 세검정 옛길만이 천 년을 넘었다. 때때로 그 길을 오르내리며 선조들이 발돋움해 앞을 내다본 창의성을 되뇌어 본다. 손주들에게도 꼭 물려주고 싶은 창의성은 모진 각오와 노력이 없으면 쉽게 얻을 수 없다.

10

짠맛 잃은 소금은 소금이 아니다

가족이 먼저다

가화만사성(家和萬事成)

회사가 부도나 회생이 어렵다고 판단해 경영권을 넘기고 나서 아버지는 심한 화병을 앓았다. 믿었던 부하 직원의 배신에 몸서리쳤다. 분노나 답답함을 겉으로 드러내지 않고 억지로 꾹 눌러 담았다가, 그 화가 삭아 비틀어져서 생긴 심화병(心火病)이다. 지나칠 정도로 화를 잘 내는 다혈질 성격 때문에 가족들이 가까이 가질 않았다. 언제나 독상(獨床)을 받아 혼자 드셨다. 내가 대학에 다닐 때다. 가끔 내가 겸상을 해도 많이 불편했다. 아버지는 약도 별로 없는 울화병(鬱火病)을 겪어냈다. 밤새 불 켜진 아버지의 불면의 밤을 지켜보는 가족은 하루도 맘 편할 날이 없었다.

대학을 졸업하고 공군 장교로 근무하는 남동생이 TV와 냉장고 등 가전제품을 사 보냈다. 다른 가족들도 좋아했지만, 특히 어머니가 무척이나 기뻐했다. 오랜만에 두레반에서 저녁밥을 먹을 때 어머니가 "냉장고에 넣은 김치가 참 맛있다. 냉장고가 커서 좋다"고 몇 번이나 말씀했다. 그때 아버지가 숟가락을 내려놓고 건넌방으로 가서 나를 불렀다. 불길이 안 들어가 냉골이라고 투덜거린 게 기억났던지 방을 치우라고 했다. 온 방에 불을 켜고 밥 먹던 가족들을 불러 건넌방 구들장을 뜯어내고 새로 깔았다. 시멘트로 방바닥 마무리를 끝냈을 땐 이미 밤이 이슥해서였다.

이튿날 새벽부터 집 고치는 크고 작은 공사는 계속됐다. 안방으로 물이 새는 지붕에는 내가 올라가 기와를 갈아 끼웠다. 모든 창문은 대패로 깎아내 부드럽게 열리게 고쳤고, 깨진 계단은 모두 수리했다. 집을 새로 짓는 것처럼 대대적인 집안 수리공사는 한 달이나 계속됐다. 손 안 본 데가 없을 정도로 수리를 마친 아버지는 느닷없이 마루방에 걸려있던 액자를 떼어내라고 했다. 며칠 걸려 연습하던 아버지가 가훈(家訓)을 새로 썼다. 표구해 건 새 가훈이 '가화만사성(家和萬事成)'이다. 아버지는 "가정이 화목하면 모든 일이 잘 풀린다"라는 뜻이라고 설명했다.

아버지는 설명을 이어갔다. '화(和)'는 '벼(禾)'와 '입(口)'을 합친 말이다. 벼는 밥이 되는 곡식이고, 입은 음식을 먹는 몸 일부이니, 결국 '밥을 먹는다'라는 뜻과 같다. 더 나아가 가화(家和)는 집안 식구가 모두 둘러앉아 밥을 먹는 것이 되고, 결국 '가족 모두가 함께 밥을 먹을 정도로 잘 어울린다면, 안 풀릴 일이 없다'라는 뜻이 된다. 아버지는 "우리네 선조들이 사람들 삶 속의 절실하고 진실한 문제가 어디부터 시작되고 어떻게 풀리는지 잘 통찰한 교훈이다"라고 평가했다. 이 성어는 맹자(孟子) 공손추(公孫丑) 상편에 나온다. 맹자가 공손추에게 가르친 내용이다. 원문은 "자식이 효도하면 어버이가 즐겁고, 집안이 화목하면 만사가 이루어진다. 때때로 불이 나는 것을 방비하고 밤마다 도둑이 드는 것을 막아야 한다(子孝雙親樂 家和萬事成 時時防火發 夜夜備賊來)"이다.

아버지는 맹자가 가족의 화목이 얼마나 중요한지를 강조한 말이라며 "가족이 화목하면 가족끼리 서로 사랑하고 이해하며, 협력해 어려움을 극복할 수 있다. 가족의 화목은 가족 구성원들의 자존감과 자신감을 드높이며, 성공적인 사회생활을 하는 데 크게 도움 된다. 내가 그걸 잠시 잊고 회사에 모든 것을 걸었다"고 회한을 섞어 말씀했다. 떼낸 가훈은 '정신일도하사불성(精神一到何事不成)'이다. '정신을 한 곳에 기울이면, 어떤 일이라도 이룰 수 있다'는 말이다. 중국 송나라 유학자 주희(朱熹)와 그의 문인들의 문답을 채집한 책 주자어류(朱子語類)에 나오는 말이다. 언제부터였는지는 기억나지 않지만 오랜 기간 집안에 들어서면 걸려있었다. 이어 아버지는 "가훈은 가족이 지킬 가치와 윤리를 담았다. 가족이 올바른 길로 가도록 방향을 제시하고, 행동 규범이 될뿐더러 정체성을 지니게 돼 가족의 삶을 지탱하는 중요한 역할을 한다"고 의미를 부여하며 시대가 바뀌어도 필요하다고 했다.

집수리가 끝나고 가훈이 바뀐 뒤 아버지 속병은 씻은 듯이 나은 것 같았다. 어머니가 성가셔하던 식용유 찌꺼기가 흘러내리지 않는 병마개를 발명해낸 게 그때다. 아버지는 "사람이 살아가는 데는 4연(緣)이 있다. 혈연, 지연, 학연 그리고 직연(職緣)이 그것이다. 직장에 다닐 때는 당연히 직연, 학연, 지연, 혈연 순으로 중요하다. 그러나 직장이 끊어지면 그 반대다. 혈연이 우선이고 가족이 먼저다"라며 "식구는 사랑하고 지원하고 지지하며 어려움을 겪을 때 지켜주고 삶의 의미를 더해준다. 특히 세상을 살아가는 데 필요한 안도감을 준다"며 가족 사랑을 몇 번이나 강조했다. 가족애(家族愛)는 일찍 깨우치게 해 서둘러 손주에게 물려줄 소중한 덕성이다.

남을 가르쳐 너와 똑같은 사람을 만들려 하지 마라

호위인사(好爲人師)

고등학교 1학년 때 성균관대학이 주최한 전국남녀고교생 문예 백일장에서 산문 부문 장원(壯元)을 했다. 시제(試題)는 '고양이'였다. 처음 참가하는 백일장이기도 해 떨기만 했던 기억만 난다. 뭘 썼는지 기억은 희미하다. 더듬어 기억을 되살려보니 '길 잃은 고양이가 혼자 사는 내 집에 들어와 적적하던 심사를 달래줬다'라는 글이었던 거 같다. 아버지에게 당시 문교부 장관 상장과 트로피를 보여 드렸을 때 크게 기뻐하셨다. 며칠 뒤 대학 신문에 실린 수상작을 읽으시고는 '잘 쓴 글'이라며 더 크게 기뻐하셨다. 좀체 하지 않는 칭찬도 하신 기억은 생생하다.

이듬해인 고등학교 2학년 때도 같은 백일장에 참가했다. 그날 백일장이 열린 성균관 명륜당(明倫堂) 앞에 걸린 시제는 '비'였다. 마찬가지로 뭘 썼는지는 기억이 흐릿하지만, 그날도 내 글이 장원에 뽑혔다. 상장과 부상을 보여 드렸을 때 아버지는 지난해보다 더 크게 기뻐하셨다. 며칠 지나 '비는 인생이다'로 시작하는 내 수상작이 실린 신문을 읽은 아버지는 바로 크게 나무랐다. 그때 하신 말씀이다. "너는 아직 떡잎일 뿐이다. 떡잎이 드리운 그늘이 크면 얼마나 크겠느냐. 인생을 얘기할 나이가 아니다. 네가 쓸 일은 아니다. 억지로 쓴 글은 글이 아니다. 더욱이 그 글로 상을 받고 남들에게 읽게 했다면 패악(悖惡)이다. 이런 글을 쓰지 않을 용기도 있어야 한다." 이어 아버지는 "세상에 너는 한 사람이면 된다. 너와 똑같은 사람을 만들려고 남을 가르치지 마라. 그에게는 그의 인생이 있다"고 하셨다.

그날 아버지가 말씀 중에 인용한 고사성어가 '호위인사(好爲人師)'다. 무엇이든 아는 체하며 '남의 스승 되기'를 즐기는 사람을 뜻하는 말이다. 맹자(孟子) 이루상편(離婁上篇)에 나오는 말에서 유래했다. 원문은 "사람의 우환은 남의 스승 노릇 하기를 좋아하는 데 있다(人之患在好爲人師)"라고 지적한다. 모르는 것도 아는 척, 아는 것은 잘난 척하며 남을 가르치기 좋아하는 행동을 하는 사람을 일컫는 말이다. 아버

지는 길게 설명했지만 정리하면 두 가지 폐단을 지적하셨다. "발전이 없다. 배우기를 좋아하는 사람은 자신의 부족함을 잘 아는 사람이다. 자신의 부족함을 아는 사람만이 발전이 있고 그런 사람이라야 남을 가르칠 자격이 있다. 가르치려고만 드는 사람은 독선적이고 오만할 수밖에 없어 주위에 사람이 없다. 결국, 퇴보할 수밖에 없다."

그날 이후 글쓰기에 더는 미련을 두지 않았다. 호위인사는 이미 아끼는 내 고사성어가 되었고 평생 걱정과 근심을 없애줬다. 겪어보니 내가 안다고 생각하면 반드시 가르치려 들거나 지시했다. 내가 모른다고 여기면 경청하고 배우기 마련이다. 내가 아는 것보다 더 많이 아는 이가 보면 나는 그저 떡잎일 뿐이다. '내가 안다'고 생각하고 '할 수 있다'고 여기는 자신감은 필요하지만 넘치는 자신감은 자만(自慢)을 부른다. 자만심이 남의 스승 되기를 유혹한다. 자신감이 흘러넘치지 않도록 조절하는 성정(性情)은 손주에게도 물려줄 소중한 인성이다. 그걸 수시로 일깨워주는 고사성어가 호위인사다.

다리 다친 게 아니면 네 다리로 걸어라

종용유상(從容有常)

학교 운동장에서 줄달음치다 철봉에 이마를 부딪쳐 뒤로 넘어졌다. 초등학교 3학년 때다. 이마에서 뜨끈한 게 얼굴을 타고 흘렀다. 바로 일어서긴 했지만, 친구들이 소리쳤다. 피범벅이 된 내 얼굴을 보고서다. 덩치 큰 친구가 나를 업고 집으로 내달렸다. 그제야 통증이 밀려와 울음이 났다. 따라 울던 아이들이 번갈아 가며 업었다. 소식이 먼저 갔다. 대문 앞에서 아버지가 업혀 온 나를 내려놓으라 하고 피 흐르는 상처를 뜯어 봤다. 아버지는 바로 내 뺨을 후려갈기면서 큰소리로 야단쳤다. "칠칠치 못한 놈, 이런 거로 업혀 다녀? 걸을 수 있으면 네 다리로 걸어갔다 와라!" 놀란 나는 학교까지 걸어갔다가 다시 왔다. 친구들도 수군대며 따라 걸었다. 아버지는 돌아온 아들을 눕히고 뜨거운 물수건으로 상처를 닦은 뒤 마취도 하지 않은 채 상처를 실로 꿰맸다.

상처는 쉬이 아물었지만, 기억은 오래간다. 이마 왼쪽에 상처 났던 부위는 60년이 흘러도 만지면 아리고 추울 땐 유독 시리다. 당신이 쓰던 바늘과 실로 자식의 상처를 꿰매는 그 날의 충격을 본 어머니의 기억은 더 오래갔다. 툭하면 내 이마를 만졌다. 몇 년 지난 어느 날에도 어머니가 "당신이 의사예요?"라고 그날을 떠올리며 힐문했다. 답을 하지 않은 아버지는 방에 걸린 관우(關羽) 장군의 괄골요독(刮骨療毒) 족자를 내게 가리키며 그림을 설명했다. 그림은 관우가 적군이 쏜 독화살로 입은 어깨 상처를 수술받는 장면이다. 관우가 독이 퍼져 뼈를 긁어내는데도 아랑곳하지 않고 마량(馬良)과 바둑을 두는 모습이다. 아버지는 "진정한 사내의 모습은 저렇게 나무기둥처럼 흔들림이 없어야 한다"고 역설하셨다.

그날 아버지가 일러준 고사성어가 '종용유상(從容有常)'이다. '어떤 상황에서도 얼굴색과 행동이 변하지 않고 소신대로 정도(正道)를 걷는다'라는 말이다. 아버지는 "떠들지 않고 얌전하다는 우리말 '조용'은 이 '종용'에서 나온 말이다. 늘 변하지 않는 얼굴색(顏色)을 지녀야 한다"고 하셨다. 변하지 않는 모습에서 믿음이 싹트고 그 믿음이 있어야 다른 이들이 너에게 기댄다는 말씀도 덧붙였다. 그때부터 종용유상은 내 안에 들어왔다.

얼마 전 저 고사성어가 문득 떠올라 어머니께 여쭙자 아버지가 살아계실 때는 수도 없이 많이 들으셨다고 했다. 아버지는 당신의 군대 얘기는 자식들에게 일절 안 하셨다. 어머니께 들은 아버지의 전상(戰傷)을 입은 얘기는 듣기조차 참혹했다. "결혼하고 바로 군대 가셨지. 적군 폭격으로 파편이 발에 맞았으나 전우들 시신 밑에 깔려 있어 혼자만 살아남았대. 사흘 동안 밤에만 산을 기어 내려오느라 상처가 덧나 병원에서 끝내 다리를 잘라냈다더라." 상처는 아물었지만, 통증은 평생 시도 때도 없이 터졌다. 아플 땐 참지 못해 물건을 던지거나 살림을 부수곤 해 따라 울기도 하고 화도 났다고 했다. 그러나 밖에서는 절대 내색하지 않았다고 했다. 그때마다 아버지는 주문처럼 저 고사성어를 되뇌었다고 했다.

며칠 전 우편으로 도착한 아버지 병역기록이 또렷하게 알려줬다. 아버지는 국군 2사단과 미 7사단이 중공군 45사단과 29사단에 대응해 강원도 김화군에서 치러진 고지전(高地戰), '저격능선(狙擊稜線) 전투'에 참여했다. 2사단 31연대에 소속된 아버지는 전투에 투입된 지 6일 만에 포탄에 맞는 상처를 입고 병원으로 후송됐다. 오른쪽 다리 18cm만 남긴 대퇴부(大腿部) 절단은 병상일지에 정자로 적혀 있다. 전사(戰史)는 아버지가 병원으로 전출된 다음 날 6주간 42회나 치른 치열했던 전투가 종결되었다고 기록하고 있다.

아버지 말씀이 기억난다. "종용유상은 남에 대한 배려다. 감정을 억눌러 얼굴에 나타내지 않아야 하는 고통이 따른다. 남에게 폐를 끼치지 않으려는 자기희생은 가치 있다. 그래서 지켜내기 만만찮다"고 의미를 두셨다. 지키기 어려운 이유는 굳센 의지에서 나오는 용기, 의연(毅然)함이 필요하기 때문이다. 뛰어난 자기 조절력에서 나오는 의연함은 연습하지 않고는 얻을 수 없는 중요한 품성이다.

똑바로 보아라

대관소찰(大觀小察)

난생처음 서울 남산에 올랐다. 올랐다기보다 '갔다'가 맞다. 부모님과 케이블카를 타고 갔으니 말이다. 고등학교 2학년 때다. 같은 고등학교 1학년에 다니는 동생과 함께다. 까만 교복을 입은 두 아들을 쳐다보며 아버지가 좋아했다. 남산에 온 이유를 설명했다. "서울은 한양 조씨 본향이다. 9대 말손(末孫) 할아버지 때 '벼슬길에 나서지 말라'는 선조의 유훈을 좇아 충주를 거쳐 14대 진(瑨) 할아버지 때 제천을 세거지(世居地)로 삼았다. 내가 25대니 거의 500년 유훈을 받들었으면 됐다 싶어 서울로 왔다. 이제부터 내가 '서울 조씨' 시조다." 서울로 온지 1년 되는 날 두 아들을 데리고 남산을 찾은 아버지는 하고 싶은 말씀을 이어갔다. "내가 서울에 보따리를 풀어놨다. 너희는 서울을 시작으로 전 세계 어디든 살고 싶은데 가서 살아라. 무슨 일을 하더라도 하고 싶은 일을 해라. 너희 앞날을 발목 잡고 싶지 않다."

아버지는 좌청룡 우백호(左靑龍 右白虎) 풍수를 따라 지은 경복궁을 가리켰다. 왼편의 인왕산과 오른쪽의 낙산을 가리키던 아버지는 임금이 앉은 자리에서 보기 때문에 우리가 보는 것과 좌우가 다르다고 설명했다. 아버지는 '나를 중심으로 보되 언제나 상대가 있다는 걸 알

326

아야 한다'고 했다. 그러나 통치자는 지금도 크게 바뀌지 않아 한쪽에서만 보려 한다고도 했다. 보고 싶은 것만 보려고 한다고도 했다. 이편에서는 옳지만, 저편에서 보면 틀릴지도 모르니 언제나 올바로 보아야 한다고 강조했다. 끝에 '~보다'가 붙은 말이 많은 건 그만큼 보는 게 중요하다는 뜻이다. '그냥 보다'가 아니라 '똑바로 보다'가 중요하다는 말도 덧붙였다.

아버지가 서울역 쪽으로 반짝이는 산자락을 가리키며 "뭔지 보이느냐"고 물었다. 반짝이기만 하고 또렷하게 알아보기는 어려웠다. 하산해 보니 석축이었다. 숭례문에서 남산을 오르다 처음 만나는 석축을 쌓은 돌은 아버지가 납품한 거였다. "고향 뒷산의 질 좋은 화강암이다. 내 바람을 차곡차곡 다지듯 쌓아 올린 거니 언제까지나 너희를 지켜줄 거다"란 말씀도 했다. 중국집 동보성에서 자장면과 탕수육을 시킨 아버지가 먼 길을 떠나시는 표정으로 비장하게 말씀하셔서 기억에 남는다. "인간사 거의 모든 분란(紛亂)과 갈등은 잘 못 보는 데서 생긴다. 오독(誤讀)이 오해를 낳는다. 똑바로 보아라"라며 아버지는 "다리를 다친 걸 천만다행으로 여긴다. 눈을 다쳤으면 어쨌겠냐 싶다. 우리 뇌가 처리하는 정보의 85%는 보는 데서 온다. 우리 눈은 매시간 3만6천 개의 시각 메시지를 등록한다"라고 강조했다.

집에 돌아와서 똑바로 보는 방법으로 일러준 성어가 '대관소찰(大觀小察)'이다. '관찰(觀察)'에 '대소(大小)'를 넣어 당신이 만들었다고 했다. "대관하면 소찰하고, 소찰하면 반드시 대관하라"며 "대관이 먼저다. 소찰하고 대관하면 방향이 틀릴 수 있다. 속도는 따라잡을 수 있어도 방향이 틀리면 따라잡기 어렵다"고 대관을 강조했다. "같은 것을 봐도 눈여겨 살펴보지 않으면 보는 게 서로 다르다. 남산에서도 보았듯이 가시거리는 10km 남짓이다. 다 보기에는 눈이 모자란다. 명확히 보이는 건 고작 200m다. 다가가서 자세히 살펴봐야 하는 이유가 거기에 있다."

그날 말씀이 길었다. "똑바로 보고 잘못 본 거 같으면 다시 봐라. 미심쩍으면 꼭 지켜봐라"라는 말씀으로 끝을 맺었다. "보지 않아야 할 거는 보지 마라. 확신이 설 때까지 여러 번 봐라. 선입견이나 편견으로 보는 건 안 보는 것만 못하다. 착시(錯視)는 일을 그르치는 시작점이다"라는 말씀은 이튿날 했다.

아버지는 똑바로 보기 위해 반드시 갖춰야 하는 게 평정심(平靜心)이라며 내가 들떠 있으면 정시(正視)가 어렵다고 했다. 감정의 기복이 없이 평안하고 고요한 마음의 상태를 유지해야 보이지 않는 것도 볼 수 있다고 했다. 돌아봐야 할 일이 있을 때마다 남산 석축을 둘러본다. 올바르게 보려는 품성과 침착하게 평정심을 유지하는 인성은 쉬이 얻어지지는 않지만, 곱씹어봐도 꼭 갖춰야 할 습관이다.

서울로 가라

동산태산(東山泰山)

중학교를 졸업할 무렵, 같은 교정에 있는 고등학교에 당연히 진학할 줄 알았다. 입시를 앞둔 어느 날 아버지와 어머니께서 심하게 다투셨다. 화를 참지 못한 아버지는 집안 살림을 모두 부숴버렸다. 그러곤 깨진 그릇 조각들이 널린 방으로 나를 불러 "서울로 가라"고 말씀하셨다. 여느 때 같으면 꿇어 앉히고선 이야기를 길게 늘어놓으셨을 텐데 그날은 딱 그 한마디뿐이었다.

며칠 뒤 아버지가 정해준 서울의 고등학교에 가서 입학시험을 봐 합격했다. 합격증을 받아 집에 돌아와서야 어머니께 내가 서울로 가게 된 속사정을 들었다. "그 여편네한테 널 맡겨놓고 서울을 제집 드나들 듯하려는 게지." 자식을 뺏길지도 모른다는 심정이었을 어머니의 목소리엔 울분과 설움이 묻어 있었다.

당시 아버지는 화강암을 채석해 서울로 실어 보내는 사업을 하셨다. 서울 남산 석축의 질 좋은 화강암은 아버지가 납품한 것들이다. 서울에서 지내는 날이 많았던 아버지에게 여자가 생겼던 모양이다. 아버지가 서울에 다녀오시는 날엔 어김없이 우리집에 싸움이 났다. 다행히 고등학교 입학식을 앞두고 아버지는 그분과 헤어졌는지 나를 외숙모댁에 맡겼다. 내가 고향을 떠나 서울로 오게 된 연유다.

우리집에 평화가 찾아온 후 아버지는 내게 서울 진학에 관해 뜻밖의 이야기를 하셨다. 고사성어 '동산태산(東山泰山)'을 말씀하시며 서울로 가야 하는 이유를 강조했다. 이 성어는 그때 이후 아버지께 가장 많이 들은 말이다. '공부하라'는 말은 거의 들은 적이 없다. 아마 이 고사성어를 인용하신 자체가 학업 독려였던 거 같다. 아버지가 가장 좋아하는 사자성어라 당신의 수첩은 물론 책상 앞에도 정성껏 써 붙여 두셨다. 심지어 스스로 호를 '동산(東山)'으로 정하셨다. 아버지 방에는 '동산재(東山齋)'란 편액을 걸어두셨다. 내가 아들을 낳던 날 아버지는 '돌림 자'를 뺀 나머지 이름에 '동녘 동(東)'을 쓰라고까지 하셨다.

'동산태산'은 '높은 곳을 향해 끝없이 나아가겠다'라는 각오로, 사람은 끊임없이 견문을 넓혀야 함을 역설한 말이다. "공자께서 동산에 올라 노나라를 작게 여기셨고, 태산에 올라 천하를 작게 여기셨다(孔子登東山而小魯 登泰山而小天下)." 맹자(孟子) 진심(盡心) 상편에 나온다. 맹자는 '이미 한없이 넓은 바다를 본 사람에게 강물을 보여주더라도 그의 관심을 끌 수 없다'는 말로 유학의 도에 대한 자부심을 강조했다. 또 '그런 학문은 흐르는 물이 반드시 빈 웅덩이를 다 채우고서야 나아가듯 단계적이고 쉼 없는 노력에서 나온다'고 했다.

인간은 누구나 더 나아지고 싶은 욕망이 있다. 향상심(向上心)이 그것이다. 향상심이 있어야 꿈을 목표로 바꾸고 한 발짝이라도 정진

할 수 있다. 향상심이 없으면 꿈은 다만 헛된 욕망으로 남을 뿐이다. 어제보다 오늘 더 나아지려는 삶을 대하는 진지한 태도는 자존감을 높인다.

　세상은 보는 만큼 보인다. 향상일로의 마음으로 견문을 넓히려 노력하는 사람에겐 세상이 더 넓고, 더 깊을 것이다. 아버지가 아들에게는 물론 손자에게까지 물려주고자 했던 인성은 쉼 없이 새로운 것을 배우고 익히는 향상심이다. 잠시 게을리하면 사그라드는 게 향상심이다. 동산태산이야말로 향상심을 항시 일깨워 준다.

손주는 하늘이다
장중지토일악족(掌中之土一握足)

아버지가 뇌출혈로 쓰러졌다. 내가 뉴욕에 살던 1999년 11월의 일이다. 아버지를 병원으로 옮긴 남동생이 전화했다. 응급 처치를 해 의식은 돌아왔으나 말씀을 못 하신다면서 전화를 바꿔 달라시는 거 같다고 했다. 전화기를 통해 아버지는 '악!' '악!' 하는 외마디 비명 같은 소리만 질렀다. 말이 되지 않자 전화기를 내던졌는지 둔탁한 소리가 나며 끊어졌다. 나는 아버지의 그 두 마디가 "손주들을 보고 싶다"라는 말로 얼른 알아들었다. 두 달 전에 뉴욕 집에 다녀간 아버지가 툭하면 국제전화를 걸어 손주들과 통화했다. 통화를 못 하면 아쉬워하며 으레 저 말을 되풀이했기 때문이다.

한집에서 같이 지내다 내가 뉴욕 주재원으로 발령 나자 아버지는 손주들을 유독 찾았다. 김포공항에서 헤어질 때는 다시는 못 볼 것처럼 손주들을 양손으로 한참을 꽉 껴안았다. 다녀가라고 해도 오시지 않았다. 2년을 버티던 아버지는 "안 보고는 도저히 배길 수 없다"라며 어머니와 갑자기 미국에 와 손주들과 몇 날을 같이 지냈다. 그때 아버지는 손자와 손녀로 구분 짓지 않고 언제나 손주라고 했다. 내가 "왜색(倭色) 짙은 말이라 낯설다"고 하자 아버지는 내 과문(寡聞)을 탓했다.

손주라고 부르는 이유를 '손자 손녀를 작은 손님으로 여기기 때문'이라고 설명한 아버지는 "옛날에는 손자 손녀가 태어나면, 집안에 작은 손님이 온 것처럼 기뻐했다. 손자 손녀를 가리키는 말에도 손님이라는 뜻이 담겨있다"라고 일러줬다.

아버지는 손주를 길게 설명했다. 선조들은 손자 손녀가 집안의 미래를 책임질 인물로, 집안의 대를 이어갈 후손으로, 그래서 귀한 존재로 여겼다. 손주는 '손자'와 '손녀'를 합친 말이다. 고려 시대부터 쓰였다. 손주는 '손님+주(主)'로 이루어진 합성어다. '손님'은 집을 방문한 사람을, '주'는 주인을 가리킨다. '집안의 주인이 되는 사람'이라는 뜻이다. 조선 시대 문헌인 '산림경제(山林經濟)'에 "손주가 태어나면, 집안에 복이 온다. 손주는 집안에 온 손님과 같아서, 집안에 복을 가져온다'라는 구절이 있다"라고 소개했다.

그날 아버지는 맹자(孟子)의 양혜왕장구(梁惠王章句)에 "손자는 집안에 온 손님과 같다. 손자는 집안의 주인이 될 사람인데, 집안에 온 손님처럼 귀하게 여겨야 한다"는 구절도 소개했다. 원문은 이렇다. "자손이 부모에 대하여는, 마치 손님이 주인에 대하여 그러하듯이 해야 한다. 주인이 손님에 대하여는, 특별히 더해주는 것이 없지만, 손님이 주인에 대하여는, 그저 그들의 초대와 음식만을 받는다. 지금 자손이 부모에 대하여는, 특별히 더해주는 것이 있지만, 부모가 자손에 대하여는, 그저 그들의 매질만을 받는다. 이것이 바로 사회가 혼란스러워지는 이유이다." 아버지는 "맹자는 손자라고 특정하지는 않았지만, 자손은 혈연으로 연결된 모든 사람을 뜻한다. 손자뿐만 아니라, 자녀, 손녀, 증손자 등 모든 자손을 포함한다"라고 보충했다.

아버지는 자식보다 손주가 더 귀엽다고 했다. "육아 스트레스가
심하지 않다. 정서적으로 여유가 있으니 순수한 사랑과 애정이 더 강
하게 느껴져 잊었던 부모의 마음이 다시 한번 설레고 벅차오른다. 자
식의 유전자를 50%씩 물려받은 손주는 자신의 유전자를 보는 것 같아
특별한 친밀감과 애정을 느낀다. 자식 키울 땐 바쁜 일상에 치여, 자녀
와 함께 보내는 시간이 많지 않았지만, 이제는 벗어나 여유를 찾게 되
니 더 많은 시간을 함께 보내고, 더 많은 사랑을 줄 수 있어서다"라고
자식보다 손주가 더 귀여운 이유를 분석했다.

이어 고려 시대 이규보(李奎報)의 '손자(孫子)' 시를 인용했다. "손아귀의 흙은 한 줌에 족하니, 어찌 천하의 부귀를 탐하겠는가(掌中之土 一握足矣 何必貪求天下之富貴). 손자가 날아와 내 곁에 앉으니, 세상살이가 한없이 즐겁구나." 아버지는 "'손아귀의 흙은 한 줌에 족하니'라는 표현이 좋다. 손자의 귀중함을 그 이상 강조한 말이 없다"라면서도 나아가 "손주는 하늘이다"라고 했다. 아버지는 "손주들이 저희들끼리는 영어로만 말하고, 내가 '미국이 좋으냐 한국이 좋으냐?'고 묻자 바로 애들이 '미국'이라고 하더구나. 이제 손주들은 더는 못 보겠구나 싶었다. 하늘이 무너지는 거 같았다"며 저 말씀을 했다.

공항에서 이별하며 2년간 잘 참아온 아버지를 뉴욕에 오시라고 한 게 후회됐다. 불과 두 달 전에 만나고 온 손주들을 더는 볼 수 없어 그리움이 사무쳐 쓰러진 거라고 생각되었기 때문이다. 아버지는 그렇게 쓰러진 뒤로는 더는 말을 못 했다. 입버릇처럼 되뇌던 '장중지토일악족(掌中之土一握足)'은 아버지의 음성으로 이 세상에 마지막으로 남긴 고사성어가 됐다. 아버지가 보여준 아랫사람에게 도타운 사랑을 베푸는 마음이 자애심(慈愛心)이다. 본성이긴 하지만 일찍부터 꾸준히 연마해야 얻을 수 있는 인성이다. 집에 온 손주들을 볼 때마다 일깨워지는 소중한 성품이다.

짠맛 잃은 소금은 소금이 아니다
정명(正名)

일곱 살에 들어간 초등학교 입학식은 사람들이 많이 모인 것밖엔 기억나는 게 별로 없다. 다만 행사가 끝난 후 어머니와 제천 경찰서에 수감된 아버지 면회를 갔던 기억은 또렷하다. 아버지가 아들을 데리고 온 어머니를 유치장이 떠나갈 만큼 큰소리로 야단쳤기 때문이다. 지인의 무고(誣告)로 조사를 받느라 아버지가 입학식에 오시지 못했다는 얘기는 돌아오는 길에 어머니께 들었다.

그렇게 소리치던 아버지가 껄껄껄 웃으며 저만큼 물러서 있는 나에게 오라고 하셨다. 쇠창살 사이로 손을 뻗어 내 머리를 몇 번이고 다독여줬다. 나는 그게 아버지가 자식을 칭찬하는 방식임을 알았다. 돌아오는 길에 아버지가 왜 웃으셨냐고 어머니께 물었다. 아버지가 입학식이 어땠냐고 묻기에 교감 선생님이 학생들에게 한마디씩 질문하며 면접을 봤다고 하셨단다. 내게는 "소금이 짜니 싱겁니?" 하고 물었는데 당당하게 "싱거워요"라고 답을 했다고 하자 아버지가 크게 웃으셨다고 했다.

몇 해쯤 지나 불현듯 그때 생각이 떠올라 아버지에게 왜 그날 크게 웃으셨느냐고 여쭸다. 그때 하신 말씀. "영어(囹圄)의 몸으로 아비 노릇을 하지 못한 걸 힐난하는 것 같았기 때문이다. 무혐의로 풀려나긴 했지만, 그 또한 평소의 나답지 못한 언행에서 비롯된 걸 깨닫게 해주었기 때문이다. 소금이 짠맛을 잃으면 소금이 아니듯 아버지가 아버지답지 못하면 아버지가 아니다. 이름에 맞는 정체성을 갖추는 노력은 한시라도 게을리해선 안 된다."

아버지가 말씀하신 것은 '명(名)을 바로잡는다'라는 뜻인 '정명(正名)'이다. '대상의 이름과 그 본질이 서로 부합해야 한다'는 말이다. 당신께서 가장 좋아하는 단어라며 공자(孔子)의 말씀이라고 알려주었다. 논어(論語) 자로편(子路篇)에 나온다. '정치한다면 가장 먼저 무엇을 할 것인가'라는 제자 자로(子路)의 질문에 "반드시 이름을 바로잡겠다(必也 正名乎)"라고 답한 데서 유래했다. 공자는 "모난 술잔이 모나지 않으면 그것을 모난 술잔이라고 부를 수 있을까(觚不觚, 觚哉! 觚哉!)"라고 한탄하며 "임금은 임금답고 신하는 신하답고 아버지는 아버지다워야 하며 아들은 아들다워야 한다(君君 臣臣 父父 子子)"라고 설파했다.

그날 아버지의 마지막 말씀은 이랬다. "아비가 아비답기 위해서는 아비다운 모습을 꾸미는 수많은 '실제 행위'를 갖추는 노력을 해야 한다. 공자는 비단 임금, 신하, 아버지, 아들의 역할만 말했지만, 살아가며 부딪히는 모든 언행은 그 이름에 맞게 해야 한다." 정명은 내가 살아가며 흔들릴 때마다 비춰보고 바로잡는 거울이다. 어떠한 상황에서도 취하고 버려야 할 것이 무엇인지를 가르치는 분별력이다. 정명을 꾸미는 정체성은 자식은 물론 손주들에게도 잘 닦아 물려줄 첫째 인성이다.

혼자 있을 때를 조심해라

신독(愼獨)

술에 취해 늦은 밤에 귀가하며 집이 보이는 골목에서 노상 방뇨했다. 대학 다닐 때다. 함박눈이 쏟아져 오줌 눈 자리는 바로 덮여 사라졌다. 술도 깬 듯 머릿속도 맑았다. 몇 발짝 떼서 집에 들어오는 동안 아무도 본 이는 없었다. 대문을 열고 마당 계단을 오르다 눈 내리는 골목길을 내려다 보고 서 있는 아버지를 발견했다. 나를 보자 아버지는 말없이 방으로 들어갔다. 그날 밤 아버지 방은 불이 꺼지지 않았다. 내 행동을 아버지가 평소처럼 그 자리에서 나무라지 않은 게 마음에 걸려 잠을 이루지 못해 아버지 방을 내내 지켜봤다.

불안해 잠을 설쳤다. 다음 날 새벽 일어나자마자 어젯밤 오줌 눈 자리에 가 봤지만, 눈이 너무 쌓여 흔적을 찾을 수 없었다. 대문을 들어서는 나를 아버지가 방으로 불렀다. "어젯밤에 대여섯 발자국만 더 걸어오면 되는 집을 놔두고 골목에다 왜 오줌을 누었느냐?"고 물었다. 기어들어 가는 목소리로 술에 취해서라고 변명하자 아버지는 "거짓말"이라고 했다. "너는 술에 취하지 않았다. 오줌 누기 전에 주변을 살피는 걸 내가 모두 지켜봤다. 마신 술은 집까지 오는 동안에 네 알코올 분해력이면 다 깼을 것이다"라며 내 행동을 "술을 핑계 삼은 객기

(客氣)다"라고 단정 지었다. 객기는 '객쩍게 부리는 혈기(血氣)나 용기'라고 정의한 아버지는 "손님이 주인집 일에 참견하듯 별로 귀담아들을 말이 없을 때나 쓰는 실없고 싱거운 짓이다"라고 나무랐다.

"그런 행동은 오만(傲慢)함에서 나온다"라며 "잘난 체하며 남을 낮추어 업신여기는 마음에서 비롯한다. 옹졸하다"라고 지적했다. "술이 아니라 어둠이 너의 헛된 용기를 부추겼다"라고 해석하며 "객기로 한 행동은 후회가 따르고, 용기로 한 행동은 자부심을 키운다"라고 했다. 아버지는 "누군가는 지켜본다. 성현들 말씀으로는 '사지(四知)'라고 했다. 둘만의 비밀이라도 하늘이 알고 땅이 알고 내가 알고 네가 안다. 남이 본다고 잘하고 안 본다고 멋대로 하는 건 치기 어린 짓이다. 누가 지켜보기 때문에 바른 행동을 해야 하는 것은 아니다. 방자하게 군 네 행동에 스스로 가책을 느껴 다른 일을 망칠까 염려되어서 하는 말이다. 혼자 있을 때를 조심해라"라고 일렀다.

마무리 지으며 그날도 아버지가 인용한 고사성어가 '신독(愼獨)'이다. 자기 홀로 있을 때도 도리에 어그러지는 일을 하지 않고 삼간다는 말이다. 대학(大學) 6장에 나온다. "이른바 그 뜻을 성실히 한다는 것은 스스로 속이지 않는 것이니, 악을 미워하기를 악취(惡臭) 미워하는 것과 같이하며, 선을 좋아하기를 색(色)을 좋아하는 것과 같이하여야 하나니, 이것을 자겸(自慊)이라 이른다. 그러므로 군자는 반드시 그 홀로를 삼가는 것(君子必愼其獨也)이다." 아버지는 "소인은 한가로우면 악행을 저질러 못 하는 짓이 없다. 그러다가 군자를 대하면 겸연쩍어하며 자신의 악행을 숨기고 선행을 드러내려 애쓴다. 그러나 모든 사람은 마치 간과 폐를 들여다보듯 다 훤히 들여다보니, 그게 무슨 이득이 있겠느냐?"고 설명했다. 이어 "네가 오줌 누기 전에 주변을 살핀 것은 그런 행동이 옳지 않은 악행임을 이미 안다는 거고 다행히도 눈이 덮어주었지만, 그것을 감추려고 했다. 그러나 모두를 속일 수 없으므로 혼자 있을 때 특히 경계해야 한다"고 강조했다.

아버지는 주자(朱子)가 말한 "소인은 스스로는 악행을 하면서도 남에게는 선하다는 평가를 바라는 사람이고, 군자는 남에게 보이고 싶은 그대로 홀로 있을 때도 그대로 실천하는 사람을 일컫는다"라는 말을 새기라고 한 번 더 일러줬다. "나는 몸이 불편해 언제나 신독했다. 내 걸음걸이는 남의 눈에 쉽게 띄기 때문에 스스로 경계하며 살았다. 나 자신을 돕고 나를 바로잡을 수 있는 사람은 자기 자신뿐이다. 신독이 답이다"라고 결론지었다.

첫 시간 수업을 놓쳐 허둥대며 집을 나서는 나를 불러 세운 아버지가 마당에 지팡이로 써서 다시 일러준 말이다. "'삼갈 신(愼)'자는 '마음 심(心)' 자와 '참 진(眞)' 자가 결합한 말이다. 진(眞)은 제사 지낼 때 쓰는 큰 '솥 정(鼎)' 자와 '수저'를 뜻하는 '비수 비(匕)' 자를 합친 글자다. 조심스럽게 신에게 제물을 바친다는 의미에서 '삼가다'나 '근신하다'라는 뜻을 갖게 되었다"라고 설명했다. 말은 쉽지만 지키기는 어렵다. 그러나 자신을 스스로 경계하는 자경심(自警心)의 방법으로 신독만한 게 없다. 신독에서 떳떳함이 나오기 때문이다. 손주들에게도 꼭 물려주어야 할 참으로 소중한 인성이다.

효는 실천이다

육적회귤(陸績懷橘)

인삼을 쪄 꿀에 재서 오래 두고 먹는 '인삼 꿀절임'을 안 건 대학 다닐 때였다. 해 뜨기 전 곤한 잠을 깨운 건 아버지였다. 가족들 깨지 않게 조용히 따라오라고 했다. 차를 타고 간 게 경동시장. 가게 문을 열기 전이라 근처 해장국집에서 아침을 먹었다. 아버지는 이전부터 아는 집처럼 쉽게 인삼가게를 찾아들어 갔다. 주인이 문 여는 걸 도와주며 꿀에 잴 인삼을 달라고 했다. 주인은 바로 "어제 들어온 최고 삼"이라고 했다. 아버지는 달라는 대로 대금을 치렀다. "어머니 드릴 약이라 깎으면 부정 탑니다"라자 주인이 고맙다며 대신 인삼을 따로 좀 싸줬다.

어머니에게 할머니께 드릴 거라고 하자 마뜩잖은 표정으로 인삼을 씻고 찌면서 내내 군소리를 했다. "인삼은 이렇게 크고 굵은 거보다 좀 가늘고 작은 게 약효가 더 있다. 이 많은 걸 노인네가 은제 다 드시겠냐? 옛말에 인삼 많이 먹으면 죽을 때 고생한단다. 한 푼도 안 깎았지? 이런 거는 인삼을 아는 내가 사야 제대로 된 실한 놈을 사는 건데 형편 모르는 양반이 헛돈 쓴 거다"라며 아쉬워했다. 고향 큰댁에 계시는 할머니께 드리려고 가는 보자기에 싼 인삼 꿀절임은 몇 걸음 걷고 나서 손을 번갈아들 만큼 무거웠다. 보자기를 풀고 아버지가 인삼을 꺼내 할머니 입에 넣어드렸다. 연신 웃으며 "나이 든 분들 면역력을 키우는 데는 이게 최고"라고 몇 번이나 말씀했다.

서울로 돌아오는 기차 안에서 아버지는 흡족해하며 고사성어 '육적회귤(陸績懷橘)'을 입에 올려 당신의 어머니께 드린 인삼 꿀절임의 의미를 새겼다. 이 성어는 육적이 여섯 살 때 아버지 육강(陸康)과 함께 당대의 명문거족 원술(袁術)을 만났을 때 육 씨 부자에게 귤을 대접한 일화에서 비롯했다. 육적은 먹는 둥 마는 둥 하다가 몰래 귤 두 개를 자신의 품속에 넣었고, 나가면서 인사하다가 그만 귤이 떨어져 굴렀다. 원술이 육적에게 "육랑(육적을 가리킴)은 손님으로 와서 어찌하여 귤을 품에 넣었느냐"라고 물었다. 육적은 "집에 돌아가 어머님께 드리고 싶었습니다"라자 원술이 어린 그의 효심에 감동해 귤을 더 싸줬다.

훈훈한 일화이지만 이후에 원술은 군량 요청을 거절한 육적의 아버지 육강에게 화가 나 손책을 시켜 육강을 공격하게 한다. 귤을 주고 아버지의 목숨을 뺏었다. 육강은 일족을 모두 오현으로 피난시키고 자신은 함락된 성에서 죽었다. 삼국지(三國志) 오서(吳書)에 나온다. 육적은 용모가 웅장하고 박학다식해 천문, 역법, 산술 등 읽지 않은 것이 없는 오나라의 인물이나 애석하게 32세에 죽었다.

그런 설명을 길게 한 데 이어 아버지는 "'효도 효(孝)'자는 파자(破字)하면 '늙을 노(耂)'자와 '아들 자(子)'자가 결합한 모습이다. 子자가 耂자 아래에 있으니 아들이 노인을 등에 업은 것과도 같다. 어른을 모

시는 것이 효의 근본이라는 것을 말하는 글자다"라고 했다. 아버지는
다시 육적을 거론하며 "여섯 살짜리가 효를 알면 얼마나 알겠느냐? 효
를 본능이라는 주장도 많지만, 실은 학습이다. 가르쳐 알게 해야 한다.
육적의 아버지의 가르침이 필시 육적회귤을 낳았을 것이다"라고 단언
했다.

효는 동서양을 막론하고 오랜 세월 중요한 윤리적 가치로 여겨져
왔다. 유교는 효를 인간의 기본 덕목으로 강조하고, 불교도 효를 중요
한 수행과제로 삼았다. 효의 정의는 시대와 사회에 따라 변화해 왔다.
부모의 뜻을 따르고, 부모의 마음을 기쁘게 하는 모든 행동이 효라는
설명을 더 길게 한 뒤 아버지는 "세상에 태어나게 해준 선물에 대한 보
답은 '회귤'정도로는 안 된다. 결국 효도는 나를 낳아준 부모에게 걱정

을 끼치지 않는 모든 것이다"라고 정의했다.

아버지는 "효도는 한 번에 이루어지는 것이 아니다. 평생 실천해야 하는 덕목이다. 효도는 우리의 전통적인 가치관이지만, 그 의미는 세계 어디서나 통용된다"며 효도는 가족에 대한 의무와 사랑을 나타내 내가 하는 일에 대한 전문성과 책임감을 보여준다고도 했다. 이어 "효심은 효도를 실천하는 동력이다. 효심이 있는 사람은 부모를 위해 헌신하고 희생하는 것을 두려워하지 않는다"고 덧붙였다.

아버지는 "효도는 본능과 습득이 함께 작용해 형성된다. 인간은 본래 부모를 사랑하고 존경하는 마음을 가지고 있기는 하지만, 그 마음을 실천하는 방법을 배우지 못하면 효를 제대로 실천할 수 없다"며 꾸준한 실천을 당부했다. 아버지는 "효는 효심에서 나오고 효심은 가르쳐야 하는 거다. 효는 실천이다. 부모가 살아계실 때부터 시작해야 한다"고 거듭 강조했다. 그런 효심은 손주들이 여섯 살이 넘기 전부터 일일이 가르쳐 물려줘야 할 덕목이다.